Douglas Groothuis

Was tun gegen New Age?
Aufruf zum Widerstand

Douglas Groothuis

WAS TUN GEGEN NEW AGE?

Aufruf zum Widerstand

Verlag Schulte & Gerth Asslar

Die amerikanische Originalausgabe
erschien im Verlag InterVarsity Press, Downers Grove, Illinois,
unter dem Titel „Confronting the New Age“.

Aus dem Amerikanischen übersetzt von Christian Rendel.

InterVarsity Press, USA,
ist die Verlagsabteilung der InterVarsity Christian Fellowship.
Diese ist Mitglied der International Fellowship
of Evangelical Students/IFES, der Internationalen Studentenmission.
Auskunft über die Studentenmission in Deutschland (SMD)
und die IFES erhalten Sie über die
Zentralstelle der Studentenmission in Deutschland (SMD),
D-3550 Marburg/Lahn, Universitätsstr. 30, Postfach 554.

Best.-Nr. 15 100
ISBN 3-87739-100-1
1. Auflage 1989
Umschlaggestaltung: Herybert Kassühlke
Satz: Typostudio Rücker & Schmidt
Druck und Verarbeitung: Ebner Ulm
Printed in Germany

Meiner Mutter Lilian C. Groothuis
für ihre unwandelbare Liebe,
Hingabe und Fürsorge.
Für Paul und Jean Merrill,
die mich mit ihren vollmächtigen Gebeten,
ihrer standhaften Liebe und ihrem
grenzenlosen Enthusiasmus unterstützen.
Für Becky Merrill Groothuis,
meine Partnerin im Dienst.
Und für den Geber all dieser guten Gaben.

Inhalt

Vorwort

In seinem ersten Buch *Unmasking the New Age* zeigte sich Douglas Groothuis als hervorragender Kenner der auf dem Hinduismus basierenden Philosophie der New-Age-Bewegung und ihrer theologischen Unvereinbarkeit mit der jüdisch-christlichen Religion der Bibel. Das Buch bildet ein dringend notwendiges Gegengewicht zu der von religiösem Verfolgungswahn und Verschwörungstheorien geprägten Alarmstimmung, die andere – weniger gut informierte und theologisch nicht so versierte – Autoren verbreitet haben. In diesem Band nun führt er seine ausgereifte und gut geschriebene Analyse des New Age fort, wobei er sich vorrangig auf die praktische Frage konzentriert, wie man denen, die sich in den Schlingen dieser Bewegung verfangen haben, das Evangelium mitteilt.

Nachdem er die Religion des New Age skizziert und ihren Charakter als Fälschung des Glaubens herausgestellt hat, beschreibt Groothuis konkrete Schritte, um sich mit Leuten aus der New-Age-Bewegung auseinanderzusetzen, und gibt wertvolle Hinweise zu einem sinnvollen Verhalten der Christen.

Was mich beim Lesen besonders beeindruckte und in der Tat schon allein den Preis für das ganze Buch wert ist, sind die drei Kapitel über die Evangelisation unter New Agern und die knappen, klaren Richtlinien, die dafür angeboten werden. Groothuis befaßt sich mit Themen wie der Bibel, Reinkarnation, der Lehre von Gott und Christus und der christlichen Ethik. Hinter dem Kapitel über die Erziehung für ein Neues Zeitalter steht die ernüchternde Tatsache, daß die „Wassermann-Verschwörer“ sich „stärker der Erziehung und Bildung als irgendeinem anderen Arbeitsgebiet widmen". Hier legt Groothuis seinen Finger auf das faulende Geschwür der Unterwanderung des Schulsystems durch das New-Age-Denken.

Bis zur letzten Seite bewahrt sich Groothuis eine ausgewogene Haltung und betrachtet New Ager als Zielgruppe für die Evangelisation, als Menschen, für die der Herr Jesus Christus starb. Eine der Stärken dieses Buches ist seine Verteidigung des Christentums. Die philosophischen Einsichten und das theologische Verständnis des Verfassers machen es zu einer herausfordernden Darstellung der Welt des Okkulten aus einer biblisch-christlichen Perspektive.

Mit dem, was er über die Zukunft der New-Age-Bewegung sagt, trifft er den Nagel auf den Kopf: „Der mystisch-evolutionäre Prozeß, von dem das New Age so berauscht ist, ist eine Schlußfolgerung aus unzureichenden Daten. Die vielen Probleme der Makro-Evolutionstheorie – wie etwa der Mangel an fossilen Belegen für Übergangsformen, die Stasis (relative Unveränderlichkeit) der Arten und die radikale Diskontinuität zwischen Menschen und Tieren (was das abstrakte Denken, die Sprache und die kulturelle Aktivität anbelangt) – wird bequemerweise zugunsten der Evolution als Motor der Aufklärung ignoriert, wobei ein unpersönlicher Gott irgendwie das Ruder führt."

Der New Ager steht am Ende des Fließbandes der Evolutionshypothese und verkündet blind, der Prozeß habe das fertige Produkt entworfen und erschaffen. Ebensogut könnte man sich ans Ende des Fließbands in der Fertigungshalle von General Motors in Detroit stellen und verkünden, der Cadillac, der dort vom Fließband rollt, sei von den Maschinen geschaffen und entworfen worden! Die Konstruktionsabteilung, die den Cadillac entwarf, bewies dadurch zielgerichtetes Denken, mathematische Präzision und vor allem eine wirksame Planung. Das Leben auf der Erde dürfte wohl kaum mit weniger Sorgfalt konstruiert worden sein als dieses Auto! Beide sind das Produkt einer überlegenen Intelligenz von persönlichem Charakter; die Fließbänder aber sind die Mittel zum Zweck, *nicht* der Zweck selbst.

Im Anhang spricht Groothuis von „ereignisabhängiger Evangelisation“ oder „Evangelisation auf der Straße“ – mit seinen eigenen Worten eine Evangelisation, „bei der der Christ das Evangelium in einer öffentlichen Art und Weise direkt zu den Nichtchristen bringt“. Ein solcher Anhang ist ein sehr hilfreiches Werkzeug.

Dies ist ein wichtiges Buch, das erste seiner Art, das von einem hingebungsvollen philosophisch orientierten christlichen Wissenschaftler und Apologeten geschrieben wurde. Es ragt heraus durch seine Treue zur Schrift und durch seinen wohldurchdachten theologischen Standpunkt.

Nach meiner Überzeugung wird es eine weite Verbreitung erleben und einen konstruktiven Beitrag sowohl zur Verkündigung als auch zur Verteidigung des Evangeliums leisten.

Dr. Walter Martin
Gründer und Leiter des *Christian Research Institute*
Mai 1988

Einleitung

Unsere Zeit verlangt nach geistlicher Unterscheidung. In meinem letzten Buch, *Unmasking the New Age,* habe ich versucht, den Aufstieg, das Ausmaß und das Wesen der New-Age-Bewegung zu erklären und aus christlicher Sicht zu beurteilen. In *Was tun gegen New Age?* möchte ich auf dieser Grundlage aufbauen, indem ich Strategien entwickle, um New Ager zu erreichen und die kulturellen Vorstöße des New Age mit der Wahrheit des Christentums zu konfrontieren.

Obwohl zwischen Kapitel eins und dem ersten Kapitel von *Unmasking the New Age* eine gewisse Ähnlichkeit besteht, wird in *Was tun gegen New Age?* nicht altes Material wieder aufgewärmt, sondern viele der Gedanken des ersten Buches werden weiterentwickelt. Ich habe mich auch bemüht, den neuesten Trends innerhalb der New-Age-Bewegung, von denen in *Unmasking the New Age* noch nicht die Rede war, wie etwa „Channeling" und New-Age-Musik, auf der Spur zu bleiben. Dennoch muß man das erste Buch nicht gelesen haben, um dieses zu verstehen – obwohl sie zusammen eine recht umfassende Behandlung des Themas ergeben.

Nachdem ich gerade zwei Tage damit verbracht habe, meine Fußnoten zu überprüfen, hoffe ich sehr, daß meine Leser sie sich zunutze machen werden! Ich zitiere häufig klassische Werke der christlichen Literatur von Calvin, Augustinus, Pascal oder anderen, die näher anzuschauen sich in jedem Fall lohnt. Manchmal zitiere ich auch Autoren, deren Sichtweise ich weitgehend nicht teile – wie zum Beispiel Hans Küng – wenn sie einen bestimmten Punkt gut herausbringen. Als evangelikaler Christ habe ich keine Bedenken, mich der Wahrheit zu bedienen, wo immer ich sie finde.

Obwohl dieses Buch hauptsächlich für Christen geschrieben wurde, hoffe und bete ich, daß es auch von solchen gelesen wird, die der New-Age-Bewegung nahestehen; besonders die Kapitel eins, vier, fünf und sechs, die die christliche Botschaft gegen die Herausforderung des New Age verteidigen. Nichts von dem, was ich geschrieben habe, sollte so verstanden werden, als ob ich die religiöse Freiheit der New Ager beschränken wollte. Ich möchte überzeugen, nicht zwingen.

Bedanken möchte ich mich bei James Sire, Gordon Lewis und Eric Pement für ihre hilfreichen Beurteilungen des ganzen Manuskriptes und bei Richard Watring für seine Vorschläge zu dem Kapitel „New Age in der Geschäftswelt". Mein Lektor Michael Maudlin war mir während der gesamten Bearbeitung eine große Hilfe.

Den größten Dank aber schulde ich meiner Frau Becky Merrill Groothuis, die zu Aufbau, Inhalt und Stil des Buches entscheidend beigetragen hat. Ohne ihre geistige und geistliche Unterstützung wäre dieses Buch nie geschrieben worden.

Teil I
Die Grundlagen

1. Die Herausforderung des New Age

Zwanzig Christen knieten in der Nacht vor Silvester im gemeinsamen Gebet nieder. Sie waren aus verschiedenen Gemeinden aus dem Großraum Seattle (Washington) gekommen, um sich im Büro einer Studentengemeinde zu treffen. Viele von ihnen waren sich noch nie begegnet und würden sich wahrscheinlich auch nie wieder begegnen; dennoch wußten sie sich einig in einem gemeinsamen Ziel. Sie würden nicht viel Schlaf bekommen in dieser Nacht. Ein geistlicher Kampf wartete auf sie; es war eine Tat zu vollbringen.

Ihr Ziel war es, die New-Age-Bewegung mit dem Evangelium zu konfrontieren. Sie richteten ihre Aufmerksamkeit auf das „Kingdome"-Stadion in Seattle, in dem von Mitternacht bis fünf Uhr morgens das sogenannte „Weltfriedensereignis" stattfinden sollte, das von einem Heer von New-Age-Gruppen im Raum Seattle gemeinsam veranstaltet wurde. Ähnliche Veranstaltungen wurden in der ganzen Welt in der Hoffnung abgehalten, durch kollektive Meditation den Frieden bringen zu können. Wenn genügend Menschen gleichzeitig – um zwölf Uhr mittags nach Greenwicher Zeit – ihre positive Energie in Einklang brächten, dann entstünde dadurch, so dachte man, eine „kritische Masse" an Bewußtsein, die ihrerseits auf übernatürliche Weise das Bewußtsein des ganzen Planeten überziehen und beruhigen und uns in ein Neues Zeitalter katapultieren würde.

Auseinandersetzungen über das scheinbar harmlose Ereignis – wer ist schon gegen den Weltfrieden? – waren in den vorangegangenen Tagen dadurch geschürt worden, daß sachkundige Christen die Medien mit wenig bekannten Tatsachen versorgten. Das „Friedensereignis" wurde zwar als ökumenisch und Glaubensgrenzen überschreitend gefeiert, ging aber tatsächlich auf John Randolph Price zurück, einen New-Age-Autor, nach dessen Lehre jeder Mensch von sich sagen sollte: „Ich und der Vater sind eins, und alles, was der Vater hat, gehört mir. Ich bin in Wahrheit der Christus Gottes."[1] Außerdem brandmarkt er jene unterentwickelten, unwissenden Elemente, die die „Göttlichkeit aller Menschen" (den Pantheismus) leugnen, als „antichristlich".[2]

Ebenso wurde die Öffentlichkeit von der Tatsache in Kenntnis gesetzt, daß sich Herr Price im besten Einvernehmen mit einem „Erweckten", einem Führer aus der Geisterwelt namens „Asher", befand, der ihm mitgeteilt hatte, daß die „Natur bald in ihren reinigenden Zyklus eintreten" werde, in welchem Individuen mit „niedrigeren Schwingungsraten" – nämlich Monotheisten wie Juden, Christen und Moslems – „während der nächsten zwei Jahrzehnte von diesem Planeten entfernt" würden.[3]

Diese metaphysischen Hirngespinste wurden auf 5000 Handzetteln, die die zwanzig Christen in der kühlen Morgenluft an die Besucher des „Kingdome"-Stadions verteilten, bekanntgemacht. Auf dem Flugblatt wurde auch auf die Botschaft Christi vom wahren Frieden für alle, die sich im Glauben an ihn wenden, hingewiesen.[4]

Wenige Minuten bevor die „Stunde des Friedens" beginnen sollte wurde das letzte der 5000 Flugblätter weitergegeben. Vier der Christen beschlossen, an der Veranstaltung teilzunehmen, und bahnten sich ihren Weg ins Stadion, um den Ablauf zu beobachten und für die Beteiligten zu beten. Sie hörten, wie ein „Science of Mind"-Angehöriger die „Friedensstunde" mit einer New-Age-Predigt vorbereitete. Er beschloß seine Ansprache mit einem Emerson-Zitat, das besagte, Gebet bestehe darin, von einem höchsten Standpunkt aus über die Tatsachen des Lebens nachzudenken. Im

Publikum nahmen manche die Yoga-Stellung ein, einige sangen Mantras, viele „visualisierten" den Weltfrieden in der Überzeugung, diese geistige Anstrengung könne eine weltweite positive Energie hervorbringen.

Die Stunde begann mit zwanzig Minuten „New-Age-Musik" voller endloser Wiederholungen (davon wird in einem späteren Kapitel die Rede sein), worauf zehn Minuten Stille folgten; danach gab es noch einmal Musik, bis schließlich kurz vor fünf Uhr morgens ein Chor die 7000 Pilger bei einem leiernden Gesang mit dem Titel „We Are One Love" anführte, der eigens für diese Veranstaltung geschrieben worden war. Am Ende des Liedes erhob die gläubige Menge die Hände über die Köpfe – und dann war es vorbei.

Auf die Gefahr hin, als friedensfeindlich, liebesfeindlich und intolerant gebrandmarkt zu werden, bezogen diese Christen Stellung. Um nichts anderes geht es in diesem Buch: Auf sachkundige und barmherzige Weise für das Evangelium Stellung zu beziehen, indem wir uns der geistlichen Täuschung der New-Age-Bewegung entgegenstellen.

Aber was genau ist die New-Age-Bewegung? Und wie hat sie unsere Kultur beeinflußt? Um gegen etwas Stellung zu beziehen, müssen wir zuerst wissen, gegen was und warum. Die folgende Skizze des New-Age-Gedankenguts soll uns diese Weltanschauung erläutern und auch an Beispielen zeigen, wie sie sich in unserer Welt breitmacht.

Aus Alt mach Neu

Schon 1930 bemerkte G. K. Chesterton: „Wir hören viel von neuen Religionen; viele davon beruhen auf den allerneuesten Erkenntnissen von Buddha und Pythagoras."[5] Die *New*-Age-Bewegung ist keineswegs *neu*; sie ist nur die bisher letzte Wiederholung der zweitältesten Religion, der Spiritualität der Schlange. Ihr Anreiz ist keinem von uns fremd. Er ist in der Tat uralt; schon unsere Ureltern ließen sich im Garten durch seine ersten Anläufe verführen.

Das Angebot bestand darin, Gottes Weg des Lebens zu verlassen und an die Verheißung der Schlange zu glauben, durch Rebellion gegen Gott könnten sie „sein wie Götter" und würden nicht sterben. Kurz, sie könnten unabhängig von Gott zu Macht und Erkenntnis gelangen, ohne daß es schlimme Folgen hätte. Satan log, Adam und Eva fielen auf ihn herein – und wir alle starben.[6]

Fast alle Propheten, Politiker, Erzieher, Geschäftsleute, Wissenschaftler und Unterhalter des New Age versuchen uns weiszumachen, wir könnten „sein wie Götter". Entweder ausdrücklich oder verschleiert weisen sie den Bericht aus 1. Mose über unseren Abstieg in die Sünde als einen böswilligen Mythos zurück. Dennoch wiederholen sie den Betrug der Schlange, indem sie lehren, wir könnten uns selbst erlösen, wir müßten nicht zu Gott um Hilfe schreien und wir könnten unseren Planeten heilen.

Die *New-Age-Bewegung* ist ein Sammelbegriff, der sich auf eine Vielzahl von Personen, Organisationen, Veranstaltungen, Praktiken und Gedanken bezieht. Soziologisch ausgedrückt, handelt es sich nicht um eine zentral organisierte Bewegung mit einer Person als Führer. Obwohl sie Sekten, religiöse Splittergruppen und sogar Denominationen einschließt, ist sie nicht auf irgendeine davon eingegrenzt. Eher könnte man von einer losen Verbindung gleichgesinnter Personen und Gruppen sprechen, die alle nach einer spirituellen und sozialen Veränderung streben, durch die wir in ein *Neues Zeitalter der Selbstverwirklichung* geführt werden sollen. Normalerweise beinhaltet dieses Szenarium, daß wir sowohl den traditionellen Monotheismus (Judentum, Christentum, Islam) als auch den säkularen Humanismus (Rationalismus, Atheismus, Skeptizismus) abwerfen. Scharen von New-Age-Gruppen – ob sie sich nun mit Ganzheitlichkeit in Medizin, Politik, Wissenschaft, Religion oder Psychologie befassen – bringen ihre Unternehmungen durch „Networking", d.h. Kontakte über alle verfügbaren Kanäle, lose miteinander in Einklang. Das „Friedensereignis" in Seattle war ein deutliches Beispiel für Networking.[7]

Menschen, die sich mit dem New Age identifizieren, sind unterschiedlich stark und mit unterschiedlicher Verbindlichkeit an den einschlägigen Aktivitäten beteiligt. Manche versuchen sich an Astrologie oder okkulter „Visualisation“, fühlen sich aber noch nicht von ganzem Herzen zu irgendeiner Organisation zugehörig. Andere sind mit unterschiedlicher Intensität in verschiedenen Gruppen engagiert, seien es Gesellschaften für „Ganzheitliche Medizin“, New-Age-Kontaktvermittlungen, Sekten oder religiöse Denominationen wie „Unity“ oder „Religious Science“. Selbst in manchen christlichen Denominationen gibt es Leute, die – wissentlich oder unwissentlich – Sichtweisen und Praktiken des New Age übernommen haben.

Die Gedanken und Praktiken des New Age sind in gleichem Maße von ganz unterschiedlicher Plausibilität. Manche New Ager berufen sich, um ihre Ideen zu untermauern, auf solch erhabene Disziplinen wie etwa die Quantenphysik[8], während andere sich in exotischen Lehren verlieren, ohne sich groß um deren intellektuelles Ansehen zu scheren.

Obwohl die Geschichte der Schlangenreligion so alt wie mannigfaltig ist – sie hat auf allen Kontinenten, in allen Jahrhunderten Dichter, Philosophen, Politiker und Privatleute in ihren Bann gezogen –, können wir in der jüngsten Zeit ihr Wiederaufleben in der westlichen Welt bis zu der Gegenkultur der sechziger Jahre in Amerika und Europa zurückverfolgen.[9]

Zu dieser Zeit begannen schlagartig Gedanken und Praktiken Blüten zu treiben, die traditionell durch einen weitgehenden christlichen Konsens oder durch die Erinnerung an einen solchen in Schach gehalten worden waren. Die Jugend merzte soviel von der westlichen Zivilisation wie möglich aus (Stereoanlagen ausgenommen). Der Westen empfing den Osten mit offenen Armen und fand Geschmack an dessen Geheimnissen, als eine Flut von Gurus, Yogis und Swamis die Gesellschaft überschwemmte. Bewußtseinsverändernde Drogen – bekannt gemacht von intellektuellen

Fürsprechern wie Aldous Huxley, Alan Watts und Timothy Leary – wurden wegen ihrer angeblich befreienden Wirkung hochgepriesen. Sexuelle Moral wurde erst ausgehöhlt und verschwand dann ganz. Die Gegenkultur brachte nicht nur eine Vielzahl neuer religiöser Bewegungen hervor, sondern entfachte auch von neuem die verlöschende Glut verschiedener östlicher mystischer und okkulter Gedanken, die seit dem achtzehnten Jahrhundert ihren Weg nach Westen gefunden hatten und von den Bewegungen des Transzendentalismus, der Theosophie, der Anthroposophie sowie „Unity", „Religious Science" und anderen verbreitet worden waren.

Die Hippiezeit mag vorüber sein, aber die Auswirkungen der Gegenkultur bleiben bis heute spürbar. Die Zeit des exotischen, östlichen „Guruismus" mag im Abflauen sein; für die Lehren der Gurus gilt das nicht. Was einst nur für esoterische Randsiedler interessant war, steht jetzt mitten im Rampenlicht. Vieles, was sich früher im Untergrund abspielte, wird nun allmählich, um nicht zu sagen plötzlich, Allgemeingut, während ganze Legionen von New-Age-Lehrern, -Praktiken und -Veranstaltungen um unsere Seelen werben.

Dieses vielschichtige Phänomen stellt die Christen vor eine überwältigende Herausforderung. Das New Age ist mehr als nur eine vorübergehende Mode, obwohl es durchaus etwas Modisches an sich hat; es ist ein *tiefgehender kultureller Trend,* der eine Vielzahl von Menschen aus allen gesellschaftlichen Bereichen anzieht. Es verheißt spirituelle Wirklichkeit, Erfüllung und Weltharmonie. Doch seine Verheißungen beruhen auf etwas, das sich bei näherem Hinsehen als geistliche Fälschung entpuppt.

Die Bibel spricht wiederholt von geistlichen Fälschungen, indem sie vor falschen „Christussen" (Matthäus 24,5; Apostelgeschichte 5,36-37), falschen Propheten (5. Mose 13,1-4; Matthäus 7,15; 24,11), falschen Wundern (2. Mose 7,8-13), falschen Engeln (2. Korinther 11,14), falschen Göttern (Galater 4,8), falschen guten Werken (Matthäus 7,

15-23), falscher Frömmigkeit (2. Timotheus 3,5), falschen Bekehrten (1. Johannes 2,19; 2. Korinther 11,26), falschen Geistern (1.Johannes 4,1-3), falscher Lehre (1. Timotheus 4,1-3) und falschen Evangelien (Galater 1,6-10) warnt.

Original und Fälschung zu unterscheiden, erfordert biblisches Urteilsvermögen, nicht nur die Fähigkeit, New-Age-Modewörter wie *ganzheitlich* und *global* zu erkennen. Eine fundierte Kenntnis des Originals – des biblischen Christentums – läßt die Fälschung deutlich erkennen.

Trotz der Unterschiede innerhalb der New-Age-Bewegung lassen sich einige ihrer gemeinsamen Gedanken zu einer grundlegenden Weltsicht verdichten, die im folgenden in neun Thesen bzw. Lehren zusammengefaßt ist. Nach der Darstellung jeder Aussage werden wir diese mit der biblischen Weltsicht vergleichen. Wie wir feststellen werden, betrachten der New Ager und der Christ die Welt durch sehr unterschiedliche Brillen. Daher beantworten sie die letzten Fragen des Lebens nach seinem Ziel, seinem Wert, seiner Bedeutung und seinem Sinn auf völlig verschiedene Weise.

1. Evolutionärer Optimismus: Ein falsches Himmelreich

Die New-Age-Bewegung lehrt, wir befänden uns an der Schwelle eines Quantensprunges in der aufwärtsstrebenden Entwicklung des Bewußtseins. Wir stehen vor einer bedeutsamen Zeit sowohl von Krisen planetaren Ausmaßes als auch ungeahnter Möglichkeiten. Manche New Ager schlagen apokalyptische Töne an und warnen, unser Planet stehe ohne einen massiven Fortschritt unseres Bewußtseins vor entsetzlichen Katastrophen, die ihn von allem Irrtum „reinigen" würden. (Was genau unter dieser *Reinigung* zu verstehen ist, darüber gibt es verschiedene Auffassungen. Manche denken an eine Art friedlichen Übergang; andere glauben, Nicht-New-Ager müßten irgendwie entfernt werden. Mehr darüber in Kapitel 10.)

Es verbleibt jedoch ein allgemeiner Optimismus, daß wir

auf ein Neues Zeitalter der spirituellen Erkenntnis zubewegen – von Astrologiekundigen das „Zeitalter des Wassermanns" genannt. Wir müssen für „das Göttliche in uns" empfänglich werden, um den Anbruch des Tausendjährigen Reiches herbeizuführen. Die New-Age-Utopisten sehen eine Neue Weltordnung voraus, die manchmal im Sinne einer Welteinheitsregierung, eines weltweiten Sozialismus oder einer New-Age-Einheitsreligion geschildert wird und in der die selbstverwirklichte Gerechtigkeit blüht. Manche Personen und Gruppen erwarten einen Weltführer, manchmal (fälschlicherweise) als „der Christus" bezeichnet, der uns den Weg ins Neue Zeitalter weisen soll. Andere legen mehr Gewicht auf die persönliche Führung des einzelnen und wollen von einer Leitung von außen nichts wissen.

Die Christen haben von Anfang an Gott, den Schöpfer, als Herrn über die Geschichte bezeichnet. Er macht die Wirklichkeit seines Reiches bekannt. Sowohl in Fragen der sozialen Gerechtigkeit als auch der persönlichen Erlösung und Heiligung halten wir uns an ihn und sein Wort. Christen sollten jede mystische Utopie, jedes falsche Himmelreich als bestenfalls auf Unwissenheit beruhend, schlimmstenfalls aber als tödlich, zurückweisen. Hitler, Stalin und Mao waren Utopisten, sie waren entschlossen, ihre jeweilige Version eines „Neuen Zeitalters" ohne Rücksicht zu verwirklichen. Sie dürsteten nach dem Himmel auf Erden und brachten statt dessen die Hölle. Das gilt vielleicht nicht für alle Utopisten, aber wir sollten uns vor allen Versuchen der Menschheit in acht nehmen, sich ihren eigenen Himmel zu schaffen. Christen leben in der Erwartung, daß die Geschichte in einer tatsächlichen körperlichen und sichtbaren Wiederkunft Jesu Christi in Macht und Herrlichkeit gipfeln wird und nicht in einem Neuen Zeitalter, das durch irgendeinen immanenten Entwicklungsprozeß herbeigeführt wird.

2. Monismus: Ein falscher Kosmos

Alles ist eins. Einer ist alles. Der musikalische Refrain für das oben erwähnte „Weltfriedensereignis" lautete: „Wir sind eine Liebe; wir sind eins." Die Veranstaltung wurde auf diese „Realisation" hingesteuert – es gibt keine Trennung; es gibt letztlich keine Grenzen; wir sind nur Wellen in einem einzigen kosmischen Ozean. Annette Hollander schreibt: „Je mehr wir unsere Verbundenheit (Einheit) untereinander erkennen können, desto weniger werden wir bereit sein, einander und die Welt zu vernichten."[10] Diese Erkenntnis sollte ihrer Meinung nach das Ziel sein, wenn wir die Spiritualität unserer Kinder entwickeln. (Mehr zu diesem Thema in Kapitel 7.)

Der Gedanke, alles sei eins – Monismus genannt –, steht im Gegensatz zu der biblischen Anschauung, die Gottes Schöpfung als eine wunderbare Vielfalt geschaffener Dinge schildert, die sich nicht auf eine mystische Einheit reduzieren läßt.

In 1. Mose 1,2 wird berichtet, daß am Ausgangspunkt der Schöpfung Gottes „die Erde ... wüst und leer" war. Er sprach das Wort, und Vielfalt brach aus in Bäumen, Tieren, Wolken und einer Million anderer Dinge. „Und Gott sah an alles (im Original Plural, d. Verf.), was er gemacht hatte, und siehe, es war sehr gut" (1. Mose 1,31). Der New-Age-Standpunkt versucht in gewissem Sinne, zu der wüsten und leeren Ursuppe zurückzukehren, und er versinkt darin. Er muß die Mannigfaltigkeit der Schöpfung – die wir voraussetzen müssen, um solch philosophische Leistungen wie Zählen (über eins) und Küssen (jemand anderen) zu vollbringen – als irgendwie unwirklich übergehen.[11]

Alle Dinge haben einen gemeinsamen Schöpfer und werden von Christus getragen (Hebräer 1,3). In diesem Sinne leben wir in einem *Uni*versum, nicht in einem *Multi*versum. Gott vereinigt die Geschichte nach seinem Willen. Aber die Einheit von Gottes Plan zerstört nicht die wirklichen Verschiedenheiten in seiner Schöpfung. Ebenso nannte Jesus die Einheit seiner Nachfolger den Leib Christi (Johannes 17), wie es auch Paulus tat (1. Korinther 12,12-31); und doch ist diese Einheit nicht die unterschiedslose Einheit, wie sie das New Age lehrt. Alle Menschen werden eines Tages als Individuen vor ihrem Schöpfer stehen. Niemand wird sich dieser Prüfung entziehen können, indem er sich im großen Ozean des Seins auflöst.

3. Pantheismus: Ein falscher Gott und eine falsche Menschheit

Die große Einheit des Seins soll „Gott" sein. Alles, was ist, ist an seiner metaphysischen Wurzel Gott.[12] Robert Ellwood bemerkte schon in den frühen siebziger Jahren, daß die neuen religiösen Bewegungen „das gemeinsame metaphysische Merkmal" einer unpersönlichen Auffassung von Gott aufweisen, in der „das Absolute selbst nicht der persönliche jüdisch-christliche Gott ist, sondern ein abstrakteres Wesen, das gewöhnlich mit großen Anfangsbuchstaben versehen wird, wie ‚Unendliche Intelligenz', ‚Prinzip' etc."[13] Dieser Liste könnten wir Bezeichnungen wie „Kraft", „Bewußtsein", „Energie" usw. hinzufügen. Der „Gott" des New Age ist kein sittliches Wesen, das als das höchste verehrt wird. Solch ein Gott ist ein unpersönliches und amoralisches Es, nicht ein Er (oder Sie – trotz aller Reden über eine „Erdgöttin"). Außerdem wird die Gottheit demokratisiert: Wir sind alle Gott.

Shirley MacLaines abschließendes Glaubensbekenntnis in ihrem Bestseller *Tanz im Licht* trifft den pantheistischen Nagel auf den Kopf: „Ich *weiß,* daß ich existiere, also BIN ICH. Ich weiß, daß die Gottesquelle existiert. Also IST SIE. Da ich Teil dieser Kraft bin, BIN ICH, was ICH BIN."[14]

Die biblische Gottheit ist ein sittliches Wesen, wie Jesaja erklärt: „Denn der Herr ist unser Richter, der Herr ist unser Meister" (Jesaja 33,22). Gott, der Schöpfer, offenbarte

Mose durch den brennenden Busch, sein göttlicher Name sei „Ich werde sein, der ich sein werde“ (2. Mose 3,14). Auf einzigartige Weise kennzeichnete ihn das als persönlich, unerschaffen und aus sich selbst heraus existierend. Jesus Christus, Gottes Sohn, bezog diesen Namen auf sich, als er vor sprachlosen jüdischen Zuhörern erklärte: „Ehe Abraham wurde, bin ich“ (Johannes 8,58). Da sie Jesus nicht als den Messias anerkannten, kam ihre Reaktion prompt und vielsagend: Sie griffen nach Steinen, um ihn wegen Gotteslästerung zu steinigen (vgl. 3. Mose 24,16). Wenn sich jedoch heute Frau MacLaine selbst vergöttert, muß sie keinen wütenden Geschossen ausweichen. Sicher wie in Abrahams Schoß tanzt sie im Rampenlicht.

Selbstvergötterung ist heute ebenso populär wie unbiblisch und unrealistisch. Das New Age nimmt die wahre Aussage, daß wir nach Gottes Bild geschaffen sind, und verdreht sie, als ob das bedeutete, daß wir alle Götter sind. Derselbe „unmögliche Traum“ war der Kern der Versuchung der Schlange, wie Hexam und Poewe verdeutlichen: „Der Kern des Sündenfalls ist der Wunsch nach sofortiger und totaler Freiheit und Macht, uneingeschränkt von den Grenzen der menschlichen Beschaffenheit. ... Die Bibel schildert den Sündenfall als ein Handeln aus ungezügelter Selbstsucht aufgrund des unmöglichen Wunsches, wie Gott zu sein. Anstatt jedoch zur Freiheit zu führen, resultiert es in Gebundenheit.“[15]

4. Bewußtseinsveränderung: Eine falsche Bekehrung

Es reicht nicht, an die Lehren des New Age nur zu glauben. Man muß sie erfahren. New Ager werden oft zu „Initiation, nicht nur Interesse“ aufgefordert. Viele mystische Mittel dienen diesem einen exotischen Zweck, seien es nichtchristliche Meditationstechniken, Drogen, Yoga, Kampfkünste, der Gebrauch von Kristallen oder unwillkürliche Erlebnisse wie die Erfahrung des klinischen Todes. Das Ziel ist das Gefühl der Einheit mit allem Seienden und die Erkenntnis der eigentlichen Göttlichkeit, manchmal auch das „Höhere Selbst" genannt.

Die Anziehungskraft solcher transzendentaler Erfahrungen ist ihre angebliche Überlegenheit über die konventionellen „Old Age"-Religionen und das „normale Bewußtsein" – zum Beispiel den Bewußtseinszustand, in dem man Geschirr spült oder den Rasen mäht. Der erzielte Zustand hat viele Namen wie „At-one-ment" (der biblische Begriff „Atonement", der im Englischen den Sühnetod Jesu bezeichnet, umgedeutet als mystische Einheit), Selbsterkenntnis oder Gotteserkenntnis (die beiden Worte sind austauschbar), Erleuchtung oder Einstimmung.

Statt die Abkehr von der Sünde zu predigen, fordert das New Age zu einem Wachwerden für das eigene Selbst auf. Die New-Age-Fälschung ersetzt das Gebet (das Gespräch mit einem persönlichen Gott) durch Meditation (die Reise ins Selbst). Es erhebt die Selbsterfahrung über den Glauben an Christus und wird so zu einer Fälschung der echten christlichen Bekehrung. Statt die Notwendigkeit einer neuen Geburt von oben zu lehren, lehrt es die Wiederentdeckung des wahren, inneren und göttlichen Selbst.

5. Schaff dir deine eigene Wirklichkeit: Eine falsche Ethik

Der Satz „Schaff dir deine eigene Wirklichkeit" taucht in New-Age-Kreisen immer wieder als grundlegender Ausgangspunkt des Denkens auf. Der Gedanke dahinter ist, daß wir nicht unter einem objektiven moralischen Gesetz stehen. Statt dessen hat jeder von uns eine andere Art, sein göttliches Potential zu verwirklichen. Und da ja „alles eins ist" (Monismus), können wir das Leben nicht in verschiedene Kategorien wie „Gut" gegen „Böse" unterteilen. Das wäre zu dualistisch; wir müssen uns nach „jenseits von Gut und Böse" begeben, um unser volles Potential zu verwirklichen. Ein angeblicher Führer aus der Geisterwelt namens

Ramtha lehrt, Gott – von dem jeder von uns ein Teil ist – sei weder gut noch schlecht. Gott richtet nicht. Niemand sündigt und niemand braucht Vergebung. Ramtha fährt fort: „Jede gemeine und verdorbene Tat, die du begehst, erweitert dein Verständnis. ... Wenn du irgendeine bestimmte Sache tun willst, *egal* was es ist, wäre es nicht klug, dich diesem Gefühl zu widersetzen? Denn da wartet eine Erfahrung auf dich und ein großes Abenteuer, das dein Leben süßer machen wird."[16]

Solch extreme Lehren werden nicht von allen New-Age-Anhängern vertreten, aber der Ethik des New Age fehlt weitgehend jede Verwurzelung in einer objektiven moralischen Ordnung. Wenn New Ager absolute moralische Aussagen machen, tun sie es mehr instinktiv als bewußt. Manche sprechen vielleicht vom Gesetz des Karma als einem moralischen Lohn- und Strafsystem bei der Reinkarnation, aber normalerweise wird der Gedanke der Moral relativiert oder ganz über Bord geworfen.

Die biblische Ethik ist in dem unveränderlichen moralischen Charakter und Willen eines persönlichen Gottes verankert, der die Zehn Gebote erließ, nicht zehn Vorschläge machte. Christen nehmen im Denken, in ihrem Wesen und in ihrem Handeln geistlich zu, indem sie dem Willen ihres Herrn gehorchen, nicht indem sie so tun, als könnten sie jederzeit ihre eigenen Regeln aufstellen.

6. Unbegrenztes menschliches Potential: Falsche Wunder

Wenn wir alle Gott sind, so wird angenommen, sind die Vorrechte der Gottheit in uns wirksam. Wir sind über alle Maßen begabt. Wir sind Wunder, die nur darauf warten zu geschehen. Unbeeinträchtigt von solchen Fabeln des Alten Zeitalters wie der Begrenztheit, Verdorbenheit und Ursünde des Menschen sind wir frei, die leuchtenden Horizonte der Gottheit zu erkunden. Unser einziges Problem ist Unwissenheit. In *Tanz im Licht* hämmert Shirley MacLaine einem erfolglosen Freund ein: „*Sie* sind unbegrenzt. Sie erkennen es nur nicht."[17]

Diese Unbegrenzten sehnen sich nach der Herrschaft über das Selbst und den Kosmos (sofern diese Unterscheidung überhaupt zugelassen wird). Die Kenntnis des „Gottes in uns" führt zur Macht über alles. Eine Flut von Tonbändern mit unterschwellig beeinflussenden Botschaften überschwemmt derzeit den Markt, die uns der Werbung zufolge verändern, indem sie das Unterbewußtsein so umprogrammieren, daß es tut, was immer wir wollen. Im Prinzip wird dabei das Unterbewußtsein vergöttert. Auf einer unhörbaren Tonspur sagt uns eine Stimme – während wir bewußt nur die Musik wahrnehmen –, daß wir abnehmen werden, ein besseres Bild von uns selbst bekommen oder sogar offen werden für unser Höheres Selbst und unser psychisches Potential.[18] Sei es durch solche unterschwelligen Tonbänder oder welches der anderen hundert Mittel auch immer, uns wird ein Panorama des Paranormalen geboten, das uns Macht verheißt – außersinnliche Wahrnehmung, Telepathie, Hellsehen, Präkognition (das Vorhersagen zukünftiger Ereignisse), Erinnerung an angebliche frühere Leben (Reinkarnation), Geistheilung, außerkörperliche Erfahrungen, Vorahnungen und sogar Psychokinese oder PK (das Beeinflussen von Gegenständen durch reine Geisteskraft). Bewußtsein ist der Schlüssel. Schließlich sind wir ja nicht an eine äußere und objektive Wirklichkeit gebunden (sei sie geistlich oder körperlich); statt dessen „schaffen wir unsere eigene Wirklichkeit".

Eine Zeitung in Dallas (Texas) berichtete über eine Konferenz von 150 Seth-Anhängern, die den Grundsatz praktizierten, wir schüfen „buchstäblich unsere eigene Wirklichkeit durch unsere Überzeugungen; also können wir, indem wir diese Überzeugungen verändern, die Wirklichkeit verändern."[19] Die Konferenzteilnehmer veranstalteten also eine „Löffelverbiegerparty", bei der ihnen gesagt wurde, sie könnten Besteck einfach durch nicht-physikalische Geisteskraft butterweich machen. Der Bericht behauptet, ein

Drittel der spirituellen Löffelverbieger sei erfolgreich gewesen, darunter ein hartnäckiger Skeptiker, der voraussagte: „PK-Parties [Psychokinese] werden so populär wie der Rubik's Cube und der Hula Hoop."[20] Ob tatsächlich etwas Paranormales geschah, darüber läßt sich streiten; bestehen bleibt die Tatsache, daß solche Berichte die Menschen verlocken, sich mit den Behauptungen des New Age näher zu befassen.

Sogar die Juristenzunft hat sich bereits für paranormale Möglichkeiten interessiert. Ein Leitartikel in der Fachzeitschrift *The National Law Journal* berichtete: „In zwei aufsehenerregenden Mordprozessen – dem Prozeß gegen Jean Harris wegen der Erschießung des Diätbuchautors Dr. Herman Tarnower, und dem Verfahren gegen Joan Little wegen der Erstechung eines Wachoffiziers in North Carolina – konsultierten die Verteidiger medial begabte Menschen, um bei der Auswahl der Geschworenen zu helfen."[21] Aussagen von medial begabten Zeugen sind noch stark umstritten; die meisten Gerichte sperren sich dagegen, sie zuzulassen. „Dennoch konsultieren immer mehr Anwälte heutzutage aus persönlichen und beruflichen Gründen Medien."[22] Darunter ist auch der angesehene Zivilrechts-Anwalt Melvin M. Belli, der behauptet, „mehrmals bei der Auswahl von Geschworenen" mit Gewinn Medien eingesetzt zu haben. Eine in Los Angeles ansässige juristische Forschungsgruppe, die Mobius-Gesellschaft, setzt auf jeden Strafprozeß sieben bis elf Medien an. Auch manche Polizeiabteilungen wenden sich an Medien, um Spuren für die Verbrechensaufklärung zu finden.[24]

Wie auch immer die Zuverlässigkeit und Häufigkeit solcher Aufklärung einzuschätzen ist – eine solche Verbindung zwischen dem angesehenen Gebiet der Rechtsprechung und als paranormal betrachteten Phänomenen verschafft dem Gedanken angeborener parapsychischer Fähigkeiten eine gesellschaftliche Aufwertung.

Obwohl viele dieser Berichte über paranormale Vorgänge auf Betrug oder Mißdeutung beruhen mögen, warnt die Bibel auch vor der Realität falscher Wunder, die durch den Feind böswillig herbeigeführt werden. Ein übernatürlicher Schöpfer kann, um seine Realität zu zeigen, auf wunderbare Weise in seine Schöpfung eingreifen und tut es auch; doch es wimmelt von Fälschungen, die dazu dienen sollen, die Welt zu täuschen. (Mehr darüber in Kapitel 2.)

7. Kontakt mit Geistern: Falsche Offenbarungen

Seth, der Philosoph, der hinter den verbogenen Löffeln steckt, ist ein körperloses Wesen, das durch die inzwischen verstorbene Jane Roberts zwanzig Bände mit Offenbarungen füllen ließ. Seth ist nur einer von einer ganzen Galaxis von Meistern, Wesenheiten, Geistern, Außerirdischen und anderen gesprächigen Gestalten, die entweder durch automatisches Schreiben oder durch direkte Beeinflussung der Sprechwerkzeuge durch Medien (in letzter Zeit, passend zum Fernsehzeitalter, auch „Channeler" genannt) kommunizieren. „Channeling" war schon immer ein Bestandteil des New Age, gewinnt aber neuerdings an Popularität, seit Channeler vor großem Publikum auftreten und ausgedehnte private Beratungen durchführen. Schon früher gab es in der westlichen Welt einflußreiche Channeler, darunter H. P. Blavatsky, Edgar Cayce und Alice A. Bailey.

Im Jahre 1888 behauptete H. P. Blavatsky, die 1875 die einflußreiche Theosophische Gesellschaft mitbegründete, das zweibändige Werk *The Secret Doctrine* (Die Geheimlehre) aus der höheren Welt empfangen zu haben.

Edgar Cayce (1877-1945), bekannt als der „schlafende Prophet", war ebenfalls ein New-Age-Vorläufer durch Channeling und ist auch heute noch durch die Arbeit der „Association for Research and Enlightenment" („Gesellschaft für Forschung und Aufklärung", abgekürzt ARE) recht populär. Cayces Offenbarungen über die sogenannten verborgenen Jahre Jesu, die Reinkarnation, Atlantis und andere okkulte Themen stammten angeblich nicht von einem bestimmten Geistwesen, sondern aus unserem kollektiven Bewußtsein. Doch Cayces Äußerungen erfolgten mit einer Stimme, die nicht seine eigene war (häufig in Sprachen, die er niemals gelernt hatte), betrafen Themen, über die er wenig oder nichts wußte, und standen im direkten Widerspruch zur Bibel – drei gute Gründe, um dämonisches Wirken in Erwägung zu ziehen.[25]

Der Gedanke an durch Channeling erworbene Informationen gewann ebenfalls Popularität durch die umfangreichen Schriften der Alice A. Bailey, die mit dem tibetanischen Lehrer Djwhal Khul (oder DK) in Verbindung zu stehen behauptete. Zwischen 1919 und ihrem Tod im Jahre 1949 schrieb sie „zwei Dutzend Bücher über okkulte Philosophie, von denen sie die meisten als seine Lehre ausgab“ und die „ein umfassendes System esoterischer Wissenschaft und okkulter Philosophie darstellen, in dem zeitgenössische gesellschaftliche und politische Entwicklungen berücksichtigt werden.“[26] Die Schriften von Frau Bailey tragen mit zu einer der Wurzeln bei, aus denen die New-Age-Bewegung hervorgegangen ist.[27]

Das Channeling des New Age fügt der älteren spiritistischen Bewegung des vorigen Jahrhunderts – die sich oft damit zufriedengab, den Geist eines verblichenen Verwandten zum Zwecke einiger posthumer Bemerkungen über die Unterbringung im Jenseits herbeizuzitieren – eine „höhere“ Dimension hinzu. Nach Ansicht des New-Age-Autors Brad Steiger geht es bei „dieser neuen Art des Channeling“ um Botschaften, die offenbar „aus einer höheren Quelle stammen, und damit meine ich eine abstraktere Quelle, eine Quelle, die sich mit universalen Prinzipien oder Gesetzen befaßt.“[28] So wird aus der „neuen Art des Channeling“ vielmehr eine Fälschung der biblischen Prophetie, denn die wahren Propheten in der Bibel wurden von Gott gesandt, um seine universale Wahrheit zu verkündigen, nicht nur bestimmte Einzelinformationen. Der bekannte New-Age-Lehrer und Schriftsteller David Spangler hat behauptet, mit mehreren Wesenheiten in Kontakt zu stehen, von denen eine den ehrgeizigen Namen „Grenzenlose Liebe und Wahrheit" trägt.[30]

Eine Wesenheit von beträchtlichem Ansehen ist ein gewisser „Ramtha", ein 35 000 Jahre alter Krieger, der seine Botschaften durch J. Z. Knight kanalisiert, eine Hausfrau aus der ländlichen Gegend um Washington, die ihm zuerst 1977 begegnete, nachdem sie mit Kristallpyramiden experimentiert hatte. Seither ist Ramtha durch Auftritte in der „Merv Griffin Show" und im Satellitenfernsehen, öffentliche Ansprachen und kostspielige private Beratungen zu höchsten metaphysischen Ehren aufgestiegen. Wie Shirley MacLaine in *Tanz im Licht* berichtet, gehörte Ramtha zu ihren Lieblings-Geistführern. Frau MacLaine behauptet, Ramtha sei einer der beiden Geister gewesen, die während eines Auftritts am Broadway, als sie körperlich zu ausgelaugt war, um alleine richtig tanzen zu können, in ihren Körper fuhren und ihn mit Energie versorgten.[31]

Frau Knight gibt an, daß sie ihr normales Bewußtsein verliere, wenn sie Ramtha kanalisiere. Ihr Gesichtsausdruck wird maskulin und beherrschend, während Ramtha predigt, daß wir alle Gott sind, daß wir über ein unbegrenztes Potential verfügen, daß wir „unsere eigene Wirklichkeit schaffen", daß uns keine absoluten moralischen Forderungen binden und (natürlich) daß wir nicht von Gott gerichtet werden. Unter anderem behauptet Ramtha, unendlich zu sein.

Ramthas glattes, hochprofiliertes Image ist selbst in New-Age-Kreisen schon bewitzelt worden.[32] Aber seine gesellschaftliche Wirkung ist real, ebenso wie der Einfluß anderer Channeler wie Kevien Ryerson, ein Freund von Shirley MacLaine, der behauptet, in Frau MacLaines in den USA landesweit ausgestrahlter autobiographischer Mini-Fernsehserie *Out on a Limb* Geistwesen kanalisiert zu haben. Ryerson hält die Offenbarungen für wichtig: „Wesenheiten oder Geistwesen ... haben für uns als menschliche Wesen eine große Bedeutung ... wegen der Einsichten und Sachinformationen, die durch sie zu uns gelangt sind."[33]

Wie man sich denken kann, sind die Lehren, die diese Wesenheiten verbreiten, nicht ganz biblisch. Manche Channeler dienen angeblich als Sprachrohr für biblische Gestalten; einige behaupten sogar, Christus selbst zu kanalisieren, den sie einige auffallend unchristliche Dinge sagen lassen, wie: „Die Aussagen der neutestamentlichen Briefe und Evangelien und der Offenbarung, aus denen hervorgeht, daß mein Blut von der Sünde errettet, sind Irrtümer."[34] Das angeblich durch Channeling gewonnene Material – wiederum von „Jesus" – des dreibändigen Werkes *A Course in Miracles* hat eine große Anhängerschaft gewonnen. 160 000 der kostspieligen Ausgaben sind seit 1975 auf den Markt gekommen, und allein in Amerika formten sich über dreihundert Gruppen um die darin enthaltenen New-Age-Lehren, die zwar christliche Begriffe verwenden, jedoch alle wichtigen Aussagen des Christentums leugnen.[35]

Derlei „Offenbarungen" erinnern uns an die ernste Warnung des Apostels Paulus: „Aber auch wenn wir oder ein Engel vom Himmel euch ein Evangelium predigen würden, das anders ist, als wir es euch gepredigt haben, der sei verflucht" (Galater 1,8). Das kanalisierte Evangelium ist ein Evangelium der Selbstvergötterung, des Relativismus und der Reinkarnation.

Ob der jeweilige Channeler nun tatsächlich mit dämonischen Aktivitäten zu tun hat (wobei betrügerische Geister sich für verschiedene Personen ausgeben), geistig gestört ist oder im Namen des New Age Theater spielt oder betrügt, die übermittelte – und häufig geglaubte – Botschaft ist das Evangelium des New Age, das auf falschen Offenbarungen beruht, die die Offenbarung Christi und der Bibel nachäffen.

8. Meister von oben: Falsche Engel

Im New-Age-Denken wird oft die Unterscheidung zwischen dem Außerirdischen und dem Geistlichen verwischt, wenn UFO-Sichtungen oder gar Begegnungen („der dritten Art“) zu mystischen Erfahrungen werden. UFOs und ihren Insassen wird zuweilen nachgesagt, sie vollbrächten paranormale Phänomene. Hynek und Valle kommentieren: „Wenn UFOs tatsächlich gewöhnliche mechanische Erzeugnisse einer anderen Rasse sind, haben wir immer noch die Frage zu klären, wie eine solche berührbare Maschine vor unseren Augen ihre Form verändern oder verschwinden kann wie die Cheshire-Katze aus *Alice im Wunderland* (ohne auch nur ein Grinsen zurückzulassen), wie sie scheinbar hinwegschmelzen oder auf mysteriöse Weise vor unseren Augen ‚materialisieren‘ kann, offenbar ohne von in der Nähe stehenden Personen oder in nahegelegenen Ortschaften bemerkt zu werden. Wir müssen uns auch fragen, wo sich UFOs ‚verstecken‘, wenn sie sich nicht gerade vor menschlichen Augen zeigen.“[36]

Diejenigen, die angeblich Kontakt zu UFOs hatten, zeigen häufig Merkmale, die von anderen okkulten Phänomenen her bekannt sind, wie etwa Trancezustände, automatisches Schreiben, in Kristalle starren, Poltergeist-Effekte, Levitation (Schweben), Psychokinese, Geistheilung und außerkörperliche Erfahrungen.[37]

Eine Veränderung in der Science-fiction-Literatur hat seit der Mitte der sechziger Jahre die Öffentlichkeit darauf vorbereitet, Außerirdische stärker als etwas Mystisches zu betrachten. Die futuristisch-wissenschaftlich orientierten Szenarien von Autoren wie Isaac Asimov verloren an Boden gegenüber New-Age-Autoren wie Ursula LeGuin, die „uns eine von Geistwesen, die unter einem magischen Bann stehen, bewohnte Welt statt der bekannten Marsianer, Raumschiffe und Laserwaffen vorführen.“[38]

Shirley MacLaine behauptet in *Out on a Limb,* ein Außerirdischer namens „der Maya“ habe einen ihrer geistlichen Ratgeber angewiesen, sie in das Neue Zeitalter zu führen.[39] Sie sind angeblich Diener aus dem All.

Manche Gruppen behaupten, unsere höher entwickelten „Brüder aus dem All“ könnten uns vieles lehren, so daß wir eine Katastrophe planetaren Ausmaßes verhindern könnten. Es läßt sich erraten, daß diese Botschaft nicht biblisch ist. David Spangler bemerkt, daß viele Gruppen sich auf die Frequenz der Brüder aus dem All eingestellt hätten. Die Botschaft lautet, daß die Erde durchgreifende Veränderungen durchlaufen werde, bevor das Neue Zeitalter ganz beginnen könne. Eine „Reinigung“ müsse stattfinden; auf der positiven Seite jedoch weiß er zu berichten, viele der Nachrichten von „da oben“ seien „erhebend“ und sprächen „von der Göttlichkeit allen Lebens, die mit größter Sicherheit über die Schwierigkeiten des Augenblicks triumphieren werde.“[40]

Später gibt Spangler die kosmischen Bemerkungen einer Wesenheit namens „John“ wieder, die sagt, daß „einige der Wesen aus dem All ... tatsächlich *in der Hierarchie sehr hochstehende Wesen und Meister* [Geistführer] sind, die die planetarische Verkleidung nur deshalb anlegen, weil es Leute gibt, die ihre Lehren nur so annehmen werden. ... Es hat eine Menge an wohltätigen Maskeraden stattgefunden.“[41] Als Christen sollten wir die Situation neu deuten als höchstwahrscheinlich übeltätige Maskerade einiger sehr niedriger dämonischer Wesen und Monster.

9. Religiöser Synkretismus: Eine falsche Religion

Die Spiritualität des New Age ist eine ziemlich bunt zusammengewürfelte Mischung aus östlichem Mystizismus, westlichem Okkultismus, Neuheidentum und „Human Potential“-Psychologie. Jedoch neigen die Sprecher des New Age dazu, in allen Religionen einen gemeinsamen wahren Kern zu sehen. Zum Beispiel unterscheidet Elizabeth Burroughs, eine „christliche Mystikerin“ aus dem Nordwesten der Vereinigten Staaten, zwischen einem „buchstäblichen“ und einem „tieferen“ religiösen Ausdruck. Ihrer Behauptung zufolge sind die „tieferen Lehren der christlichen Philosophie im Einklang mit allen anderen Religionen“.[42]

Wenn auch die äußere Gestalt – z. B. des hinduistischen Pantheismus und des christlichen Theismus – verschieden erscheint, so wird doch für einen angeblich mystischen Kern geworben, der alle Religionen vereine: Alles ist eins, alles ist Gott, wir sind Gott, wir verfügen über ein unbegrenztes Potential, wir können das Neue Zeitalter anbrechen lassen.

Diese mystische Methode geht rauhbeinig über die ausdrücklichen Lehren der nicht-pantheistischen Religionen hinweg, aber das New Age behauptet, die angeblichen „esoterischen" Elemente in diesen Religionen seien nur unterdrückt worden. Zum Beispiel verkündet das New Age im Brustton der Überzeugung (jedoch ohne jede Grundlage), Aussagen über Reinkarnation seien im 6. Jahrhundert von machthungrigen Klerikern aus der Bibel entfernt worden, denn, so Ruth Montgomery: „Es war so viel leichter für die Kirche, die Massen zu beherrschen, wenn diese glaubten, sie hätten nur eine Lebensspanne zur Verfügung, um es richtig zu machen. ... Wenn die Leute glaubten, sie könnten immer wieder zurückkehren, würden sie die Kirche vielleicht nicht annähernd so bereitwillig unterstützen."[43] (Näheres zu dieser Theorie in Kapitel 5.)

Um ihrem Standpunkt Nachdruck zu verleihen, machen sich New-Age-Lehrer zuweilen das Zeugnis ausgewählter jüdischer, islamischer und christlicher Häretiker zunutze, die behaupteten, mit Gott eins zu sein. Damit verwechseln sie jedoch die Abweichung mit der Norm. Sie ziehen die Fälschung dem Original vor.

Die Christen lehnen den Synkretismus vor allem aus drei Gründen ab. Erstens ignoriert er die historischen Unterschiede zwischen den Religionen. Zweitens verzerrt er das Christentum, indem er es auf ein pantheistisches Prokrustesbett spannt. Drittens degradiert er Jesus Christus zu nur einem von vielen Meistern im pantheistischen Pantheon, eine Position, die er ausdrücklich von sich wies, als er behauptete, „der Weg und die Wahrheit und das Leben" zu sein (Johannes 14,6).[44]

Die New-Age-Bewegung ist nicht nur eine Mode, sie ist ein grundlegender kultureller Trend, der nicht so aussieht, als ob er in kurzer Zeit vom Winde verweht wäre. Sie stellt eine große Herausforderung für Christen dar, eine sehr wirksame geistliche Fälschung zu entlarven und ihren Vertretern in Liebe zu begegnen. In den folgenden Kapiteln werden wir eine Grundlage für die Auseinandersetzung mit dem New Age legen, über spezifische Bereiche der Evangelisation und Apologetik gegenüber New Agern sprechen, uns mit dem zunehmenden Aufkommen von New-Age-Gedankengut im Geschäftsleben und in der Schulbildung befassen, wichtige Fragen der geistlichen Unterscheidung behandeln und über die Zukunft der New-Age-Bewegung nachdenken.

Bevor wir weitergehen, möchte ich noch kurz den großen Reformator Martin Luther zitieren: „Wenn ich mit lautester Stimme und klarster Darlegung jeden Teil der Wahrheit Gottes verkündige, ausgenommen nur jenen kleinen Punkt, den Welt und Teufel gerade angreifen, so bekenne ich Christus nicht, wie freimütig ich ihn auch verkündigen mag."

2.
Geistlicher Kampf

Eine attraktive vierzigjährige Frau unterhält sich vor einem Studiopublikum mit leiser Stimme mit zwei schneidigen Moderatoren einer Nachmittags-Fernsehsendung. Sie scheint eine völlig durchschnittliche Person zu sein und sich nicht ganz wohl zu fühlen. Warum wird sie interviewt? Was hofften die zahlreichen Zuschauer zu sehen? Die Dame ist weder eine Hollywood-Schauspielerin noch eine Politikerin, noch eine bekannte Intellektuelle, noch – an sich – sonst etwas Besonderes.

Dann wird ein Film eingeblendet, der zeigt, wie J. Z. Knight, die Dame im Studio, sich in Trance versetzt, damit das Geistwesen Ramtha durch sie kanalisiert werden kann. Wir sehen sie auf einer Bühne in einem luxuriösen Sessel, umgeben von Blumen und Ramthas Anhängern. Frau Knight wird sehr ruhig und beginnt, tief zu atmen. Dann verzerrt sich ihr Gesicht, und ihr Kopf wird ein paar Sekunden lang hin- und hergeworfen. Merkwürdige, grollende Geräusche begleiten die Verwandlung. Das Aussehen ihres Gesichts scheint verändert zu sein. Dann erhebt sie sich mit ruckartigen, beinahe marionettenhaften Bewegungen. Ramtha ist da. Er spricht in einem maskulinen Tonfall mit einem undefinierbaren Akzent (möglicherweise nieder-atlantisch). Ramthas Anhänger saugen jedes seiner okkulten Orakel auf.

Auf dem Bildschirm erscheint wieder Frau Knight. Die Moderatoren geben sich nicht skeptisch. Sie wollen wissen, wo sich Frau Knight aufhält, wenn Ramtha seine Ansprachen hält.

Engel und Dämonen

In dieser Fernsehsendung wurde geistliches Gift freizügig über die Sendewellen und in die Seelen Tausender Menschen verbreitet. Ob Frau Knight nun unter dämonischem Einfluß stand oder nicht, die Sendung ließ das Okkulte in einem sehr vorteilhaften Licht erscheinen. Die Zuschauer könnten weiteres Interesse zeigen, indem sie Ramthas Bücher lesen oder an Seminaren teilnehmen, die in der Nähe des Aufnahmeortes stattfinden.

Eine christliche Grundlage für die Auseinandersetzung mit dem New Age muß in dem Bewußtsein wurzeln, daß es hier um geistlichen Kampf geht. Sowohl das Christentum als auch die New-Age-Bewegung bejahen entschieden die Wirklichkeit der geistlichen Welt. Nur unterscheiden sich ihre Landkarten dieser Welt sehr voneinander.

Das New Age bemüht sich um einen veränderten Bewußtseinszustand, der uns unser unbegrenztes Potential zugänglich macht. Geistführer können uns dabei helfen, uns zu entwickeln.

Für Christen dient die Bibel – richtig interpretiert (vgl. Kapitel 5) – als Grundlage zur Unterscheidung der geistlichen Wirklichkeiten (Psalm 119; Apostelgeschichte 17,11; 2. Timotheus 3,15-17). Dort erfahren wir, daß die Geisterwelt sowohl von guten (Engeln) als auch von bösen Geistern (Dämonen) bevölkert ist.

Engel sind die „Boten" Gottes, die gesandt werden, um seinen Willen zu tun, was normalerweise hinter den Kulissen geschieht. Nirgendwo in der Bibel werden die Christen aufgefordert, Kontakte zu Engeln bewußt zu suchen oder zu pflegen, obwohl sie sowohl im Alten als auch im Neuen Testament immer wieder sichtbar erscheinen. Nachdem er die große Offenbarung erhalten hat, berichtet der Apostel Johannes: „Und als ich's gehört und gesehen hatte, fiel ich nieder, um anzubeten zu den Füßen des Engels, der mir dies gezeigt hatte. Und er spricht zu mir: Tu es nicht! Denn ich bin dein Mitknecht und der Mitknecht deiner Brüder, der

Propheten, und derer, die bewahren die Worte dieses Buches. Bete Gott an!“ (Offenbarung 22,8-9; vgl. Kolosser 2,18).

Engel sind ungefallene geistliche Wesen, die darin Gehorsam üben, daß sie bewußt Gottes Willen ausführen. Sie stehen auf der Seite Gottes und seiner Erlösten. „Denn er hat seinen Engeln befohlen, daß sie dich behüten auf allen deinen Wegen“ (Psalm 91,11; vgl. 34,7). Elisa entdeckte den Schutz der Engelscharen, als der zornige König von Aram eine starke Streitmacht mit Pferden und Wagen sandte, um den Propheten zu vernichten. Um seinen verängstigten Diener zu trösten, sagte Elisa: „Fürchte dich nicht, denn derer sind mehr, die bei uns sind, als derer, die bei ihnen sind!“ Bald war diese Wahrheit auch für den Diener nicht zu übersehen, als seine Augen geöffnet wurden für den „Berg voll feuriger Rosse und Wagen um Elisa her“ (2. Könige 6,16-17).[1]

Dämonen sind gefallene geistliche Wesen (2. Petrus 2,4; Judas 6), die dem erklärten Willen Gottes ungehorsam sind und unter der Führung des Teufels stehen (Matthäus 25,41). Sie sind keine unpersönlichen Einflüsse, sondern persönliche Handlanger des Widersachers. Michael Green weist darauf hin, daß die Bibel ihnen „mindestens vier der Merkmale“ zuschreibt, „die wir auf eine Person anwenden müßten“: Sie besitzen Wissen (Markus 1,24; Apostelgeschichte 19,15); sie haben Gefühle (Markus 1,24; Jakobus 2,19), sie sprechen (Apostelgeschichte 19,15), und sie verfügen über Willenskraft (Matthäus 12,44).[2]

Entgegen der landläufigen Meinung haben Dämonen sehr viel mit den gewöhnlichen – und weniger gewöhnlichen – Angelegenheiten des täglichen Lebens zu tun. In Stammeskulturen halten sie ganze Volksgruppen durch den Animismus im Bann, also durch den Glauben, daß alles einen Geist habe, der durch rituelle Magie friedlich gestimmt werden müsse.[3] Aber auch eine zunehmende Zahl von Menschen im „zivilisierten Westen“ öffnen den Dämonen – und ihrem Chef – durch zahllose okkulte Praktiken alle

Türen, darunter Wahrsagerei (Tarotkarten, I Ging, Runen, Handlesen etc.), Trance-Channeling (spiritistische Medialität), nichtchristliche Meditation oder andere Aktivitäten, die möglicherweise Dämonen herbeilocken oder durch sie angeregt sind und allesamt in der Bibel ausdrücklich verboten und „Greuel" genannt werden (5. Mose 18,9-14; vgl. Jesaja 8,19-20; 47,8-14; Galater 5,19-20; Offenbarung 22,15). Obwohl es Gott ein Greuel ist, dem Teufel eine Freude, ungesund für Menschen und unfähig zu erlösen (Jesaja 47,12-15), zieht das Okkulte Anhänger an wie ein Magnet Metallstücke, denn „es kommt dem religiösen Instinkt tief im Innern des Menschen entgegen, ohne an ihn irgendwelche Ansprüche auf Liebe, Heiligung oder Dienst für andere zu stellen."[4]

Der Vater der Lüge

Christen sollten ihren „Widersacher", den Teufel (1. Petrus 5,8), kennen, aber nur so gut, um ihn zu erkennen, zu entwaffnen und bloßzustellen. Christen sollten ihre Kenntnis des Okkulten sorgfältig rationieren und stets darauf achten, es zu vermeiden, Experten für die sogenannten „Tiefen des Satans" (Offenbarung 2,24) zu werden. Das Okkulte mag faszinierend sein, aber es ist nicht auferbauend; nur solche Menschen sollten sich näher damit beschäftigen, die sich unter den Schutz Christi gestellt haben und die berufen sind, Menschen und Kulturen, die von Satan geistlich unterdrückt werden, den Sieg Jesu zu bringen.[5] Trotz aller guten Absichten, die New Ager vielleicht haben, letztlich ist es Satan, der geistliche Fälscher selbst, der alle falsche Religion inspiriert.

Jesus nannte Satan den „Bösen" (Matthäus 5,37; 6,13; 13,19) und betonte seine böswillige, unmoralische Triebkraft. Seine Bosheit ist eine Auswirkung seines hartnäckigen Widerstandes gegen einen guten Gott. Jesus sagt über ihn: „Der ist ein Mörder von Anfang an und steht nicht in der Wahrheit; denn die Wahrheit ist nicht in ihm. Wenn er Lügen redet, so spricht er aus dem Eigenen; denn er ist ein Lügner und der Vater der Lüge" (Johannes 8,44).

Aber er ist kein dummer Lügner. Er ist „der Versucher" (Matthäus 4,3; 1. Korinther 7,5; 1. Thessalonicher 3,5), der unter seine Lügen gerade genug Wahrheit mischt, um die Lüge wahr – und äußerst attraktiv – erscheinen zu lassen. Als er Jesus versuchte, zitierte er aus der Bibel, wenn auch völlig aus dem Zusammenhang gerissen und in falscher Absicht. Der Teufel versucht durch Täuschung. Paulus berichtet, daß im Paradies „die Schlange Eva verführte mit ihrer List" (2. Korinther 11,3). Er ist ein geschickter Lügner. Paulus sagt auch: „Er selbst, Satan, verstellt sich als ein Engel des Lichts", und seine Diener „verstellen sich als Apostel Christi" (2. Korinther 11,13-14).

Das New Age verspricht „Licht"; es verdreht die Bibel; es lockt unseren Stolz, indem es uns Göttlichkeit verheißt; es nimmt die wahre Aussage, daß wir nach Gottes Bild *geschaffen* sind (1. Mose 1,26), und bläst sie zu der Lüge auf, wir *seien* Gott. Irenäus, der Bischof von Lyon des zweiten Jahrhunderts, kannte die Wirklichkeit der Betrügereien des Teufels. Antwortend auf die gnostischen Irrlehren seiner Zeit erklärte er: „Der Irrtum zeigt sich nie in seiner nackten Mißgestalt, damit er nicht – derart entblößt – sofort als solcher erkannt werde. Vielmehr ist er fein herausgeputzt in einem anziehenden Gewand, damit er dem Unerfahrenen durch sein äußeres Erscheinen wahrer vorkommt als die Wahrheit selbst."[6]

Der Einfluß des Teufels ist weitgehend, aber nicht unbegrenzt. Sein Machtbereich ist begrenzt, und er hat keinen Anspruch auf ihn. Die Erde gehört Gott allein, und er ist der Herrscher über die Schöpfung (Psalm 24,1-2). Satan wird als „der Gott dieser Welt" bezeichnet, weil er „den Ungläubigen ... den Sinn verblendet hat, daß sie nicht sehen das helle Licht des Evangeliums von der Herrlichkeit Christi" (2. Korinther 4,4; vgl. Epheser 2,2). Als übernatürliche Wesen können er und seine Lakaien auf die natürliche Welt einen übernatürlichen Einfluß ausüben mit „lügenhaften Zeichen und Wundern" (2. Thessalonicher 2,9; vgl. 2. Mose 7-8; Offenbarung 13,13; 16,14)[7] und durch regelrechte Besessenheit, wie viele Berichte in den Evangelien zeigen. Satan ist der „Affe Gottes". Er ist nicht schöpferisch, sondern ein geistlicher Nachäffer und Fälscher; er schafft, unterstützt und steuert unerlaubte Nachahmungen des Guten für böse Zwecke.

„Widersteht dem Teufel" (Jakobus 4,7), ermahnt uns die Bibel, denn wir leben unter kriegsähnlichen Bedingungen, und auf dieser Seite der Himmelspforten gibt es keine „demilitarisierte Zone". C. S. Lewis warnt uns: „Es gibt in dieser Welt keinen neutralen Boden; jeder Quadratzentimeter, jeder Bruchteil einer Sekunde steht unter dem Anspruch Gottes und dem Gegenanspruch Satans."[8] Wie Calvin erklärte, haben wir es mit einem Krieg der Reiche zu tun: „Wenn wir von dem rechten Eifer beseelt sind, das Königreich Christi zu erhalten, müssen wir einen unversöhnlichen Krieg gegen den führen, der seinen Untergang plant."[9] James Kallas sagt:

„Es herrscht Krieg! Ein kosmischer Krieg! Jesus ist der göttliche Eindringling, der von Gott gesandt ist, um die Kräfte Satans zu zerschmettern. In diesem Licht zeigt sich Jesu Auftrag ganz klar. Er hat ein Ziel – den Satan zu besiegen. Er nimmt die Schlagkraft des Feindes ernst."[10]

Den Teufel besiegen

In der Tat hat Jesus den Teufel bereits besiegt! Johannes erklärt: „Dazu ist erschienen der Sohn Gottes, daß er die Werke des Teufels zerstöre" (1. Johannes 3,8). Christus triumphierte durch seine Kreuzigung und Auferstehung über die Sünde, den Tod und den Teufel (Hebräer 2,14; Kolosser 2,14-15). Nur in seiner Kraft führen die Christen ihren geistlichen Kampf, als treue Soldaten des auferstandenen Königs. Einem anderen zu dienen, hat keinen Sinn. Das sollte uns Paulus nur zu deutlich gemacht haben. Als falsche Lehrer, die die Gemeinde in Korinth verführten, gegen ihn auftraten, sagte Paulus:

„Denn obwohl wir im Fleisch leben, kämpfen wir doch nicht auf fleischliche Weise. Denn die Waffen unseres Kampfes sind nicht fleischlich, sondern *mächtig im Dienste Gottes,* Festungen zu zerstören. Wir zerstören damit Gedanken und alles Hohe, das sich erhebt gegen die Erkenntnis Gottes, und nehmen gefangen alles Denken in den Gehorsam gegen Christus" (2. Korinther 10,3-5; Hervorhebung des Verfassers).

Paulus wendet sich nicht aus eigener Kraft gegen falsche Lehren, sondern indem er Gottes Waffenarsenal einsetzt. Er ist der Angreifer. Die Auseinandersetzung mit dem New Age erfordert die gleiche Ausrüstung.

Weil Christus den Satan besiegt hat, kann Jakobus den Christen sagen: „So seid nun Gott untertan. Widersteht dem Teufel, so flieht er von euch. Naht euch zu Gott, so naht er sich zu euch" (Jakobus 4,7-8). Wenn wir uns der Herrschaft Christi unterstellen, gibt er uns die Vollmacht, den Satan zu verscheuchen. Christen stehen nicht mehr unter der „Macht der Finsternis" (Kolosser 1,13). Gott allein besitzt die höchste Autorität im Kosmos, und er lehrt die Bürger seines Reiches so zu beten: „Dein Reich komme ... wie im Himmel so auf Erden" (Matthäus 6,10). Nach seiner Auferstehung beauftragte Jesus seine Jünger: „Machet zu Jüngern alle Völker", denn er hatte „alle Gewalt im Himmel und auf Erden", um das wahrzumachen (vgl. Matthäus 28,18-20). Diese Macht hat er auch heute.[11]

Jesus ist der Sieger, aber der Sieg wird durch sein Volk fortschreitend ausgeführt. Der Ausgang steht fest, aber die Schlacht tobt noch. Der deutsche Theologe Oscar Cullman hat den Sieg, den Jesus durch seine Kreuzigung und Auferstehung errang, mit dem „D-Day" verglichen, dem Wendepunkt des Zweiten Weltkrieges, als feststand, daß die alliierten Truppen den Sieg davontragen würden. Doch von diesem entscheidenden Punkt bis zum tatsächlichen Ende des Krieges in Europa ging der Kampf weiter. Die Soldaten kämpften immer noch, aber sie hatten den Sieg stets vor Augen. In der gleichen Lage sind wir als Christen: Alles wird am Tag des Gerichts vollendet, und deshalb sollten wir heute den guten Kampf des Glaubens kämpfen.[12]

Paulus legt die Grundzüge des christlichen Kampfes in Epheser 6 dar. Er schärft uns ein, daß wir „nicht mit Fleisch und Blut ..., sondern ... mit den Herren der Welt, die in dieser Finsternis herrschen, mit den bösen Geistern unter dem Himmel" zu kämpfen haben (V. 12). Deshalb fordert er uns auf, zu „überwinden" und „das Feld (zu) behalten", indem wir „die Waffenrüstung Gottes" anlegen, bestehend aus (1) dem Gürtel der „Wahrheit" – einer tiefen Kenntnis des Wesens und Willens Gottes in bezug auf unser Leben; (2) dem „Panzer der Gerechtigkeit" – einem gottesfürchtigen Wesen; (3) Beinen, die „gestiefelt (sind), bereit, einzutreten für das Evangelium des Friedens" – einer Bereitschaft, das Evangelium zu verkünden; (4) dem „Schild des Glaubens" – dem Schutz eines vollkommenen Vertrauens auf den befehlshabenden Kommandanten, „mit dem ihr auslöschen könnt alle feurigen Pfeile des Bösen"; (5) dem „Helm des Heils" – der Gewißheit einer geordneten Beziehung zu Gott durch den Glauben an Christus; (6) dem „Schwert des Geistes, welches ist das Wort Gottes" – der Angriffswaffe der biblischen Wahrheit, angewendet in allen Situationen. Paulus fügt hinzu, wir sollten „im Geist" beten, damit wir unsere geistliche Waffenrüstung nicht durch mangelnde Nähe zu Gott verlieren.[13]

Auch in Psalm 91 finden wir eine starke Zusicherung, als Gläubige beschützt zu sein „unter dem Schirm des Höchsten ... und unter dem Schatten des Allmächtigen" (V. 1). Später betont der Psalmist die Macht des Gläubigen über das Böse: „Über Löwen und Ottern wirst du gehen und junge Löwen und Drachen niedertreten" (V. 13; vgl. Römer 16,20).

Wenn Mächte zusammenprallen

Der so gewappnete Christ ist bereit für Begegnungen mit dem Feind, und zu solchen Begegnungen wird es immer kommen, wenn das Evangelium in solche Hochburgen Satans wie die New-Age-Bewegung hineingetragen wird. Viele, die mit New Age zu tun haben, glauben vielleicht nicht an Satan oder haben keinen bewußten Kontakt mit Geistern und vielleicht auch keine offenkundig bösen Absichten, aber insofern, als sie das Evangelium von Christus zugunsten eines falschen Evangeliums ablehnen, haben sie „den Teufel zum Vater“ (Johannes 8,44). Sie glauben der Lüge der Schlange im Paradies; sie wollen sein „wie Götter“.[14]

In der Apostelgeschichte 13,6-12 finden wir ein Beispiel für eine Auseinandersetzung zwischen gegnerischen geistlichen Mächten, einen „Zusammenprall der Mächte“, wie man sagen könnte. Wir erleben, wie Paulus einem okkultistischen Betrüger, einem „Zauberer und falschen Propheten“ namens Bar-Jesus oder Elymas, gegenübertritt. Bedenken wir, daß zu jener Zeit das Evangelium sich wie ein Lauffeuer über die bekannte Welt verbreitete, als sich Jesu Auferstehungsmacht in der Verkündigung, in Heilungen, Zeichen und Wundern äußerte. Das Reich der Finsternis wurde vom Reich Gottes verdrängt. Der Konflikt folgte zwangsläufig.

Paulus und Barnabas waren nach Zypern gekommen, um das Evangelium zu predigen. In Paphos trafen sie einen Zauberer, der in Diensten „bei dem Statthalter Sergius Paulus“ (V. 6) war. Damals war es üblich, daß politische Machthaber sich mit okkulter Unterstützung versahen; dies war ja ein Teil des dämonischen Planes, den zunichte zu machen Jesus gekommen war. Der Statthalter ließ Paulus und Barnabas zu sich kommen, weil er sich für das Wort Gottes interessierte. Doch Elymas, der Zauberer, „widerstand ihnen ... und versuchte, den Statthalter vom Glauben abzuhalten“ (V. 8). Möglicherweise dachte er sich, daß er aus seinem Amt entlassen würde, wenn sein Vorgesetzter zum Glauben käme. Erfüllt mit dem Heiligen Geist verlor Paulus keine Zeit, geistlich zu handeln. Mit festem Blick auf den „Zaubereiminister" verurteilte er ihn als „Sohn des Teufels", der danach trachte, „krumm zu machen die geraden Wege des Herrn" (V. 10). Sodann verkündete Paulus, daß der Zauberer durch eine vorübergehende Blindheit zum Schweigen gebracht werde. Und so geschah es. Daraufhin wurde der Statthalter „gläubig und verwunderte sich über die Lehre des Herrn" (V. 12).

An diesem „Zusammenprall der Mächte" lassen sich verschiedene entscheidende Punkte beobachten. Erstens trat der Zauberer dem Evangelium entgegen, geistlicher Kampf brach aus. Zweitens stellte sich Paulus der Situation – nicht durch einen Ausbruch menschlichen Zorns, sondern weil er „voll heiligen Geistes" war. Dadurch, und nur dadurch, besaß er die Vollmacht, den bösen Angreifer zu binden. Drittens ließ sich Sergius Paulus sowohl durch die Botschaft als auch durch das Wunder überzeugen und bekehrte sich. Gottes Macht, vollzogen durch seine Diener, überwältigte die Macht des Feindes.[15]

Wenn Christen mit den New-Age-Einflüssen ringen, von denen die westliche Kultur durchdrungen ist, dürfen sie niemals vergessen, daß sie es mit solch einem „Zusammenprall der Mächte" zu tun haben, nicht nur mit einer Auseinandersetzung zwischen Gedanken, Einzelpersonen und Ereignissen. Wir triumphieren „nicht durch Heer oder Kraft, sondern durch meinen Geist ..., spricht der Herr Zebaoth" (Sacharja 4,6).

Zeichen und Wunder

Das New Age lockt die Menschen mit dem Reiz des Paranormalen. Nach einer Meinungsumfrage des Soziologen Andrew Greeley und seiner Kollegen vom „National Opinion Research Council" (NORC) in Chicago behaupten immer mehr Amerikaner, bereits in der einen oder anderen Form paranormale Erfahrungen gemacht zu haben. 1973 gaben 27 Prozent der Befragten an, Verbindung zu Toten zu haben; 1984 waren es bereits 42 Prozent. 1973 behaupteten 58 Prozent, sie hätten schon außersinnliche Wahrnehmungen gehabt; 1984 waren es 67 Prozent. 1973 sagten 24 Prozent, sie würden über die Gabe des Hellsehens verfügen; 1984 waren es 31 Prozent. 1973 erinnerten sich 58 Prozent, schon Déjà-vu-Erlebnisse gehabt zu haben; 1984 waren es 67 Prozent. Greeley weist darauf hin, daß diejenigen, die „das Paranormale geschmeckt" haben, keine „religiösen Wirrköpfe oder Fälle für die Psychiatrie sind. Sie sind größtenteils normale Amerikaner, etwas überdurchschnittlich, was Bildung und Intelligenz angeht, etwas unter dem Durchschnitt in ihrem religiösen Engagement."[16]

Greeley schließt seinen Artikel mit der Bemerkung, daß – unabhängig davon, ob die Zahl der Menschen, die solche Erfahrungen machen, nun wachse oder sie nur erst jetzt bereit seien, darüber zu reden – in jedem Fall so viele empfängliche Menschen eine bleibende Wirkung auf das ganze Land ausüben könnten.[17] Die Behauptung des New Age, wir hätten durch unsere angeborene Göttlichkeit uneingeschränkt Zugang zum Paranormalen und Okkulten, wird bereitwillig an- und aufgenommen.

Auch hier ist geistliches Unterscheidungsvermögen von entscheidender Bedeutung. Wir müssen uns klarmachen, daß manche paranormalen Vorgänge durch Satan, nicht durch Gott hervorgerufen werden. Satan und seine Dämonen haben einen gewissen Spielraum, innerhalb dessen sie die natürliche Ordnung zum Zweck der Täuschung und der geistlichen Versklavung beeinflussen können. Die folgenden Gegenüberstellungen verdeutlichen den Fälschungscharakter der dämonischen Einflüsse. Wie Kurt Koch bemerkt, sind okkulte Phänomene der biblischen Wirklichkeit göttlich inspirierter Phänomene direkt entgegengesetzt:

- ▷ Botschaften Gottes (Lukas 1,26) gegen Spiritismus
- ▷ Prophetie gegen Hellseherei
- ▷ Göttliche Verheißungen (Lukas 1,76) gegen Wahrsagerei
- ▷ Prüfen der Geister (1. Johannes 4,1; Matthäus 16,17) gegen mediale Fähigkeiten
- ▷ Das Gebet des Glaubens (1. Johannes 5,14) gegen Magie
- ▷ Heilung durch Glauben an Gott (Jakobus 5,14) gegen Scharlatanerie und Geistheilung
- ▷ Ausgießung des Heiligen Geistes (Apostelgeschichte 2) gegen Psychokinese/Telekinese
- ▷ Hingabe an Christus (Lukas 5,28) gegen okkulte Bindung
- ▷ Gewißheit, unter Gottes Schutz zu stehen (Matthäus 28,20) gegen Aberglauben (Kristallkugeln, Amulette, Astrologie etc.)
- ▷ Der Dienst himmlischer Boten (Engel, Apostelgeschichte 12,6-10) gegen Geistführer (Dämonen)
- ▷ Verankerung der Seele in Christus (Hebräer 6,19) gegen außerkörperliche Erfahrungen.[18]

Jedes angebliche paranormale Ereignis sollte von Menschen, die mit dem Heiligen Geist erfüllt sind, anhand des Wortes Gottes gedeutet werden, wenn man zu einer richtigen Unterscheidung kommen will. Koch führt aus: „Das Zeichen an sich ist kein Hinweis auf den Ursprung, von dem es inspiriert ist. Es braucht das Wort Gottes als Deutungsmaßstab und formales Prinzip."[19] Wenn jemand mittels Handauflegung durch biblisch unterscheidende Christen von Krebs geheilt wird, ist dies ein Zeichen des Reiches Gottes. Wenn jedoch ein Geistheiler einen Menschen durch okkulte Mittel von Krebs heilt (was selten vorkommt), ist dies nicht von Gott, obwohl das Ergebnis – zumindest kurzfristig – ähnlich ist. 5. Mose 13 macht deutlich, daß auch das Auftreten des Paranormalen kein ausreichender Grund ist, eine falsche Lehre zu übernehmen:

„Wenn ein Prophet oder Träumer unter euch aufsteht und dir ein Zeichen oder Wunder ankündigt, und das Zeichen oder Wunder trifft ein, von dem er dir gesagt hat, und er spricht: Laß uns andern Göttern folgen, die ihr nicht kennt, und ihnen dienen, so sollst du nicht gehorchen den Worten eines solchen Propheten oder Träumers; denn der HERR, euer Gott, versucht euch, um zu erfahren, ob ihr ihn von ganzem Herzen und von ganzer Seele liebhabt" (5. Mose 13,2-4).

Das Prinzip ist einfach: Selbst das Wunderbare ist kein sicheres Zeichen für geistliche Legitimität. Prüft die Geister (1. Johannes 4,1-4)! Ebenso wie geübte Fachleute Falschgeld gegenüber echten Scheinen prüfen – die sie in- und auswendig kennen – sollten Christen alles im Licht des wahren Wortes Gottes prüfen (vgl. Apostelgeschichte 17,11).

Dazu kommt, daß viele Behauptungen über geschehene Wunder vielleicht nicht mehr als eben nur Behauptungen sind. In New-Age-Kreisen existiert eine Menge regelrechter Taschenspielerei und Selbsttäuschung. Eine Hellseherin zum Beispiel, die scheinbar die Gedanken ihrer Kunden liest, hat sich vielleicht in Wirklichkeit bewußt oder unbewußt die Technik des „kalten Lesens" angeeignet. Diese Technik läßt arglose Menschen glauben, ihre Gedanken würden gelesen, während in Wirklichkeit die angebliche Gedankenleserin gelernt hat, allgemeine Bemerkungen über den Kunden zu machen, die diesem spezifische Informationen entlocken, welche sie wiederum in ihre Bemerkungen einbaut und erweitert. Professionelle Zauberkünstler verwenden häufig diesen Trick, und zwar ohne jegliche übernatürliche Unterstützung.[20]

Ob paranormale Phänomene nun dämonisch gesteuerte oder einfach falsch verstandene natürliche Vorgänge sind, das Ergebnis ist oft auf tragische Weise das gleiche: Menschen wird vorgetäuscht, sie besäßen göttliche Macht.

Geistliche Unterscheidung erfordert also eine realistische Bewertung jedes angeblichen Wunders; eine Bewertung, die sowohl die Realität des Übernatürlichen anerkennt als auch sich weigert, es ungeprüft herbeizubeschwören.

3.
Bekehrung einer ganzen Kultur

Wie die Fähigkeit zum geistlichen Kampf für einen wirksamen Dienst notwendig ist, so ist auch ein erneuertes Denken eine lebenswichtige Waffe in der Auseinandersetzung mit dem New Age. Genaugenommen lassen sich geistliche Einsicht und erneuertes Denken überhaupt nicht voneinander trennen. Beides gehört zusammen wie die zwei Seiten einer Münze.

Paulus sieht die Erneuerung des Verstandes als einen geistlichen Prozeß. Unsere Heiligung erfordert die Veränderung unserer Erkenntnisfähigkeit. Er schärft uns ein, uns nicht mehr dieser Welt anzugleichen, sondern uns durch die Erneuerung unseres Denkens zu verändern, so daß wir in jedem Bereich des Lebens prüfen können, „was Gottes Wille ist“ (Römer 12,1-2). Obwohl uns Gott manchmal auf übernatürliche Weise Informationen, Weisheit oder Einsicht schenken kann, besteht für uns der normale Weg, Gottes Willen zu erkennen, in der Heiligung unseres Urteilsvermögens, nicht in der „OPM-Methode“ („Offenbarungen pro Minute“).

Richard Lovelace weist darauf hin, daß wir „in unserem Streben nach der Fülle des Geistes … manchmal übersehen haben, daß eine geisterfüllte Intelligenz zu den mächtigen Waffen gehört, mit denen man die Festungen Satans niederreißen kann.“ Das andere Extrem ist ein ausgetrockneter Rationalismus, der nur auf die „angeborene Geisteskraft vertraut und dabei vergißt, daß wir nur unter der Leitung des Heiligen Geistes das Schwert des Geistes wirksam führen können.“[1]

Ein häufig vernachlässigter verstandesmäßiger Gesichtspunkt der New-Age-Herausforderung ist die Frage nach dem Verhältnis des Christen zu der Kultur, in der er lebt. Hiervon hängt in hohem Maße ab, wie Christen sich mit dem New Age auseinandersetzen – oder ob sie es überhaupt tun. Die New-Age-Bewegung hat beachtliche kulturelle Auswirkungen, wie wir festgestellt haben. Ein kultureller Bereich nach dem anderen wird von der New-Age-Tendenz berührt, wenn nicht gar eingenommen. Ziel des New Age ist es, unsere Gesellschaft und die Welt zu verändern. Wenn wir als Christen dieser Herausforderung wirksam gegenübertreten wollen, brauchen wir ein biblisch fundiertes Verständnis, wie unsere Beziehung zur Kultur beschaffen sein sollte.

Was ist *Kultur?* Im Kern beschreibt Kultur unsere Art zu leben, d.h., wie wir mit uns selbst, unser Umgebung und Gott umgehen. Der Begriff umfaßt Verhaltensnormen, Moralvorstellungen, Bräuche und Kunstwerke. Kultur unterscheidet sich von Natur darin, daß sie von Menschen geformt wird. Die Menschen gebrauchen das gottgegebene Material der Schöpfung und drücken ihm den unverwechselbaren menschlichen Stempel auf – in Form von Gemälden, Zeremonien, Kochkunst, Gartenbau und Konzentrationslagern. Die Schöpfung gibt uns Goldklumpen; die Menschen – schöpferisch begabt, weil sie nach dem Bild des Schöpfers geschaffen sind – schaffen goldene Ringe, Halsketten, Zahnfüllungen, Kreuze und Buddha-Statuetten. Kultur entsteht, indem Menschen das, was Gott geschaffen hat, kultivieren.

Die Kultur entspringt der Weltanschauung derer, die die Kultur formen. Henry Van Til bringt es auf den Punkt, indem er sagt: „Kultur ist nach außen gekehrte Religion.“[2] Unsere gesellschaftliche Welt ist in bedeutendem Maße ein Ergebnis unserer Weltanschauung. Francis Schaeffer bemerkte, „das Einzigartige an den Menschen“ sei, daß „die Ergebnisse ihrer Weltanschauung durch ihre Finger und über ihre Zungen in die Außenwelt fließen. Das gilt für

Michelangelos Meißel ebenso wie für das Schwert eines Diktators."[3] Ebenso richtig ist jedoch, daß die Weltanschauung eines Menschen durch die ihn umgebende Kultur beeinflußt wird. Die biblische Anweisung lautet diesbezüglich, unser Denken auf Gottes überkulturelle Wahrheiten zu gründen und diese auf unsere jeweilige Kultur anzuwenden. Aber wie kann das in Beziehung zu dem kulturellen Einfluß des New Age geschehen?

In der Bibel gibt es mindestens drei Themen, die sich mit dem Verhältnis des Christen zu seiner Kultur befassen. Sie alle tragen notwendiges Baumaterial dazu bei, eine Grundlage für die Auseinandersetzung mit dem New Age zu legen.

Absonderung

Jeder Christ sollte zunächst wissen, daß er sich von solchen New-Age-Praktiken wie „Trance Channeling" fernzuhalten hat, da das Alte Testament mediale Praktiken streng verurteilt (5. Mose 18,9-14). Die Bibel läßt keine Zweifel daran, daß Gottes Volk nichts zu tun haben darf mit einem solchen „Greuel", das Gottes Gericht über Kulturen, die es praktizieren, herabruft. Es gibt absolut keinen Weg, es zu reinigen oder zu christianisieren. Christen müssen sich davon *absondern.*

Der Gedanke der Absonderung nimmt in der ganzen Bibel eine zentrale Stellung ein. Gott erwählte die Kinder Israels dazu, ein von dem sie umgebenden Heidentum abgesondertes Volk zu sein. Als die Israeliten sich der heidnischen Kultur anpaßten, anstatt sich abzusondern, wurden sie von Gott wegen ihres geistlichen Ehebruchs gerichtet. Ein guter Gott erläßt Grundsätze der Absonderung, damit sein Volk sich durch diese gefallene Welt manövrieren kann, ohne sich selbst mehr Schwierigkeiten zu machen, als es im Dienst für Gott unvermeidbar ist. Absonderung von sündhaften kulturellen Verhaltensmustern und Absonderung für

Gott verherrlichen Gott, der – als moralisch vollkommen – selbst von aller Sünde abgesondert ist. Wir sollen heilig (d.h. abgesondert) sein, weil Gott heilig ist.

Psalm 1 lehrt uns die Weisheit der Absonderung und ermahnt uns: „Wohl dem, der nicht wandelt im Rat der Gottlosen noch tritt auf den Weg der Sünder noch sitzt, wo die Spötter sitzen" (V. 1), damit wir nicht den Segen der Absonderung für Gott verlieren. Auch der Apostel Johannes unterstreicht dies, indem er uns ermahnt, „die Welt noch was in der Welt ist" nicht liebzuhaben, weil das alles vergehen muß (1. Johannes 2,15-17). Johannes spricht hier nicht davon, sich von der ganzen Welt (der Schöpfung) zurückzuziehen oder sich von aller menschlichen Kultur fernzuhalten, sondern „menschliche Leidenschaften, die Gier nach Besitz und Macht, überhaupt ein Leben voller Selbstgefälligkeit und Hochmut" (V. 16; HfA) zu meiden.

Auch Jakobus lehrt, „daß Freundschaft mit der Welt Feindschaft mit Gott ist" (Jakobus 4,4). Paulus ermahnt uns, uns nicht dieser Welt gleichzustellen (Römer 12,2). Jesus lehrte immer wieder, daß völliger Gehorsam ihm gegenüber Absonderung vom Bösen in jeder Form bedeutet. „Ihr könnt nicht Gott dienen und dem Mammon", sagte er (Matthäus 6,24). Obwohl sich Jesus in die Gesellschaft von Ausgestoßenen und notorischen Sündern begab, übernahm er nicht ihre sündhafte Lebensweise. Er zeigte seine Barmherzigkeit, ohne dabei jedoch in irgendeine kulturelle Sünde zu verfallen.

Absonderung ist für die Auseinandersetzung mit dem New Age entscheidend. Die Perspektive des New Age steht in direktem Widerspruch zum biblischen Christentum. Gott ist entweder persönlich oder unpersönlich, nicht beides; Gott ist entweder moralisch oder amoralisch, nicht beides; Menschen sind entweder nicht-göttlich oder göttlich, nicht beides; es gibt entweder die Auferstehung oder die Reinkarnation, nicht beides; und so weiter. Man kann nicht Gott dienen und dem New Age. Zum New Age zu gehören heißt schlicht und einfach, sein Haus auf Sand zu bauen und außerhalb des Willens Gottes zu stehen. In einer pluralistischen Kultur, in der vielen verschiedenen Gesichtspunkten mit gleicher Achtung begegnet wird, gilt es als unhöflich, die *„Wahrheit“* der Überzeugungen eines anderen in Frage zu stellen. Aber der Christ muß rufen: „Nein! Ich kann mich nicht mit Pantheismus, Monismus, Relativismus, Spiritismus und all den anderen Dingen einverstanden erklären. Ich habe nichts damit zu schaffen. Diese Lehren sind sowohl falsch als auch gefährlich.“

Wenn Christen einer Sache wirksam begegnen wollen, dürfen sie sich nicht selbst von der Sache, der sie begegnen wollen, gefangennehmen lassen! Wo und wann immer die Kultur in die Strömung des New Age – oder in irgendeine andere unbiblische Strömung – gerät, müssen wir uns absondern. Wenn beispielsweise christliche Eltern feststellen, daß in der Schule, die ihr Sohn besucht, östliche Meditation gelehrt wird (verschleiert als „Konzentrationsübungen“ oder dergleichen), dürfen sie ihren Sohn nicht daran teilnehmen lassen. Er muß sich absondern, damit er nicht von der Welt verunreinigt wird. (Mehr über gezieltes Vorgehen in solchen Fällen in Kapitel 7.)

Doch wenn die *Absonderung* nicht ergänzt und ausbalanciert wird durch *Veränderung* und *Bewahrung,* kann die Absonderung der Christen in Sonderbarkeit umschlagen, und Christen können sich auf so extreme Weise absondern, daß sie sich fast vollständig von legitimem kulturellem Engagement zurückziehen.

Diejenigen, die über das Thema der Absonderung hinweggehen, riskieren es, dem New Age zum Opfer zu fallen, weil sie sich weigern, zwischen dem Reich Gottes und dem Reich der Finsternis zu unterscheiden. Sie unterschätzen die Macht und die Verbreitung des Irrtums und gehen so schweigend darüber hinweg. Zum Beispiel könnte ein Vater es vorziehen, sich nicht mit seinen Kindern über deren Schulalltag zu unterhalten, nur um später festzustellen, daß sie im Sportunterricht Yoga-Übungen machen mußten.[4]

Veränderung

Christen glauben, daß Jesus Christus ihr Erlöser ist. Er kam, um unsere Gemeinschaft mit dem Vater durch seinen Sühnetod am Kreuz wiederherzustellen und uns wieder zu Werken zu befähigen, die Gott ehren (Epheser 2,8-9). Das erfordert, daß wir uns verändern. Paulus sagt, wenn jemand in Christus sei, dann sei er eine „neue Kreatur" (2. Korinther 5,17), und er ermahnt uns: „Ändert euch durch Erneuerung eures Sinnes" (Römer 12,2).

James Orr unterstreicht die Notwendigkeit, daß ein erneuerter Verstand eine christliche Weltanschauung entwikkelt:

„Wer von ganzem Herzen an Jesus als den Sohn Gottes glaubt, hat damit noch vieles andere übernommen. Er hat eine Auffassung von Gott, eine Auffassung vom Menschen, eine Auffassung von der Sünde, eine Auffassung von der Erlösung, eine Auffassung von Gottes Ziel mit der Schöpfung und der Geschichte, eine Auffassung von der Bestimmung des Menschen übernommen, wie sie nur im Christentum zu finden sind. Daraus formt sich eine Weltanschauung oder eine christliche Weltsicht, die in deutlichem Gegensatz zu [anderen] Theorien steht."[5]

Absonderung läßt uns darauf achten, die sündhaften Verhaltensmuster der gefallenen menschlichen Kultur zu vermeiden. *Veränderung* veranlaßt uns, unseren Glauben und unsere christliche Weltsicht zur Ehre Gottes auf die Welt anzuwenden (1. Korinther 10,31; Kolosser 3,17). Von Anfang an beauftragte Gott Adam und Eva, sich die Erde zu seiner Ehre „untertan" zu machen bzw. sie verändern (1. Mose 1,26-28). Wir sind dazu berufen, bemerkt Calvin Seerveld, „die Herrschaft über die ganze Erde auszuüben, sie uns untertan zu machen, die Welt dienstbar zu machen, die ganze Schöpfung in eine Fußstütze zu verwandeln, die ihr natürliches Gotteslob verdoppelt. Gott hat den Menschen auserwählt ..., über die Welt zu herrschen und den Namen Jahwes von einem Ende des Kosmos zum anderen widerhallen zu lassen."[6] Diese Berufung ist nicht zurückgenommen worden. Dem Bösen zu widerstehen ist nicht genug. Wir müssen auch vorwärts marschieren, um Territorium zurückzugewinnen, das sich – durch New Age oder sonstwie – schon viel zu lange in den Händen Satans, des Eindringlings, befindet.

Hans Rookmaaker macht dies deutlich:

„Die Tatsache, daß Jesus Christus gestorben ist, um die Sünden der Menschheit auf sich zu nehmen, ist nicht einfach etwas für die ‚Seele'. Der ganze Kosmos soll erlöst, ‚zurückgebracht' werden, denn alle Dinge stehen unter dem Fluch der Sünde und des Bösen. Seine rettende Gnade, sein Angebot neuen Lebens in seiner ganzen Fülle, weil er der Weg, die Wahrheit und das Leben ist, dies alles schließt keinen Aspekt der menschlichen Wirklichkeit aus."[7]

Obwohl das Christentum eine zukünftige Welt verkündigt und diese Welt nicht als den letztgültigen Bezugsrahmen ansieht, ist es voller Barmherzigkeit bemüht um diese Welt als Schauplatz der Erlösung und Ausgangspunkt der Wiederherstellung. „Dein Wille geschehe, wie im Himmel *so auf Erden*", beten wir (Matthäus 6,10; Hervorhebung d. Verf.). Das Reich Gottes hat sowohl eine gegenwärtige als auch eine zukünftige Realität. Wir beten darum und arbeiten dafür, daß die Realitäten des Reiches Gottes sich in allen Lebensbereichen zeigen. John Stott hat das eindrucksvoll beschrieben:

„Denn das Reich Gottes ist Gottes dynamische Herrschaft, die durch Jesus in die menschliche Geschichte hereinbricht, sich dem Bösen entgegenstellt, es bekämpft und überwindet, die Fülle persönlichen und gemeinschaftlichen Wohlergehens verbreitet und mit völligem Segen und völligem Anspruch von seinem Volk Besitz ergreift."[8]

Das Reich Gottes ist expansiv und aggressiv.[9] Arbeiter in diesem Reich sollten sich nicht damit zufriedengeben, das „Geistliche" (Gebet, Bibellesen, Gottesdienstbesuch) vom „Weltlichen" (Arbeit, Ausbildung, Politik) zu trennen, sondern sie sollten alles in Beziehung zur Herrschaft Jesu Christi sehen. Francis Schaeffer erklärte: „Wahre Geistlichkeit umfaßt die ganze Wirklichkeit. ... Die Herrschaft Jesu Christi umfaßt das *ganze* Leben, und zwar das *ganze* Leben gleichmäßig."[10]

Wenn wir uns nur vom Bösen absondern und es verurteilen, reagieren wir nur noch – wir sind *gegen* das New Age anstatt *für* Christus. Unsere Dämonologie entwickelt sich stärker als unsere Christologie. Unsere konstruktiven Wertvorstellungen – sofern wir überhaupt welche entwickeln – treten hinter unseren kritischen Urteilen zurück. Anstatt zuerst nach dem Reich Gottes zu trachten, trachten wir zuerst danach, das Reich der Finsternis bloßzustellen. Wir denken mehr an die Hölle als an den Himmel, und indem wir das tun, überlassen wir immer mehr kulturellen Boden den Horden der Hölle, die sich nicht lange bitten lassen, dort vorzurücken, wo wir uns zurückziehen.

Das Reich des Bösen dringt nicht nur auf „säkularem" Boden vor, den die Bürger des Reiches Gottes verlassen haben, es wagt sich auch in die „geistliche" Hochburg, in die Gemeinde selbst hinein. Wenn Christen sich aus der Welt zurückziehen, werden sie leicht von der Welt eingenommen, die, regiert vom Reich des Bösen, stets danach trachtet, Boden zu gewinnen. Die einzige Möglichkeit für die Gemeinde, dieser Offensive angemessen zu widerstehen, besteht darin, eine Gegenoffensive des Reiches Gottes zu starten. Das ist zwar nicht der einzige Grund, warum wir mit aller Unterstützung und unter Gebet jede Anstrengung unternehmen sollten, die Gesellschaft zu verändern, aber es ist sicherlich ein ausreichender Grund. Die schlichte Wahrheit ist: Wenn wir uns der Welt nicht *entgegenstellen,* werden wir ihr *angepaßt* werden.

Die Geschichte bezeugt, daß die christliche Dynamik

weltverändernde Wirkung hat. Denken Sie an den Einfluß der Urgemeinde auf die sie umgebende Kultur:

„Die hohe Meinung, die sich über die Heiligkeit des Lebens gebildet hat, der Schutz der Kinder (vor römischem Kindermord), die Aufwertung und schließliche Befreiung der versklavten Schichten, die Verdrängung barbarischer Spiele, die Schaffung riesiger und vielfältiger Hilfsorganisationen und die Ausbildung der Vorstellungskraft durch das christliche Vorbild bilden zusammen eine philanthropische Bewegung, der in der heidnischen Welt nichts gleich- oder auch nur nahekommt."[11]

Christen *veränderten* die heidnische Welt.

Hinzufügen ließe sich zu den Erfolgen des Christentums die Befreiung Europas vom Heidentum; sein Beitrag zu den westlichen politischen und religiösen Freiheiten; die Aufwertung des Lesens und Schreibens und der Bildung; die Einrichtung von Krankenhäusern; sein Beitrag zu sozialen Reformen wie die Abschaffung der Sklaverei, die Bekämpfung der legalisierten Witwenverbrennungen in Indien, die Proklamation der Rechte der Frau und – in jüngster Zeit – der Versuch, ungeborenes Leben durch gesetzgeberische Maßnahmen, durch Heime für unverheiratete Mütter und Schwangerschaftskonfliktberatung zu schützen. Diese verändernde Dynamik ist sowohl unübersehbar als auch unumgänglich. Sie ist sowohl von der Bibel gefordert als auch in der Geschichte erwiesen.[12]

Eltern, die ihr Kind aus einer öffentlichen Schule entfernen, in der okkulte Praktiken gelehrt werden *(Absonderung)* müssen auch Initiative ergreifen, das Problem in Ordnung zu bringen. Sie sollten so gut wie möglich versuchen, die Situation zu *verändern,* so daß Kinder – christliche wie nichtchristliche – nicht mehr mit Okkultismus indoktriniert werden (vgl. Kapitel 7.)

Außer sich vom Bösen abzusondern und sich zu Gottes Ehre um eine Veränderung der Situation zu bemühen, sind Christen auch aufgefordert, die Dingc in ihrer Kultur, die Gott Ehre machen, zu *bewahren.* Obwohl die Sünde in der Welt uns drängt, für ihre kulturelle Veränderung einzutreten, gibt es in der Kultur Nischen, die relativ gottgefällig sind und die es zu bewahren gilt. Diese Bereiche richtig zu erkennen erfordert Unterscheidungsvermögen und Weisheit, denn wir sollten nicht das bewahren, was zurückgewiesen oder verändert werden muß; genausowenig sollten wir jedoch ablehnen oder ersetzen, was bewahrt werden sollte.

Der Gedanke der *Bewahrung* findet sich in der Predigt des Paulus vor den Athenern. Obwohl Paulus über den Götzendienst der Athener „ergrimmte" (Apostelgeschichte 17,16), begann er seine Ansprache auf dem Areopag, indem er auf die Dinge in ihren Philosophien hinwies, die Wahrheit enthielten. Er bemerkte zuerst die Religiosität, die sich in ihrer Anbetung der vielen Götzenbilder zeigte, von denen eines die Inschrift „Dem unbekannten Gott" trug. Dann sagte Paulus: „Nun verkündige ich euch, was ihr unwissend verehrt" (V. 23). Indem er Gott als Schöpfer und Herrn verkündigt, der dennoch „nicht ferne von einem jeden unter uns" ist (V. 27), zitiert Paulus zustimmend den kretischen Dichter Epimenides, der gesagt hatte: „Denn in ihm leben, weben und sind wir" (V. 28), und den kilikischen Dichter Aratos, der schrieb: „Wir sind seines Geschlechts" (V. 28).

Doch nachdem er religiöse Motive, die bewahrt werden sollten, genannt hatte, fuhr Paulus fort, den Götzendienst der Athener anzuprangern, sie zur Buße zu rufen und den Einen zu verkündigen, der von den Toten auferstand (V. 29-31).

Paulus lehnte die griechische Philosophie nicht völlig ab. Er wußte, daß durch Gottes Gnade manche wahren Elemente darin erhalten geblieben waren – obwohl das philosophische System als Ganzes auf dem unsicheren Grund menschlicher Meinung gebaut war. Tatsächlich sondert sich Paulus von weltlichem Denken ab, indem er darauf besteht, daß das Evangelium auf Gottes Offenbarung und nicht auf menschlicher Weisheit beruht (1. Korinther 3,19; Kolosser 2,8-9). Aber er streitet nicht ab, daß „alle Wahrheit Gottes Wahrheit“ ist, wo immer sie auch zu finden ist. Lovelace kommentiert:

„Ganz offensichtlich schließt Paulus nicht die Möglichkeit aus, Wertvolles, Wahrheit und Schönheit in einer nicht-christlichen Kultur vorzufinden, zumal er den Christen rät, sich geistig mit allem zu beschäftigen, ‚was wahrhaftig ist, was ehrbar, was gerecht, was rein, was liebenswert, sei es eine Tugend (*arete,* das heidnische griechische Wort für Tugend, das auch in den jüdischen und christlichen Gemeinden für jede Manifestation der Ehre Gottes gebraucht wurde) …‘ (Philipper 4,8).“[13]

Wenn wir sagen, daß „alle Wahrheit Gottes Wahrheit“ ist, meinen wir nicht, daß alles, was Menschen für wahr halten, tatsächlich „für sie wahr“ ist. Das wäre Relativismus, und dazu erklärt die Bibel: „Gott ist wahrhaftig, und alle Menschen sind Lügner“ (Römer 3,4). Es bedeutet auch nicht, daß menschliche Meinung mit der biblischen Offenbarung auf eine Stufe gehoben wird. Aber wir sollten daran denken, daß einzelne Aspekte der Wahrheit Gottes weltweit von allen Völkern erkannt worden sind. Die Theologen nennen diese Erscheinung „allgemeine Gnade“. Jesus sagte: Gott „läßt seine Sonne aufgehen über Böse und Gute und läßt regnen über Gerechte und Ungerechte“ (Matthäus 5,45). Die Wahrheit, die Gott den Ungläubigen zugestanden hat, zurückzuweisen, das hieße, eine Gabe aus der letzten Quelle der Wahrheit, von Gott selbst, abzulehnen. Aber Wahrheit von Ungläubigen anzunehmen heißt nicht, die letztlich falsche Weltsicht zu übernehmen, in der sie enthalten ist. Wahrheit – wo immer sie gefunden wird – kann nur von Gott stammen.[14]

James Orr faßt dies zusammen, indem er darauf hinweist, daß wir das Christentum am besten verteidigen können (Apologetik), indem wir die Wahrheit anerkennen, wo immer sie zu finden ist, und sie in eine entschieden christliche Sicht integrieren. „Wenn von Apologetik die Rede ist – dann ist dies sicherlich die wahrste und beste Form der christlichen Apologie: zu zeigen, daß im Christentum wie nirgends sonst die vereinzelten Stücke der Wahrheit organisch zusammengefügt sind, während es mit seinen ureigenen Entdeckungen das Gesamtbild der Wahrheit vervollständigt."[15]

Bewahrung ist von großer Bedeutung, damit Christen das Kind nicht mit dem Bade ausschütten. Zunächst müssen wir freilich feststellen, ob überhaupt ein Kind, das zu retten wert wäre, da ist! Manche New-Age-Praktiken sind hoffnungslos. Da ist kein Kind, sondern ein Monster! Wenn das der Fall ist, sollte man das „Kind" zusammen mit dem Badewasser fortschütten. Aber nicht alles, was mit der New-Age-Bewegung zu tun hat, ist hoffnungslos. Es gibt auch im New-Age-Denken Elemente, die bewahrt werden sollten, gerade weil sie mit einer christlichen Sichtweise übereinstimmen. Zum Beispiel könnten christliche Psychologen mit New-Age-Psychologen darin übereinstimmen, daß Menschen mehr sind als programmierte Tiere und daß sie echte geistliche Kapazitäten besitzen, die eingesetzt werden müssen. Beide stimmen darin überein, daß religiöse Interessen nicht an sich neurotisch sind. Beide werden einen Schwerpunkt auf „menschliches Potential" legen – wenn auch der Christ das menschliche Potential von Wesen betont, die nach dem Bilde Gottes geschaffen sind und sich der weisen Führung ihres Schöpfers, Erlösers und Herrn unterstellen, während der New Ager das unbegrenzte Potential von selbstverwirklichten menschlichen „Göttern" meint.

Zum Beispiel enthält und verstärkt Viktor Frankls „Logotherapie" einige entscheidende christliche Themen, obwohl sie manchmal in Verbindung mit New-Age-Gedanken steht.

Frankl betont das angeborene und grundlegende menschliche Bedürfnis nach Sinn und Ziel im Leben, das er den „Willen zum Sinn“ nennt. Viele leiden jedoch, so Frankl, an einem „existentiellen Vakuum“ oder einer Sinnlosigkeit. Dies wird vielleicht von Psychologen noch verstärkt, die es versäumen, das schreiende menschliche Bedürfnis nach einem letzten Sinn, der niedrigere Ziele übersteigt, zu erkennen. Das Ziel der Logotherapie ist es, Menschen dabei zu helfen, ein höheres Ziel in ihrem Leben zu entdecken. Und Frankl hat nichts dagegen, wenn dieses höhere Ziel bei einem Menschen das Christentum ist.

Obwohl Frankl kein Christ ist, weist er auf unser Bedürfnis nach Gottes letztgültiger Leitung und Zielsetzung hin und auch darauf, daß wir ohne eine persönliche Beziehung zu ihm verloren und entfremdet sind. Frankl baut seine Gedanken nicht in diese christliche Sichtweise ein, aber viele seiner Einsichten sollten von Christen anerkannt und *bewahrt* werden.

Jemand, der erlebt, wie Frankl von einem New Ager empfohlen wird oder an einer New-Age-Konferenz teilnimmt, könnte leicht in Versuchung kommen, Frankls Werk völlig abzulehnen. Aber das wäre ein großer Fehler. In diesem Fall gibt es ein „Kind“, das zu bewahren ist – aber auch einiges Badewasser, das ausgegossen werden muß. Christen finden oft an unwahrscheinlichen Orten Freunde – wenn sie die Augen offenhalten.

Obwohl Christen helfen sollten, eine geistliche Sicht der menschlichen Psychologie zu bewahren, müssen sie sich *absondern* von allen pantheistischen Spekulationen, daß die Menschheit göttlich sei, oder okkulten Praktiken wie der angeblichen Rückerinnerung an frühere Leben unter Hypnose, die die Bibel verbietet. Indem Christen die Wahrheiten, die sie in diesen anderen Psychologien finden, aufnehmen und wieder in ein System einordnen, das mit den christlichen Wahrheiten besser übereinstimmt, können sie die Psychologie zur Ehre Gottes *verändern.*[17]

Kritisches Engagement

Wenn wir die Themen „Absonderung“, „Veränderung“ und „Bewahrung“ im Zusammenhang mit dem Verhältnis des Christen zur Kultur betrachten, kommen wir zu einer Position, die sich unter dem Stichwort des „kritischen Engagements“ zusammenfassen ließe. Unsere Beschäftigung mit der Kultur sollte *kritisch* sein: alles muß im Licht des Wortes Gottes streng geprüft werden. Von den Dingen, die als böse erkannt werden, müssen wir uns *absondern,* sowohl im Denken als auch im Handeln. Doch wir sind auch aufgerufen, uns zu *engagieren,* die Kultur zur Ehre Gottes zu *verändern* und jene Aspekte der Kultur, die vor Gott bestehen können, zu *bewahren.*

John Stott kommentiert: „Wir können die Welt weder völlig bejahen (als ob nichts darin böse wäre) noch völlig verneinen (als ob nichts darin gut wäre), sondern ein wenig von beidem; vor allem aber müssen wir die Welt herausfordern, indem wir ihre Möglichkeit erkennen, Gottes Welt zu werden, und danach trachten, das Leben auf ihr zunehmend seiner Herrschaft zu unterstellen.“[18]

Wenn Absonderung, Veränderung und Bewahrung ausgewogen beachtet werden, können Christen auf intelligente und wirksame Weise dem New Age entgegentreten; ohne dieses Gleichgewicht jedoch könnten sie leicht über einen der folgenden sechs Steine stolpern.

Sechs Stolpersteine

Die *Quarantäne-Mentalität.* Menschen mit dieser Neigung mißtrauen zu Recht der Weltanschauung und den Plänen des New Age, aber sie nehmen zu Unrecht an, daß alles, was im New Age befürwortet wird, aus diesem Grund in sich böse sein und für alle Christen außer Diskussion stehen müsse. Was immer das New Age anfaßt, wird in Quarantäne gesteckt.

Das Problem mit diesem Stolperstein besteht darin, daß diese Haltung dazu neigt, den Teer mit einem zu breiten Pinsel zu verteilen und somit schwarz anzustreichen, was in Wirklichkeit vielleicht weiß oder grau ist. Sie versäumt es, unsere Verantwortung zur *Bewahrung* zu erkennen. Paulus ermahnte die Urgemeinde: „Prüft aber alles, und das Gute behaltet. Meidet das Böse in jeder Gestalt" (1. Thessalonicher 5,21-22). Er lehrt also sowohl den Wert der *Bewahrung* („behaltet") als auch den der *Absonderung* („meidet das Böse"). Die Quarantäne-Mentalität überbetont die Absonderung. Zum Beispiel ist die Bewegung der „Ganzheitlichen Medizin" in verschiedenen Bereichen in bedeutendem Maß durch New-Age-Gedanken verseucht. Angebliche okkulte Energien – oder sogar Wesenheiten – werden zu Heilzwecken herbeibeschworen. Dennoch ist nicht alles Ganzheitliche oder Holistische höllisch. Eine Betonung des „ganzen Menschen" in medizinischen und geistlichen Zusammenhängen ist in der Tat gesund und nicht, für sich genommen, unvereinbar mit biblischer Lehre. Dennoch haben manche zu Unrecht alles Ganzheitliche in Quarantäne gesperrt.[19]

Die *Tabu-Mentalität.* Dieser zweite Stolperstein folgt auf den ersten. Da alles, was mit New Age zu tun hat, außerhalb der Grenzen liegt, erschöpft sich unsere geistliche und intellektuelle Beurteilung in einer einfachen Liste tabuisierter Praktiken, Gedanken und Personen. Sicherlich gibt es im New Age vieles, das strikt und sorgfältig gemieden werden muß. Kein Christ – so wenig wie ein Nichtchrist – sollte jemals an Geistheilung, Astrologie, Rückerinnerungs-Therapie oder anderen okkulten Aktivitäten teilnehmen. Im Christentum gibt es so manches „Du-sollst-nicht" (z. B. acht der Zehn Gebote, 2. Mose 20,1-17). Aber die „Tabu-Mentalität" neigt dazu, eine Liste von Tabus aufzustellen, anstatt *kritisches Denken* zu lehren. Sie beschwört vereinfachende Schwarz-Weiß-Regeln, anstatt die Fähigkeit, die anliegenden Fragen kritisch zu verstehen, zu trainieren.

Die *Verfolgungswahn-Mentalität.* Sich des Bösen bewußt

zu sein und es zu vermeiden ist eine christliche Tugend. Aber eine ungesunde Angst vor dem Bösen und nutzlose Spekulationen über sein Ausmaß sind keine Tugenden.

Diese „Verfolgungswahn-Mentalität“ kann sowohl behindernd als auch verdammend sein, wenn Christen ohne ausreichende Beweise anderen Christen Etiketten wie „New Age“ oder „antichristlich“ anhängen. Natürlich ist es leider wahr, daß manche New Ager sich mit der Maske des „Christentums“ tarnen, obwohl ihre Lehren in Wirklichkeit Christus selbst verleugnen. Solchem falschen Christentum muß die Maske heruntergerissen und entgegengetreten werden. Aber dort, wo eine übereilte Verdammung die sorgfältige Beurteilung ersetzt, kann der Unterschied zwischen geschwisterlicher Meinungsverschiedenheit und Irrlehre auf traurige Weise verwischt werden. Diejenigen, die über diesen Stein gestolpert sind, bringen nur wenig Geduld oder Energie auf, um das Thema der Veränderung in der Bibel gebührend zu beachten. Ihre paranoiden Ängste machen sie unbeweglich, und sie resignieren vor der Aufgabe, die Kultur zu verändern. Sie verurteilen sie nur. Sie mißverstehen auch das Gebot der Absonderung, indem sie Schafe von Schafen trennen statt Schafe von Ziegen. Dadurch ist die Gemeinde Jesu in sich selbst gespalten und verliert an Wirksamkeit in allen Bereichen ihrer Mission.

Die *Nesthocker-Mentalität.* Seit der Himmelfahrt ihres Herrn warten die Christen voll Vorfreude auf seine Wiederkunft am Ende der Zeiten (Apostelgeschichte 1,11). Dies ist die „selige Hoffnung“ aller Gläubigen (Titus 2,13). Manche Gläubige jedoch beschäftigen sich zu stark damit, sich auszurechnen, wie die New-Age-Aktivitäten mit bestimmten Endzeit-Ereignissen zusammenhängen. Einige verurteilen das New Age hauptsächlich deswegen, weil sie glauben, in ihm erfüllten sich biblische Prophetien über ein Aufbäumen des Bösen in der Welt vor der Wiederkunft. Viel mehr als das haben sie nicht in ihrem apologetischen Arsenal. Wie diejenigen mit der „Verfolgungswahn-Mentalität“ ignorieren sie das Thema der Veränderung. Wir sollten nicht denken, daß Gott unsere oder irgendeine andere Kultur aufgegeben hat, obwohl die Drohung des Gerichts uns auf unsere Knie und auf die Straßen treiben sollte.

Jesus forderte uns auf, feindliches Gebiet zu besetzen, bis er wiederkommt, und nicht untätig auf seine Wiederkunft zu warten.[20] In seiner Fülle wird das Reich Gottes erst anbrechen, wenn Jesus Christus wiederkommt; doch schon hier und jetzt gibt es in diesem Reich Arbeit zu tun. Apokalyptische Spekulationen können die Vision der Gemeinde darauf einengen, nur ein paar Seelen zu retten, anstatt – als eine irdische Armee – für Christus, den König der Schöpfung, vorwärts zu marschieren. Eine apokalyptische Apologetik kann sich auch als hohl erweisen, wenn die vor Augen gemalten Szenarien sich in der Wirklichkeit nicht einstellen wollen. Jesus ruft uns auf, die Welt zu seiner Ehre zu verändern, aber nicht dazu, mit himmelwärts gerichtetem Blick auf unseren Händen zu sitzen und unsere Pflichten auf Erden gegenüber dem Reich Gottes zu vergessen.

Die *Vogel-Strauß-Mentalität.* Der fünfte Stolperstein ist von einem anderen Geist geprägt als die ersten vier. Die „Vogel-Strauß-Mentalität" entspringt einem mangelnden Bewußtsein für die Notwendigkeit der *Absonderung* und *Veränderung.* Manche Christen schütteln das Vordringen des New Age in unserer Kultur als eine Einbildung überaktiver Phantasien ab. Sie stecken ihre Köpfe bequem in den Sand der Unwissenheit. Diese verknöchert dann zu einer geistlichen Machtlosigkeit, die ihnen die Fähigkeit raubt, New-Age-Aktivitäten zu entlarven und ihnen entgegenzutreten. Da sie die Phänomene nicht erkannt haben, können sie nicht darauf hoffen, eine schlechte Situation für Christus zum Besseren zu verändern. „Hier bei uns passiert so etwas nicht", sagen sie – solange, bis ein Freund oder Verwandter einer Sekte beitritt, einen Channeler zu konsultieren beginnt, in der Schule meditieren lernt oder sich zu einem Lehrgang für Transzendentale Meditation anmeldet.

Die *Chamäleon-Mentalität.* Der sechste Stolperstein ist ein Vetter der „Vogel-Strauß-Mentalität", denn auch hier wird die Verantwortung des Christen zur Absonderung und Veränderung mißverstanden. Die Betroffenen sind stets darauf bedacht, im neuesten Trend zu liegen, und setzen menschliche (oder dämonische) Neuentdeckungen mit geistlicher Einsicht gleich. Sie saugen ihre Umgebung passiv in sich auf und verändern ihre Farbe entsprechend den populären New-Age-Praktiken oder Gedanken. So vernehmen wir Rufe nach „christlichem Yoga", „christlichem Zen" oder weniger grellen Kompromissen mit nichtchristlichen Voraussetzungen, die solche Dinge wie gewisse Selbstachtungslehren einbeziehen (mehr darüber in Kapitel 9). Obwohl es stimmt, daß „alle Wahrheit Gottes Wahrheit" ist, ist nicht alles, was glitzert, Gottes Gold; es gibt jede Menge Narrengold.

Die Herausforderung des New Age erfordert einen Glauben, der die Welt herausfordert. Das schließt geistliche Unterscheidung und Bevollmächtigung für den geistlichen Kampf ebenso ein wie Erneuerung des Denkens und ein kritisches Engagement in unserer Kultur für die größere Ehre Gottes. Im nächsten Kapitel werden wir uns damit beschäftigen, welche spezifischen Punkte zu beachten sind, um einen New Ager zu überzeugen, seine Weltanschauung zu überdenken und Jesus Christus als seinen Herrn anzunehmen.

Teil II
Was tun?

4.
Eine Strategie entwickeln

Jede Zeit fordert das Christentum auf ihre eigene Weise heraus. Da der Unglaube viele Formen annehmen kann, müssen diejenigen, denen daran gelegen ist, „jedermann ... Rechenschaft ... über die Hoffnung, die in (ihnen) ist“, zu geben (1. Petrus 3, 15), sensibel sein für die Zuhörerschaft, an die sie sich wenden – jedoch nicht so „sensibel“, daß das Evangelium dem modernen Geschmack angepaßt wird. J.B. Phillips drückte es so aus: „Mir geht es *nicht* darum, den christlichen Glauben zu verdrehen oder zu verwässern, so daß zum Beispiel moderne Studenten ihn ohne Murren annehmen können. Mir geht es um die Wahrheit, die in und durch Christus offenbart wurde. Laßt die moderne Welt sich ihm anpassen. Laßt uns niemals den Versuch wagen, ihn zurechtzustutzen, so daß er in unsere ach so clevere moderne Welt paßt.“[1] Wer als Christ seinen Glauben verteidigen will, sollte die anstehenden Fragen durchdenken und sich ihnen ohne Abstriche mit dem unverwässerten Wort Gottes stellen.

Obwohl sie ein zeitloses Evangelium haben, hängen viele Christen der Zeit hinterher. Einige Freunde von mir verteilten evangelistische Traktate bei einem von Shirley MacLaines New-Age-Seminaren, in dem es darum ging, das „Höhere Selbst“ (den Gott in sich selbst) zu finden. Voll guten Willens kam einer der Männer, der kurz zuvor an einem Lehrgang für Evangelisation teilgenommen hatte, mit einer Teilnehmerin ins Gespräch. Ganz nach der Methode, die er gerade in seiner Gemeinde gelernt hatte, fragte er sie:

„Wenn Sie gestorben wären und stünden vor Gott, und er fragte Sie, warum er Sie in den Himmel lassen sollte, was würden Sie sagen?“ Zur großen Überraschung meines Freundes antwortete die Frau, sie glaube nicht an einen solchen Gott, und jeder Mensch habe seine eigene Vorstellung von Gott. Sie betrachtete sich nicht als irgendeiner höheren Macht verantwortlich. Sie war „eine Göttin in ihrem eigenen Universum“. Sie hatte schon Schwierigkeiten, seine Frage überhaupt zu verstehen!

Diese peinliche Situation unterstreicht die Notwendigkeit angemessener Evangelisation und Apologetik. Die evangelistische Strategie, die unser verblüffter Freund anwandte, ist angemessen für Namenschristen, die an einen persönlichen, gerechten Gott glauben, aber nicht Christus als Herrn und Erlöser bekennen. Bei vielen New Agern indessen trifft eine solche Strategie auf taube Ohren.

Bevor wir eine angemessene Strategie entwickeln, um New Agern Christus nahezubringen, sollten wir kurz die Begriffe *Apologetik* und *Evangelisation* definieren und voneinander abgrenzen.

Apologetik bezieht sich auf die Verteidigung der Wahrheit des christlichen Glaubens. Die klassische Stelle im Neuen Testament, die auf Apologetik hinweist, ist 1. Petrus 3,15: „Heiligt aber den Herrn Christus in euren Herzen. Seid alle Zeit bereit zur Verantwortung für jedermann, der von euch Rechenschaft fordert über die Hoffnung, die in euch ist, und das mit Sanftmut und Gottesfurcht ...“ Das beinhaltet, auf eine den Verstand überzeugende Weise darzulegen, daß das Christentum wahr ist. Apologetik befaßt sich mit einer Vielzahl von Fragen; sie läßt sich aber grundsätzlich in zwei Kategorien unterteilen, nämlich *positive* und *negative*. Positive Apologetik bringt *Argumente für* das Christentum vor, wie etwa Indizien für die Auferstehung Christi, die Zuverlässigkeit der Bibel, die Existenz Gottes und dergleichen. Sie leugnet nicht die entscheidende Rolle des Glaubens, versucht aber, einen Glauben darzustellen, der vernünftig ist. Lukas, der sorgfältige Historiker (Lukas 1,1-4), gibt ein

Beispiel für diesen Ansatz, indem er schreibt, Jesus habe den Aposteln gegenüber „sich nach seinen Leiden durch viele Beweise als der Lebendige" gezeigt (Apostelgeschichte 1,3). Auch bei Stephanus erleben wir, wie er seinen Glauben vor jüdischen Angreifern verteidigt, die „nicht zu widerstehen (vermochten) der Weisheit und dem Geist, in dem er redete" (Apostelgeschichte 6,10). Darin erfüllte sich die Verheißung Jesu, der zu seinen Jüngern gesagt hatte: „Denn ich will euch Mund und Weisheit geben, der alle eure Gegner nicht widerstehen noch widersprechen können" (Lukas 21,15). Das sollten auch wir anstreben.

Negative Apologetik bringt *Argumente gegen* nichtchristliche Sichtweisen vor. Sie setzt voraus: „Wenn der HERR nicht das Haus baut, so arbeiten umsonst, die daran bauen" (Psalm 127,1). Wenn also nichtchristliche Weltanschauungen weitgehend auf falschen Gedanken beruhen, so kann die Schwäche dieser Weltanschauungen durch Argumentation deutlich sichtbar gemacht werden (wie wir im Zusammenhang mit bestimmten New-Age-Gedanken sehen werden). Jede Weltanschauung, die nicht auf der Wahrheit der Offenbarung Gottes in der Bibel beruht, muß sich an entscheidenden Stellen als Irrtum erweisen. F.F. Bruce kommentiert in bezug auf die Verurteilung falscher Religionen im Judasbrief: „Es gibt Zeiten, da reicht es nicht aus, an der Wahrheit festzuhalten und sie zu erklären; dann muß der Kampf in die Linien des Feindes hineinverlegt werden, so daß der Irrtum angegriffen, bloßgestellt und widerlegt werden kann."[2] Negative Apologetik sagt: „Deine Sichtweise ergibt keinen Sinn, und sie entspricht nicht den Tatsachen. Deshalb solltest Du nicht an ihr festhalten." Negative Apologetik ist kein Selbstzweck – wenn wir nicht reine Kritiker werden wollen –, aber sie kann oft als Einleitung zur positiven Apologetik und zur Evangelisation dienen.

Apologetik ist nur dann nötig, wenn jemand durch irgendein Verstandeshindernis davon abgehalten wird, Christus anzunehmen. Oft sind apologetische Argumente überflüssig; eine klare Darstellung des Evangeliums von Christus kann völlig ausreichen. Wenn das so ist, wunderbar! *Evangelisation* bedeutet also schlicht die Verkündigung – im Gegensatz zur Argumentation – der rettenden Wahrheit Jesu Christi. Als zum Beispiel Philippus zu dem äthiopischen Beamten geführt wurde, der in seinem Wagen saß und Jesaja 53 las, brauchte er nichts weiter zu tun als zu erklären, daß sich der Abschnitt auf Christus bezieht. Froh nahm der Mann daraufhin Christus an (Apostelgeschichte 8,26-39). Hier waren keine ausführlichen apologetischen Argumente nötig, nur eine schlichte Lektion über erfüllte Prophetie.

Ein sensibler Zeuge des Christentums wird zunächst versuchen herauszufinden, wieviel Überzeugungsarbeit eine Person braucht, bevor diese bereit ist, sich Christus anzuvertrauen. Dadurch wird es leichter, den Fehler zu vermeiden, auf eine Entscheidung zu drängen, bevor die Person soweit ist, oder den entgegengesetzten Irrtum zu umgehen, Zeit damit zu verschwenden, für etwas zu argumentieren, das die Person bereits zu glauben beginnt!

Sowohl Apologetik als auch Evangelisation können unter dem Begriff „christliches Zeugnis“ zusammengefaßt werden: Wir bezeugen die rettende Wahrheit Jesu Christi und die Richtigkeit der christlichen Weltanschauung. Aber in welche Form sollten wir unser Zeugnis gegenüber New Agern kleiden?

In diesem und den beiden folgenden Abschnitten werden wir uns mit grundlegenden evangelistischen Überlegungen sowie mit negativer und positiver Apologetik befassen, was sich teilweise überschneidet. Wir argumentieren *gegen* die New-Age-Auffassung über Bibel und geistliche Erkenntnis und *gegen* die New-Age-Auffassung über Christus und relativistische Moral (negative Apologetik). Aber während wir das tun, werden wir gleichzeitig *für* die entsprechenden christlichen Sichtweisen argumentieren (positive Apologetik).

Evangelistische Anliegen

1. Zunächst müssen wir bedenken, wie schon in Kapitel 2 erwähnt wurde, daß das christliche Zeugnis gegenüber New Agern eine geistliche Offensive in feindliches Gebiet darstellt. Alle Argumente und Appelle können nur in dem Maße existentiell wirksam sein, in dem der Heilige Geist ihnen Wirkung verleiht (Apostelgeschichte 1,8). Tatsächlich sollten wir immer mit der Möglichkeit rechnen, daß der Heilige Geist auf unerwartete, übernatürliche Weise eingreift, um die Wahrheit aufzuzeigen.[3]

2. Der wirksame Streiter in einer geistlichen Auseinandersetzung sollte von einer grundsätzlichen Empörung beseelt sein, wenn er den Lehren des New Age gegenübertritt. Wir haben bereits festgestellt, daß der Apostel Paulus über den Götzendienst der Athener „ergrimmte" (Apostelgeschichte 17,16). Dennoch ließ er keine Beschimpfungen gegen das Heidentum ab, sondern stellte sich den Götzendienern im Gespräch und verkündigte ihnen das Evangelium. Sein Zorn über den Irrtum veranlaßte ihn, sich den Irrenden zuzuwenden, anstatt sie auf billige Weise zu verurteilen. Wir können auf zwei verschiedene Arten in geistlichen Zorn geraten: erstens, weil Menschen den breiten Pfad zur Hölle hinabgeführt werden; zweitens, weil Gott selbst durch „Philosophie und leeren Trug" (Kolosser 2,8) verspottet wird. Der große Theologe und Apologet der letzten Generation, J. Gresham Machen, macht diesen Punkt deutlich:

„Jeder wahrhaftige Mensch nimmt Ausfälligkeiten gegen einen menschlichen Freund übel. Sollten wir nicht zehnfachen Kummer über Ausfälligkeiten gegen unseren Gott empfinden? Wie könnten wir dann jemals mit höflichem Gleichmut zuhören, wenn Menschen den Unterschied zwischen Gott und Mensch niederreißen und Gott auf die menschliche Ebene herabzerren? ... In bezug auf einen menschlichen Freund würden wir niemals sagen, daß es keinen Unterschied mache, ob unsere Ansicht über ihn richtig oder falsch ist. Wie können wir dann etwas so Unsinniges in bezug auf Gott sagen?"[4]

Es ist schon oft gesagt worden, daß wir die Sünde hassen, die Leben zerstört und Gott entehrt, und dennoch den Sünder lieben, der den Erlöser braucht.

3. Dieser grundsätzliche Zorn muß mit der Liebe zu den Verlorenen verbunden sein. Wir geben nicht Zeugnis gegenüber New Agern, um Debatten zu gewinnen, sondern um Menschen in Christus heil werden zu sehen; nicht um apologetische Punkte zu sammeln, sondern damit die Engel über eine weitere bekehrte Seele jubeln können. Letzten Endes legen wir für und über Christus Zeugnis ab aus Liebe zu Gott, den wir durch unser Hingehen zu den Menschen verherrlichen wollen (1. Korinther 10,31).[5]

Wenn ich mit evangelistischem Eifer gesunde Lehre verkündige, aber keine Liebe habe, dann werden meine Erklärungen, Ermahnungen und Argumente wenig nützen (1. Korinther 13,1). Die Art, *wie* das Evangelium dargestellt wird, ist ebenso wichtig wie das, *was* dargestellt wird. Wir sollten die gleiche Haltung einnehmen wie Jesus, den es, „als er das Volk sah, jammerte ..., denn sie waren ... wie Schafe, die keinen Hirten haben" (Matthäus 9,36; vgl. 14,14; 15,32). Viele New Ager jagen von einer kostspieligen Therapie, Seminarveranstaltung oder Technik zur anderen auf ihrer fieberhaften Suche nach dem nie greifbaren „Höheren Selbst" – eine wilde Jagd nach Göttlichkeit, die leicht zu einem Amoklauf der Unzufriedenheit werden kann.[6] Sie sind – ebenso wie alle Christen es einmal waren – „Schafe, die keinen Hirten haben" und die dringend jemanden brauchen, der ihnen in Liebe die Wahrheit sagt, die Wahrheit Jesu Christi.

4. Christen sollten sorgfältig darauf achten, diejenigen, denen sie begegnen, nicht über einen Kamm zu scheren. Vielleicht wissen Sie (oder Sie glauben es zumindest zu wissen) mehr über die New-Age-Bewegung als so mancher

New Ager. Sie sprechen jedoch nicht mit einem abstrakten Gedankengebäude, sondern mit einer Person, der New-Age-Gedanken lieb und wert sind. Sie haben es mit einer Lebensweise zu tun. Natürlich ist eine gründliche Kenntnis des New-Age-Denkens hilfreich, aber Sie sollten der Person mit Respekt begegnen und sie nicht einfach in die unpersönliche Kategorie „New Ager“ einsortieren. Es sind Menschen, nicht Weltanschauungen, die in der Gefahr sind, in die Hölle abzurutschen. Wir haben zwar im ersten Kapitel eine Zusammenfassung der wichtigsten New-Age-Überzeugungen umrissen, aber die Bewegung ist ein buntes Gemisch aus unterschiedlichen Elementen. Begegnen Sie jeder Person als Individuum, so, wie Sie es sich auch für sich selbst wünschen. Wenn Sie zum Beispiel feststellen, daß Ihre Kollegin an einem „Human Potential“-Seminar – wie etwa EST (Erhard Seminars Training) – teilgenommen hat, halten Sie ihr keine Vorträge über die darin enthaltenen Irrtümer, sondern kommen Sie mit ihr ins Gespräch über ihre Erfahrungen und Überzeugungen. Echtes und liebevolles Interesse an den Anschauungen eines Menschen wird Ihnen mehr Achtung einbringen als jede perfekt vorbereitete Anti-New-Age-Vorlesung.

5. Dennoch können Christen gewisse Gemeinsamkeiten mit New Agern als Anknüpfungspunkt ausfindig machen (allerdings nicht, um Kompromisse zu schließen). Wie Paulus sich auf ausgewählte Aussagen der stoischen und epikureischen Philosophen bezog, als er vor den Athenern predigte, so können auch wir die Aufmerksamkeit auf manche Bereiche der Übereinstimmung mit New Agern lenken, wie etwa die Realität der geistlichen Welt, das Leben nach dem Tod und die Notwendigkeit geistlichen Wachstums und gesellschaftlicher Veränderung. Jedoch müssen wir auch, wie Paulus in Athen, darauf achten, die entscheidenden Punkte aufzuzeigen, wo das New-Age-Denken dem biblischen Christentum entgegengesetzt ist, wie sie weiter unten besprochen werden.[7]

6. Seien Sie im Dialog mit und in der Verkündigung des

Evangeliums gegenüber New Agern äußerst sorgfältig darauf bedacht, Ihre Begriffe klar und eindeutig zu definieren. Das New-Age-Vokabular ist randvoll mit „geistlichen" Wörtern und Formulierungen. Begriffe wie *Gott, Christus, Geistlichkeit* und sogar *Wiedergeburt* (bezogen auf die Reinkarnation) können sehr häufig gebraucht werden, allerdings in entschieden nichtchristlicher Bedeutung. Vor einer solchen semantischen Maskierung sollten wir auf der Hut sein. Ich habe einmal an einer Radio-Diskussion mit einem „Religious Science"-Prediger teilgenommen, der dem Publikum sagte, er glaube an Himmel und Hölle, allerdings hinzufügte, daß wir Himmel und Hölle lediglich durch unser Denken schaffen. Er betrachtete Himmel und Hölle nicht als reale Orte, an denen Menschen die Ewigkeit zubringen werden, je nachdem, wie sie zu Gott standen. Im beiläufigen Gespräch jedoch hätte man annehmen können, er denke tatsächlich an Himmel und Hölle im biblischen Sinne.

Anders als Atheisten sprechen New Ager mit Begeisterung von „Gott". Das kann einen falschen Eindruck erwekken. Nachdem er von Atheisten, Skeptikern und Agnostikern herumgestoßen wurde, wird der Christ den scheinbaren Weggenossen im Glauben an Gott vielleicht herzlich begrüßen. Aber an was für einen Gott? New Ager setzen Gott zu einem kosmischen *Es* herab, einer unpersönlichen Kraft, Energie, einem Prinzip oder Vorgang. Zudem identifizieren sie sich selbst mit dieser herabgesetzten Gottheit und versuchen so, ihren eigenen metaphysischen Status zu verbessern. So kann es durchaus sein, daß die New-Age-Aussage „Ich glaube an Gott" nichts anderes bedeutet als „Ich glaube an mich"!

Ähnliches Mißtrauen ist gegenüber dem New-Age-Gebrauch des Wortes *Christus* angebracht. In der eben erwähnten Radiosendung bekannte der „Religious Science"-Prediger, er glaube, daß „Jesus der Christus gewesen" sei. Es klang rechtgläubig, jedoch mit einem hohlen Beiklang. Ich machte die Zuhörer darauf aufmerksam, daß nach der

Lehre der „Religious Science“ Jesus nur ein Mensch gewesen ist, der ein „Christus-Bewußtsein“ erlangt hat – womit die unpersönliche göttliche Essenz gemeint ist. Also ist für diesen Prediger „Jesus der Christus“, nur weil er sein göttliches Potential verwirklicht hat; aber auch wir können unser göttliches Potential verwirklichen, wie es Jesus tat. Für das New Age ist Jesus nicht der „*eingeborene* Sohn“ Gottes (Johannes 3,16; Hervorhebung von mir), sondern wir alle sind „Söhne Gottes“. Tatsächlich sind wir demnach sogar alle Götter.

Selbst ein im Christentum so zentraler Begriff wie das englische *atonement* (der Sühnetod Christi) kann auf radikal unbiblische Weise gebraucht werden. Statt zu glauben, daß Christus für unsere Sünden sühnte, indem er am Kreuz für uns litt, so daß wir die Strafe nicht selbst tragen müssen, glaubt der New Ager an „at-one-ment“, worunter er das Bewußtsein versteht, daß „alles eins ist“. Eine Sühne durch das Blut Christi ist nicht notwendig, da es ja keine wirkliche Trennung von Gott zu überwinden gibt; es gibt keine Sünde, nur Unkenntnis der großen kosmischen Einheit.

In dem populären New-Age-Text *A Course in Miracles* wird behauptet, das Sühnewerk Christi habe nichts damit zu tun, daß er die Strafe für unsere Sünden auf sich genommen hätte. Dennoch wird darin das Wort *atonement* gebraucht.[8]

Verstand und Intuition

Wenn wir die semantischen Probleme hinter uns gelassen haben, müssen wir uns auch der Tatsache stellen, daß New Ager oft im Treibsand des Subjektivismus versinken, was zu Unlogik und Amoralität führt. Wir sollten New Ager festnageln, wenn sie unlogische Aussagen machen. Später werden wir Beispiele für die logischen Schwächen der New-Age-Ansichten über Reinkarnation, die Bibel und den Relativismus kennenlernen. Es ist interessant festzustellen, daß nichtchristliche skeptische Literatur häufig eine große Hilfe sein kann. Rationalistische Zeitschriften wie *Free Inquiry* und *Skeptical Inquirer* haben es oft auf überzogene New-Age-Behauptungen abgesehen und treffen den Nagel auf den Kopf, wenn sie deren Unzulänglichkeiten bloßstellen. (Natürlich ist für säkulare Humanisten[9] alles Geistliche Humbug, und so finden wir auch Artikel, die sich gegen das Christentum richten.) Ein Paradebeispiel für hilfreichen Skeptizismus ist die Entschleierung des sogenannten „Phänomens des hundertsten Affen" durch Ron Amundson, Philosophie-Professor an der Universität von Hawaii.

Amundson machte sich daran, einige phantastische Behauptungen zu überprüfen, die in den fünfziger Jahren über eine Horde von Affen (Makaken) auf den japanischen Inseln aufgestellt wurden. Eine New-Age-Legende berichtet, daß, als hundert Affen auf der Insel Koshima ein neues Verhalten erlernten – nämlich Süßkartoffeln im Wasser zu waschen –, dadurch eine „kritische Masse" an Bewußtsein entstanden sei, die sich auf paranormale Weise auf andere Inseln übertragen und dabei auf irgendeinem Wege die anderen Affen in die Geheimnisse verbesserter sanitärer Verhältnisse und kulinarischer Genüsse eingeweiht habe. Die kosmische Konsequenz des Ganzen sei demzufolge, daß auch Menschen eine „kritische Masse" an Bewußtsein entwikkeln können, um den Weltfrieden herbeizuführen und die Möglichkeit eines Atomkrieges zunichte zu machen. Ken Keyes drückt es in seinem populären Buch *The Hundredth Monkey* (Der hundertste Affe) so aus: „Vielleicht sind Sie der ‚Hundertste Affe'. ... Von Ihnen kann die zusätzliche Bewußtseinsenergie ausgehen, um die allgemeine Erkenntnis zu schaffen, daß es dringend notwendig ist, so schnell wie möglich eine atomwaffenfreie Welt zu erreichen."[10] So hat sich das „Phänomen des hundertsten Affen" wie ein Lauffeuer in New-Age-Kreisen verbreitet und wird immer wieder ins Feld geführt, als sei es ein gesichertes wissenschaftliches Gesetz.

Die Affen-Angelegenheit war die wirksame Philosophie

hinter den „Weltfriedensereignissen“, die weltweit am 31. Dezember 1986 veranstaltet wurden (vgl. Kapitel 1). Wenn nur genügend Menschen „den Frieden denken“ würden, würde auf der ganzen Welt Frieden ausbrechen. Dieser Gedanke hat eine ungeheure Motivationskraft an sich – aber leider wenig Wahrheit.

Dr. Ron Amundson besaß die Kühnheit, die Artikel in den wissenschaftlichen Zeitschriften, die Lyall Watson in seinem Buch *Lifetide* zitiert hatte, im Original nachzulesen. Dabei fand er heraus, daß Watson, der ursprüngliche Verkünder des beschriebenen Gedankens, das Material nicht korrekt dargestellt hatte.[11]

Erstens geht aus den Originalartikeln hervor, daß die japanischen Primatenforscher, die die Untersuchung durchführten, nichts Außergewöhnliches über die Affen zu berichten fanden. Alle Fakten über das Verhalten der Affen sind dokumentiert, und nichts davon legt irgendeinen Schluß auf paranormale Vorgänge nahe. Es ist nicht der Fall, wie Watson sagt, daß die Wissenschaftler befürchtet hätten, sie könnten sich durch Berichte über paranormale Vorgänge lächerlich machen, und „sich immer noch nicht ganz sicher“ gewesen wären, „was geschehen war“. Sie behaupteten im Gegenteil, genau zu wissen, was geschehen war.

Zweitens wurde zwar auch bei Affenhorden auf anderen Inseln festgestellt, daß sie Kartoffeln wuschen, aber nichts deutete darauf hin, daß sich dieses Verhalten auf paranormale Weise von ihren Artgenossen auf Koshima auf sie übertragen hatte. Eine bessere Erklärung ist, daß diese gewitzten Geschöpfe unabhängig voneinander auf die Idee dieses Vorgehens gekommen sind. Nach Amundson wird in den Artikeln, die Watson zitiert, auch erwähnt, daß 1960 ein Kartoffelwäscher namens ‚Jugo‘ von Koshima zu der Insel geschwommen sei, auf der die Takasakiyama-Horde lebt. „Vier Jahre später kehrte Jugo zurück. Watson erwähnt dies nicht. Die japanischen Affen sind als intelligent und beweglich bekannt. Jedes der beiden Merkmale könnte die Verbreitung des Kartoffelwaschens von Insel zu Insel erklären. Watson ignoriert beide Erklärungsmöglichkeiten und zieht es vor, eine neue paranormale Kraft zu erfinden."[12] Die Aktivität von Affenmissionaren liefert eine bessere Erklärung für die Situation als der Rückgriff auf das Paranormale.

Weitere Einzelheiten wird der Leser Amundsons Artikel entnehmen wollen, aber es sieht so aus, als hätte er Watson bereits an die Wand genagelt. Jedenfalls gibt Watson selbst dies in seiner veröffentlichten Antwort an Amundson mehr oder weniger zu, indem er sagt, der ganze Gedanke sei „eine Metapher, die ich selbst geschaffen habe und die – wie er ganz richtig andeutet – auf sehr vagen Indizien und einer Menge Hörensagen beruht."[13] In einem anderen Artikel weist Amundson darauf hin, daß entgegen Watsons Behauptung, er habe bei der Niederschrift des Buches improvisiert, seine ursprünglichen Formulierungen in *Lifetide* den Eindruck erwecken, das „Phänomen des hundertsten Affen" sei durch wissenschaftliche Beweise gesichert. Das ist jedoch nicht der Fall.[14]

Dennoch ist die Affen-Angelegenheit zur New-Age-Legende aufgestiegen und hat die Gläubigen zu dem Versuch inspiriert, jene „kritische Masse" an Bewußtsein aufzupumpen, um die Welt zu verändern. Tatsächlich wird die Geschichte immer besser, je öfter sie erzählt wird.[15] Quellen, die sich auf Watson stützen, blasen den Gedanken noch weiter auf. Falschmeldungen erhalten den Anschein der „Wahrheit", wenn sie achtlos in den Medien verbreitet werden.[16] Erinnern wir uns an das Sprichwort: „Ein jeder hat zuerst in seiner Sache recht; kommt aber der andere zu Wort, so findet sich's" (Sprüche 18,17).

Hier können Christen auf freundliche Weise der paranormalen Propaganda die Luft ablassen, indem sie einfach auf sorgfältig recherchiertes Material hinweisen. Sogar Zeitschriften, die eine gewisse New-Age-Orientierung haben, wie *The Journal of Humanistic Psychology* und *The Whole Earth Review* (in der Amundsons Artikel erschien), schauen manchmal Leuten aus ihren eigenen Reihen auf die Finger und bringen Artikel, die verschiedene Aspekte des New-Age-Denkens kritisch beleuchten. Christen können aus diesen Quellen einiges an apologetischer Munition schöpfen. (Gleichzeitig sollten wir an Petrus' Einschränkung denken, daß dies mit „Sanftmut und Gottesfurcht" geschehen soll; 1. Petrus 3,15.)

Während sowohl die rationale Widerlegung der Verirrungen des New Age als auch rationale Argumente für die Wahrheit des Christentums entscheidend wichtig sind, ist es ebenso berechtigt, wenn Christen im Gespräch mit New Agern den geheimnisvollen und subjektiven Aspekt des christlichen Glaubens herausstellen.[17]

Erstens sollten wir zwar die *Rationalität* bejahen, den *Rationalismus* aber vermeiden. Argumente können notwendig sein, aber wir brauchen mehr als Argumente. Das Christentum ist eine Weltanschauung, die auf rationale Weise verteidigt werden kann, aber es ist auch ein Weg der Erlösung.[18] New Ager befinden sich auf einer endlosen Suche nach geistlicher Erfahrung. Christus bietet denen, die ihr Vertrauen auf ihn als Erlöser setzen, überfließendes Leben an (Johannes 10,10). Durch die Jahrhunderte haben Millionen von dieser wunderbaren Tatsache Zeugnis abgelegt. Natürlich muß der Christ betonen, daß die Erfahrung der Liebe Christi nur deswegen real ist, weil Christus selbst objektiv real ist. Die subjektive Erfahrung, Gott zu kennen, gründet sich auf die objektive Wahrheit der Gerechtigkeit und Liebe Gottes.

Als Christen brauchen wir machtvolle geistliche Erfahrungen nicht auszuschließen, solange sie die folgenden Kriterien erfüllen. Jede besondere göttliche Mitteilung oder Inspiration muß nach dem biblischen Modell (Jesaja 6; Offenbarung 1,12-19) folgende Eigenschaften aufweisen:

Persönlich. Gott kommuniziert persönlich mit Menschen, die nach seinem Bild erschaffen sind. Persönlichkeit – weder die göttliche noch die menschliche – wird nicht in eine mystische Einheit aufgelöst. Es ist eine Erfahrung des Dialogs, nicht des Monologs.

Moralisch. Gottes moralische Heiligkeit wird in der Bibel immer wieder hervorgehoben. Das zeigt sich auch an Jesajas Bekenntnis, ein Sünder zu sein, als Gott sich ihm offenbarte. Der Dialog findet statt zwischen dem moralisch vollkommenen Herrn und einem sündigen Geschöpf. Moralische Kategorien lösen sich – im Gegensatz zu der Amoralität des New Age – nicht auf. Die echte geistliche Erfahrung eines heiligen Gottes schließt das Empfinden seiner Herrlichkeit, Erhabenheit und Macht im Vergleich zu menschlicher Schwäche und Sünde ein.[20]

Kognitiv. Wahrheiten werden in Form von Aussagen weitergegeben. Es ist keine unbeschreibliche Erfahrung (auch wenn nicht alle Einzelheiten wiedergegeben werden können), sondern eine, über die berichtet und logisch diskutiert werden kann. Es ist keine irrationale Erfahrung, wie symbolisch manche Visionen auch sein mögen.

In der Lehre korrekt. Der Apostel Paulus sagt, selbst wenn ein Engel vom Himmel ein anderes Evangelium predigen würde als das wahre Evangelium, müßte dieses falsche Evangelium zurückgewiesen werden (Galater 1,8). Johannes fordert uns auf, anhand der biblischen Lehre die Geister zu prüfen (1. Johannes 4,1-4). Eine geistliche Erfahrung an sich garantiert noch nicht ihre Wahrheit; ebensowenig, wie intensive geistliche Erfahrungen für ein gottgefälliges Leben erforderlich sind.[21]

Zweitens sollten Christen, wenn sie die Logik der christlichen Position darstellen, darauf achten, die Botschaft nicht zu stark zu vereinfachen. Das Christentum enthält auch das Geheimnisvolle. Es ist kein trockener Rationalismus.[22] Gott hat in der Bibel Wahrheiten offenbart, die mit menschlicher Logik allein nicht zu erreichen sind (obwohl sie nicht im Gegensatz zur menschlichen Logik stehen). Da Gott unendlich ist und wir nun einmal endlich, sind viele entscheidende christliche Lehren – wie etwa die Dreieinigkeit und die Inkarnation – in mancher Hinsicht geheimnisvoll. Aber was geheimnisvoll ist, muß deswegen nicht unsinnig sein. C. Stephen Evans erklärt: „Wenn Gott den Menschen eine besondere Offenbarung geben würde, müßte diese nicht so manche Wahrheit enthalten, die Menschen aus eigener Kraft zu entdecken nicht fähig gewesen wären? Andererseits, warum sollte er sich überhaupt die Mühe machen? Mit anderen Worten, es ist nicht anders zu erwarten, als daß eine *echte* Gottesoffenbarung Geheimnisse enthält."[23]

Christen bestünden darauf, fährt Evans fort, daß „die grundlegenden Geheimnisse des Glaubens *über* der Vernunft sind, nicht gegen die Vernunft. Das heißt, obwohl wir sie nicht völlig verstehen oder ihre Wahrheit beweisen können, widersprechen sie nicht dem, was als Wahrheit bekannt *ist*."[24]

Pascal drückt es so aus: „Der letzte Schritt der Vernunft ist, zu erkennen, daß es eine Unendlichkeit voller Dinge gibt, die jenseits ihrer Grenzen liegen. Sie ist schwach, wenn sie nicht weit genug sieht, das zu wissen."[25]

Christen sollten daran denken, daß Sensibilität für die Führung des Heiligen Geistes entscheidend für jedes apologetische oder evangelistische Gespräch ist, damit, in den Worten des Paulus, „euer Glaube nicht stehe auf Menschenweisheit, sondern auf Gottes Kraft" (1. Korinther 2,5).

Geistliche Gefahren

Wer auf Christus vertraut, hat Zugang zu geistlichem Unterscheidungsvermögen und Kraft für die geistliche Auseinandersetzung. Wer jedoch nicht in Christus ist, der ist eine leichte Beute für den Feind. Im Gespräch mit New Agern ist manchmal die Warnung angebracht, daß paranormale Ausflüge uns Christen in tobende geistliche Stürme führen können.

Wenn New-Age-Pilger in ihre geistlichen Erfahrungen eintauchen, machen sie sich verwundbar sowohl für Betrug als auch für geistliche Täuschung. Manche Suchende sind besonders anfällig für Täuschungen, weil sie verzweifelte, verletzte Menschen sind, die nach einer Antwort ausschauen – irgendeiner Antwort. Wenn Christen solchen Menschen begegnen, kann ein Wort der Warnung ein gutes Mittel sein. Selbst wenn wir sie nicht auf Anhieb zu Christus führen können, können wir sie vor okkulten Gefahren warnen und ihnen die Sicherheit anbieten, die darin liegt, Christus als den Sieger über Sünde und Satan zu kennen.

Es sollte deutlich gemacht werden, daß die Bibel alle okkulten Aktivitäten aus mindestens zwei Gründen verbietet. Erstens ist Gott allein der Anbetung würdig, und er ist mit Recht eifersüchtig, was unsere Zuneigung und unseren Gehorsam angeht. Da er vollkommen und gnädig ist, mündet dies in den Wunsch, sich selbst zu verherrlichen und seine Geschöpfe so leben zu sehen, wie sie leben sollten. Zweitens weiß Gott auch um die Realität gefallener geistlicher Wesen, die die Menschheit verführen, ihren zerstörerischen Wegen zu folgen. Aus diesen Gründen untersagt er jeden Ansatz okkulter Verwicklung. Obwohl viele Bibelstellen das Okkulte verdammen, ist der folgende Abschnitt aus 5. Mose, ursprünglich an Gottes Volk gerichtet, das in das Gelobte Land einziehen sollte, der umfassendste:

„Wenn du in das Land kommst, das dir der HERR, dein Gott, geben wird, so sollst du nicht lernen, die Greuel dieser Völker zu tun, daß nicht jemand unter dir gefunden werde, der seinen Sohn oder seine Tochter durchs Feuer gehen läßt oder Wahrsagerei, Hellseherei, geheime Künste oder Zauberei treibt oder Bannungen oder Geisterbeschwörungen oder Zeichendeuterei vornimmt oder die Toten befragt. Denn wer das tut, der ist dem HERRN ein Greuel, und um solcher Greuel willen vertreibt der HERR, dein Gott, die Völker vor dir. Du aber sollst untadelig sein vor dem HERRN, deinem Gott“ (5. Mose 18,9-13; vgl. 3. Mose 19,31; 20,6).

Jesaja läßt dies widerhallen und lenkt unseren Blick in die richtige Richtung: „Wenn sie aber zu euch sagen: Ihr müßt die Totengeister und Beschwörer befragen, die da flüstern und murmeln, so sprecht: Soll nicht ein Volk seinen Gott befragen? Oder soll man für Lebendige die Toten befragen? Hin zur Weisung und zur Offenbarung! Werden sie das nicht sagen, so wird ihnen kein Morgenrot scheinen" (Jesaja 8,19-20; vgl. 47,8-15).

Es gibt zwar noch Dutzende weitere Warnungen in der Bibel, aber denken wir nur an die strikte Endgültigkeit in den Worten Jesu Christi über diejenigen, die die ewige Stadt nicht betreten werden: „Draußen sind die Hunde und die Zauberer und die Unzüchtigen und die Mörder und die Götzendiener und alle, die die Lüge lieben und tun" (Offenbarung 22,15).

Wenn biblische Ermahnungen nichts fruchten, können auch Warnungen aus der New-Age-Literatur selbst herangezogen werden. Wenn zum Beispiel eine Freundin einen Yoga-Kurs in der örtlichen Volkshochschule besuchen will, um ihre Nerven zu beruhigen, könnten wir folgendes Zitat von einem *Befürworter* des Yoga anbringen: „Yoga ist kein banaler Scherz, wenn wir bedenken, daß jedes Mißverständnis beim Praktizieren von Yoga Tod oder Wahnsinn bedeuten kann."[26] Leute, die Yoga praktizieren, warnen oft vor der Macht der „Kundalini-Energie", dargestellt als Schlange, die sich zusammengerollt am Ende der Wirbelsäule befindet. Das Ziel vieler Yoga-Formen ist es, „die Kundalini zu wecken" und ihre Energie aufwärts durch die sieben Chakras (Energiezentren) des Körpers fließen zu lassen. Aber die Yogis selbst warnen, daß dies kein Kinderspiel sei. Man kann sich an dem heißen Atem der Schlange verbrennen (buchstäblich!) – oder wahnsinnig werden.[27]

In einer Ausgabe von *ReVision,* einer gelehrten New-Age-Zeitschrift, sprechen die Bewußtseinsforscher Christina und Stanislav Grof von „transpersonalen Krisen", die oft mit „verschiedenen Meditationspraktiken verbunden" seien, die „bewußt darauf ausgerichtet sind, spirituelle Energien zu aktivieren". Dazu gehören „Yoga, Zen, verschiedene Arten der Bewegungsmeditation, Pranayama,

Kundalini-Manöver, psychoenergetische Übungen aus dem tibetanischen Buddhismus, christliches Gebet und andere Formen tiefen und systematischen Eindringens in das Geistliche und der Selbsterforschung."[28] (Bedenkt man den Stoff des Artikels, wird klar, daß die hier zugrunde liegende Auffassung von „christlichem Gebet" nichts mit biblischer Geistlichkeit zu tun hat, sondern eine pantheistische innere Selbstbeschau ist, der fälschlicherweise das Etikett *christlich* angehängt wird.)

Die Grofs glauben, daß diese „Notfälle" lediglich schwierige Stadien sind, die durchlebt werden müssen, um zu größerem Wachstum zu gelangen, das sie als New-Age-Erleuchtung interpretieren. Ihre Beschreibungen dieser „Krisen" jedoch lassen einem das Blut gefrieren, insbesondere wenn es um das „Erwachen der Schlangenkraft (Kundalini)" geht, das, wie sie sagen, „von dramatischen körperlichen und psychischen Erscheinungen, genannt *Kriyas,* begleitet werden kann", darunter „starke Empfindungen von Hitze und Energie, die entlang der Wirbelsäule aufwärts strömen, zusammen mit Zittern, Krämpfen, gewaltsamen Schüttelanfällen und komplizierten verdrehten Bewegungen". Außerdem ist die Rede von „unwillkürlichem Lachen oder Weinen, Singen von Mantras oder Liedern, Zungenreden, Ausstoßen von Stimmgeräuschen und Tierlauten und spontanem Ausführen von Yoga-Gesten (Mudras) und Einnehmen von Yoga-Positionen (Asanas)". Weitere körperliche Erscheinungen sind „Übelkeit, Durchfall oder Verstopfung, Kontraktionen des Afters oder der Gebärmutter, Zusammenpressen der Zähne, Anstieg und Abfall der Körpertemperatur und Heißhunger oder Appetitlosigkeit. Der ganze Körper kann sich versteifen oder erschlaffen und sich ungewöhnlich groß oder klein anfühlen."[29]

Obwohl die Grofs auch angeblich positive Wirkungen der Kundalini auflisten, wie „Ekstase, überwältigend intensive Orgasmen und Zustände unbeschreiblichen Friedens und innerer Ruhe"[30], muß man für diesen Preis einen totalen Zusammenbruch (oder Schlimmeres) riskieren. Dabei kann aller subjektive Genuß der Welt nicht die Sündenvergebung und den inneren Frieden aufwiegen, die Jesus Christus anbietet, der von seinen Nachfolgern keine derartigen psychischen und körperlichen Gewaltakte verlangt.

Dic Grofs hielten diese „transpersonalen Notfälle“ für verbreitet genug unter New Agern, um 1980 das „Spiritual Emergency Network“ (Kontaktnetz für geistliche Notfälle) zu gründen, um die „psychotherapeutische Gemeinde“ über die Realität des Problems aufzuklären und Hilfe in Form von Fortbildungen und Empfehlungen an Menschen, die unter verschiedenen Krisen leiden, anzubieten. Das Hauptquartier von „Spiritual Emergency Network“ befindet sich im Kalifornischen Institut für Transpersonale Psychologie in der Nähe von San Francisco; weltweit gibt es 42 Regionalzentren.[31]

Yoga kann einen Menschen auch für spirituelle Kontakte und alle Formen okkulter Aktivität öffnen. Die Transzendentale Meditation benutzt – obwohl sie sich als neutrale, psychologische Technik bezeichnet – Yoga-Methoden, um das Bewußtsein zu verändern. Ihr Begründer Maharishi sagte, der Zweck des Mantra-Singens bestehe darin, „in einer anderen Welt eine Wirkung hervorzurufen, um die Aufmerksamkeit jener höheren Wesen oder Götter, die dort leben, auf sich zu ziehen. Das ganze Wissen über Mantras widmet sich der Verbindung, der Kommunikation des Menschen mit den höheren Wesen in einer anderen Schicht der Schöpfung.“[32]

Wenn jemand sagt, er interessiere sich hauptsächlich aus Gründen der Körperertüchtigung für Yoga, sollte man ihm sagen, daß die alten mystischen Meister diese „Philosophie“ nicht nur erfunden haben, um den Körper in einen besseren Zustand zu bringen. Yoga-Lehrer wie R. L. Hittleman geben zu, daß jegliche positiven gesundheitlichen Wirkungen nebensächlich sind. Er räumt auch ein, den Gesundheitsaspekt dazu benutzt zu haben, Menschen im Westen an die hinduistische Weltanschauung zu binden.[33]

Ein Artikel über Parapsychologie im *Yoga Journal* warnt

Experimentierfreudige sogar davor, daß das Praktizieren von Wahrsagerei (durch Ouija-Bretter, automatisches Schreiben und andere Methoden) „in leichtfertiger oder respektloser Weise“ die Wahrscheinlichkeit erhöhe, „‚niedrigere‘ körperlose Kommunikatoren anzuziehen, darunter Gespenster oder Poltergeister, und man geht das Risiko ein, abhängig oder besessen zu werden“.[34] Christen bräuchten das Wort *niedriger* nicht in Anführungszeichen zu setzen, denn sie glauben an eine aktive „Hierarchie der Hölle“[35] von dämonischen Unruhestiftern, die in der Lage sind, Menschen, die sich nicht unter dem Schutz des auferstandenen Christus befinden, in ihre Gewalt zu bringen und zu unterdrücken. Obwohl der Artikel im *Yoga Journal* eine leise Warnung hören läßt, ist er von christlichem Unterscheidungsvermögen tragisch weit entfernt. Er verlockt die Leser mit der Aussage, daß „zwei der berühmtesten ‚kanalisierten‘ Lehren der letzten Jahre – die Seth-Bücher und die ‚Botschaften von Michael‘ – ihren Anfang auf dem Ouija-Brett nahmen.“[36]

Christen können New-Age-Aspiranten herausfordern, indem sie konkret auf die Gefahren verschiedener New-Age-Praktiken hinweisen. Viele davon – wie Channeling, Geistheilung, bewußtseinsverändernde Meditation und dergleichen – sind nichts anderes als modernisierter Okkultismus, und Okkultismus fordert am Ende einen zu hohen Preis. Der verstorbene Kurt Koch, der über fünfundvierzig Jahre lang als christlicher Theologe und Seelsorger bei Okkultismus-Problemen tätig war, hat in seinen zahlreichen Schriften Hunderte von Beispielen okkulter Belastung geschildert. Seine zusammenfassende Analyse lautete: „Niemand macht Gebrauch von okkulten Kräften, ohne Schaden zu nehmen.“[37] Damit soll nicht gesagt sein, daß alle Menschen, die mit irgendeiner okkulten oder New-Age-Praktik zu tun haben, an ähnlichen Problemen leiden müssen; jedoch stehen diese Praktiken außerhalb des Willens Gottes und sind deshalb ganz allgemein gefährlich. In dem Kapitel „Auswirkungen“ aus dem Buch *Okkultes ABC* listet

Koch eine Reihe von geistlichen Krankheiten auf, die durch okkulte Aktivitäten verursacht werden (einige der folgenden Beispiele stammen aus anderen Quellen):

Mediale Affinität. Wer sich dem Okkulten in irgendeiner Form öffnet, kann mediale Kräfte entwickeln, die ihn unter den Einfluß böswilliger geistlicher Mächte bringen. Zum Beispiel behaupten zwei „Channeler" – Kevin Ryerson und Jach Pursel –, von Geistführern „kontaktiert" worden zu sein, während sie meditierten. Auch Dämonen „stehen vor der Tür und klopfen an" und warten begierig darauf, Einzug zu halten, sobald sie nur den Fuß in die Tür bekommen.

Widerstand gegen das Göttliche. Wer sich in den Fesseln des Okkulten verstrickt hat, findet es oft schwer, sich von seinen Praktiken zu lösen und Gott zuzuwenden. Dadurch, daß er nach geistlicher Freiheit sucht, unterwirft er sich der Bindung. Die „Hierarchie der Hölle" läßt ihre Gefangenen häufig nicht so leicht los. Johanna Michaelson berichtet über ihren Kampf, sich völlig Christus anzuvertrauen, nachdem sie in Mexiko hautnah mit Geistheilung in Berührung gekommen war. Als sie in die christliche Gemeinschaft L'Abri in der Schweiz kam, wurde sie aufgefordert, das Johannes-Evangelium zu lesen. Bei ihrem ersten Versuch kam sie nicht weiter als bis zum vierten Vers, bevor sie eine unerklärliche Erschöpfung überfiel. Später wurde sie von Geistern attackiert, die ihr sagten, Jesus könne ihr nicht helfen. Sie schnürten ihr so stark den Hals zu, daß sie nicht schreien konnte. Als der Kampf jedoch vorbei war, behielt Jesus die Oberhand, und Johanna konnte sich ihm völlig anvertrauen.[38] Kochs Schriften berichten über Dutzende solcher Fälle.

Charakterliche und seelische Beeinträchtigungen. Koch zufolge führen zum Beispiel okkulte Heilungen oft zu „Lügensucht, Stehlsucht (Kleptomanie) und Feuersucht (Pyromanie)".[39] Er glaubt, daß jede Geistheilung darauf beruht, daß eine körperliche Erkrankung in eine geistliche Erkrankung umgelenkt wird.[40]

Nährboden für Geisteskrankheiten. Seine umfangreiche

Erfahrung in der Seelsorge führte Koch zu der Auffassung, daß okkulte Aktivitäten anfällig für Geisteskrankheiten machen. In einem Zeitungsartikel über „Hexen in Wisconsin" berichtet Jonathan, Hohepriester einer Hexengemeinschaft in Madison, daß beim Ritual der Einweihung in die Hexerei der Kandidat einer Prüfung unterzogen wird, um festzustellen, ob er oder sie widerstandsfähig genug ist. Dabei werde von den Mitgliedern spirituelle Kraft auf den Kandidaten übertragen. Jonathan sagt: „Man bekommt eine Menge Energie mit, eine Menge Macht, und man muß wissen, wie man sie in den Griff bekommt. Wenn man das nicht weiß, überlädt man sich." Jonathan berichtet ferner, er habe bei vier Personen erlebt, daß sie geisteskrank wurden, weil sie für diese geballte Ladung Okkultismus nicht gewappnet waren.[41]

Belastung der Nachkommen. In Kochs Schriften wird oft die Realität von Generationen übergreifenden Verfluchungen betont, durch die manchmal Nachkommen eine Vorliebe für okkulte Phänomene ererben (vgl. 2. Mose 20,4). In der Tat scheint Johanna Michaelson ihre medialen Vorlieben von einer spiritistischen Urgroßtante geerbt zu haben, die vorhergesagt hatte, daß ein Kind der dritten Generation ihre okkulten „Gaben" ererben würde.[42]

Selbstmord. Da es Satans höchste Strategie ist, zu töten und zu zerstören (Johannes 10,10), ist es nicht verwunderlich, wenn seine Verführungen zur Selbstvernichtung führen. Zusätzlich zu den Beispielen, die Koch anführt, erklärt das Medium Dr. H. H. Bro, Personen, die aus falschen Motiven versuchen, mediale Kräfte zu entwickeln, begäben sich „auf einen Weg zunehmend kopflosen Verhaltens, zwanghaften Handelns, der Entfremdung von Freunden und Verwandten und schließlich der Persönlichkeitsspaltungssymptome (Besessenheit) oder des Selbstmords".[43]

Gespenster und Poltergeister. Wenn jemand sich häufig mit der okkulten Welt befaßt, kann es sein, daß diese sich ihrerseits auf quälende Weise mit dem New-Age-Pilger befaßt. „Poltergeister" nennt man besonders zerstörerische Geister, die dazu neigen, nachts umzugehen – oder auch bei Tag. „Gespenster“ oder „Spukgeister“ sind nicht so offensichtlich unangenehme, aber dennoch dämonische Wesen. Koch sagt: „In allen Fällen von Spuk, die ich untersuchen konnte, waren okkulte Praktiken die Wurzel der Spukphänomene.“[44]

In ihrem Buch *Occult Shock and Psychic Forces* listen Weldon und Wilson zahlreiche Warnungen von Parapsychologen und Okkultisten in bezug auf Poltergeister, Wahnsinn und andere verdorbene Früchte des Verbotenen auf.[45]

Häufung von Krankheiten. Koch warnt davor, daß, obwohl nicht alle Krankheiten direkt dämonischen Ursprungs seien, „Menschen, die in der Fluchlinie der Zaubersünden stehen, ... häufig von Krankheiten aller Art geplagt“ werden.[46] Einen dynamischen Ausdruck dieses Sachverhalts finden wir in den Verfluchungen in 5. Mose 28,15-68, besonders in den Versen 21-22. Wenn Menschen gegen Gott rebellieren – vor allem, wenn sie die okkulte Welt hofieren, um unabhängig von Gott zu spiritueller Macht zu gelangen –, bringen sie sich selbst in eine für Zeit und Ewigkeit gefährliche Situation.

Satan, „der Fürst der grimmigen Finsternis“ (Luther), „verstellt sich als Engel des Lichts“ (2. Korinther 11,14); doch da er wahrhaftig böse ist, verblaßt sein falsches Licht am Ende und hinterläßt eine alles verschlingende Finsternis. Seine Finsternis wird bloßgestellt, wenn Christen das Licht des Evangeliums erstrahlen lassen. Paulus schreibt:

„Und habt nicht Gemeinschaft mit den unfruchtbaren Werken der Finsternis; deckt sie vielmehr auf. Denn was von ihnen heimlich getan wird, davon auch nur zu reden ist schändlich. Das alles aber wird offenbar, wenn's vom Licht aufgedeckt wird; denn alles, was offenbar wird, das ist Licht. Darum heißt es: Wach auf, der du schläfst, und steh auf von den Toten, so wird dich Christus erleuchten“ (Epheser 5,11-14).

5.
Die Argumente prüfen – Beispiel Reinkarnation

Im Gespräch mit New Agern werden Christen oft mit dem Einwand konfrontiert: „Aber das ist nur deine persönliche Interpretation." Nehmen wir an, Sie haben jemanden davon überzeugen können, daß das New-Age-Verständnis des Wortes *Christus* unendlich weit von Ihrem Verständnis entfernt ist. Was sagen Sie, wenn die Antwort lautet: „Ich verstehe die Bibel so, daß ‚Christus' die unpersönliche Göttlichkeit in allen Menschen bedeutet, an die wir uns anschließen können"?

Das ist ein entscheidender Bereich in der New-Age-Apologetik, denn New Ager versuchen häufig, die Bibel in ihr gemischtes Büfett religiöser Überlieferungen, das ihre Anschauungen stützen soll, einzubeziehen. Als Christen müssen wir klarstellen, daß die Bibel sich nicht gemeinsam mit New-Age-Gerichten verdauen läßt.

Ich bin öfter, als ich mich erinnern möchte, mit dieser „Aber-das-ist-nur-deine-Interpretation"-Antwort konfrontiert worden; und ich muß zugeben, daß es mir nicht immer gelungen ist, angemessen darauf zu reagieren. Trotzdem müssen wir tapfer allen Nachdruck darauf legen: Ja, jeder hat ein Recht auf seine eigene Interpretation der Bibel. Aber: nicht alle Interpretationen sind gleichermaßen zutreffend. Natürlich ist es Ihnen unbenommen, den hellen, riesigen Ball, der das Sonnensystem erleuchtet, als einen im Jahre 300 n. Chr. von peruanischen Bauern konstruierten, bemerkenswert dauerhaften und leistungsfähigen Satelliten zu „interpretieren". Sie haben sozusagen das „Recht", die Dinge so auszulegen, aber deswegen ist Ihre Ansicht noch lange nicht zutreffend. Ihre Interpretation ist entweder wahr oder unwahr. Sie liegen entweder richtig oder falsch.

Das gleiche gilt, wenn wir uns mit der Bibel befassen. Man interpretiert sie entweder richtig oder falsch. Es gibt einen Unterschied zwischen richtigem Verständnis und Mißverständnis. Die Tatsache an sich, daß Sie „Ihre eigene Interpretation" der Bibel haben, erweist diese Interpretation noch nicht als wahr; genausowenig wie „Ihre Interpretation", wieviel Steuern Sie zu zahlen haben, vor dem durchdringenden Auge Ihres Finanzbeamten ohne weiteres Bestand hat. Er hält sich an *die* Regeln, nicht an Ihre Regeln. Die „Meine-Interpretation"-Einstellung kann Sie dicke Bußgelder kosten oder sogar hinter Gitter bringen (die sich auch durch die kreativste Interpretation nicht auflösen lassen).

Der Gedanke, daß es richtige und falsche Interpretationen gibt, ist eigentlich erstaunlich einfach. Vernünftige Erwachsene richten sich danach, um sich ihren Weg durchs Alltagsleben zu bahnen. Doch wenn es um die Bibel geht, schlagen New Ager häufig allen gesunden Menschenverstand in den Wind des Relativismus. Doch wir können und müssen Menschen auf den Boden der Tatsachen zurückholen, indem wir ihnen an Beispielen zeigen, wie sie andere Werke lesen.

Wenn ich nach Rezept einen Käsekuchen backen will, ist es entscheidend, daß ich das Rezept so befolge, wie es beabsichtigt ist; ich muß also die Absicht des Kochs, der das Rezept geschrieben hat, beachten. Wenn ich mir die Freiheit der Interpretation des New Age nehme, komme ich wahrscheinlich zu nahezu jedem denkbaren Ergebnis – nur nicht zu einem genießbaren Käsekuchen.

Ebenso muß ein Student, der für eine Abschlußprüfung über die Französische Revolution lernt, verstehen, was sein historischer Text tatsächlich aussagt. Er will *herausfinden,* was gesagt wird. Entsprechend wird sein Professor seine

Arbeit beurteilen; da hilft auch keine Ausrede wie: „Aber so verstehe *ich* es". Relativismus in der Interpretation verdient eine Note unter dem Strich.

Das Thema Exegese (Interpretation von Texten) ist zu umfangreich, um es hier erschöpfend zu behandeln.[1] Wir müssen jedoch allen Nachdruck auf die entscheidende Notwendigkeit intellektueller Redlichkeit im Umgang mit der Bibel legen. Der erste Grundsatz für eine redliche Interpretation ist das Bestreben, zu erfahren, was ein Text objektiv aussagt; es gilt also zu erkennen, was der Autor mitzuteilen beabsichtigte. Die Bibel ist nicht als Assoziationstest gedacht. Gordon Lewis hat dies einfach, aber treffend auf den Punkt gebracht:

„Wenn wir für einen Gedanken die biblische Autorität in Anspruch nehmen, müssen wir in der Lage sein, an der Sprache, der Geschichte, der Kultur und dem Textzusammenhang zu zeigen, daß der Autor diesen Gedanken tatsächlich gedacht hat. Andernfalls gebrauchen wir die Bibel nicht, sondern wir mißbrauchen sie."[2]

Obwohl es für jeden Abschnitt der Bibel *viele Anwendungen* geben kann, gibt es immer nur *eine Bedeutung* (richtige Interpretation).

Esoterische Interpretation

An dieser Stelle wird der New Ager möglicherweise nach verschiedenen Fluchtwegen suchen. Vielleicht wird er sagen, daß er die tiefere oder „esoterische" Bedeutung der Schrift sieht. In dem Buch *The Planetary Commission* gibt uns John Randolph Price seine „Interpretation" von Johannes 14,6, einer entscheidenden Stelle über die Einzigartigkeit Jesu Christi. Price sagt, ihm sei beim Meditieren die Erkenntnis gekommen, daß, „als Jesus sagte ‚Ich bin der Weg', es nicht seine Persönlichkeit war, die sprach. Es war die

Hohe Seele, das Christus-Bewußtsein, das, was ‚Ich bin'. Und als er sagte ‚Niemand kommt zum Vater denn durch mich', war auch das die Stimme des Spirituellen Ich."[3]

Nach der Interpretation von J.R. Price schloß sich der Mensch Jesus an das universelle und unpersönliche „Christus-Bewußtsein" an. Weiter sagt Price, auch er sei ein Teil dieses Christus-Bewußtseins; es ist „das, was ‚Ich bin'" (Pantheismus). So stellt er den Text auf den Kopf. Seine Schlußfolgerung ist, daß wir in uns selbst schauen müssen, um unser „absolutes Selbst"[4] zu finden, anstatt auf Christus zu schauen, der außerhalb von uns selbst ist.

Wenn wir uns den Vers jedoch im Zusammenhang ansehen, stellen wir fest, daß der Jünger Thomas Jesus gefragt hatte: „Herr, wir wissen nicht, wo du hingehst; wie können wir den Weg wissen?" (Johannes 14,5). Jesus antwortete: „Ich bin der Weg und die Wahrheit und das Leben; niemand kommt zum Vater denn durch mich" (V. 6). Prices meditativ gewonnener Einsicht zum Trotz spricht Jesus eindeutig von sich selbst, von seiner Persönlichkeit, als dem einen und einzigen Christus und dem einen und einzigen Weg zum Vater. Da es keinerlei Anzeichen gibt, die dem widersprechen würden, sollten wir die Worte *ich* und *mich* in ihrer klaren, einfachen Bedeutung auffassen! An anderer Stelle sagt Jesus, er sei die „Tür", und „wenn jemand durch mich hineingeht, wird er selig werden" (Johannes 10,9). Wer behauptet, daß Jesus von einem „Christus-Bewußtsein" spricht, liest eine Bedeutung in den Text hinein, die nicht darin enthalten ist. Gordon Lewis kommentiert: „Wer in ein Stück Literatur ‚Schlüsselgedanken' einfügt, von denen der Autor nichts wußte, der zerstört die beabsichtigte Bedeutung."[5]

Price jedoch versucht, sich Glaubwürdigkeit zu verschaffen, indem er die Bibel so verdreht, daß sie seine New-Age-Gedanken stützt. Es ist auch interessant festzustellen, daß Price nur selten die Bibelstelle angibt, die er gerade fehlinterpretiert. Das ist auch bei anderen New-Age-Autoren üblich, die auf diese Weise dem mit der Bibel nur vage vertrauten Leser den Eindruck vermitteln, ihre Ansichten seien biblisch. Ohne eine Konkordanz zu Rate zu ziehen (etwas, wovon sie vermutlich noch nie gehört haben), sind die Leser außerstande, an der zitierten Stelle nachzuschlagen. Kein Wunder, denn mit etwas gesundem Menschenverstand könnte das Nachlesen eines Textes in seinem ursprünglichen Zusammenhang Price leicht theologisch bloßstellen.

Die „esoterische" Interpretation wird dadurch unbrauchbar, daß über sie nicht rational *argumentiert* werden kann; man kann nur *behaupten:* „Das meinte Jesus *wirklich*" oder „Das ist die tiefere Bedeutung". Wenn wir danach fragen, warum wir dieser Interpretation anhand des gegebenen Textes glauben sollten, wird die Antwort vermutlich lauten: „Sie werden es wissen, wenn Sie auf einer höheren spirituellen Stufe stehen." Das ist eine irrationale Ausflucht und keine intelligente Auskunft. Der rationale Ausleger sagt: „Ich interpretiere es so. Ich schaue mir die Grammatik an, den literarischen Kontext, den kulturellen Hintergrund, die klare Bedeutung der gebrauchten Worte und den Gesamtzusammenhang der Schrift. Ich bin offen für Korrektur, wenn – und nur wenn – Sie mir am Text selbst nachweisen, daß ich falsch liege." Für den rationalen Ausleger ist Diskussion möglich, ohne irgendeine mystische Erleuchtung, die keinerlei konkreten Inhalt hat, zu benötigen. James Sire kommentiert, „der Schlüssel zum Irrtum der esoterischen Interpretation" bestehe darin, „daß sie völlig privat ist. Es gibt keine Möglichkeit, sie zu überprüfen. Es gibt keine Möglichkeit zu entscheiden, ob das aus der Esoterik hervorgehende Gedankengebäude tatsächlich zutrifft, oder ob es nichts als ein Phantasiegebilde des Esoterikers ist – oder schlimmer: eine unmittelbare Unterschiebung vom Vater der Lüge."[6]

Peter Kreeft führt über den Irrtum der „esoterischen Interpretation" weiter aus:

„Es stimmt, daß die östlichen Religionen esoterisch sind, die westlichen sind es aber nicht; sie sind Religionen eines

Buches, einer öffentlichen Offenbarung. Esoterisches Christentum ist eine reine Erfindung derer, die dem modernen Trend zum Orient anhängen. Es gibt dafür weder in der Bibel noch in der christlichen Überlieferung eine Grundlage. Es ist eine Hypothese, die dazu erfunden wurde, ein Dogma zu retten; eine Rationalisierung. Doch selbst wenn es wahr wäre, könnte es doch nicht wahr sein; es widerspricht sich selbst. Denn es würde aus Christus nicht einen Guru, sondern einen Narren machen, weil seine esoterische Lehre seine Anhänger dann gerade von der [angeblichen] Wahrheit (Pantheismus) weggeführt hätte."[7]

Mit anderen Worten, wenn die esoterischen Ausleger recht hätten, wäre Jesus kein besonders guter Lehrer gewesen, da seine ausdrücklichen Lehren seine Jünger dazu veranlaßten, gerade das Gegenteil von dem zu glauben, was die esoterischen Ausleger seinen Worten entnehmen. Wenn wir Jesus als einen geistlichen Meister verehren sollen, wie es New Ager zu tun behaupten, müssen wir ihn bei seinem Wort nehmen (weiter unten mehr darüber).

Außerdem würde sich der esoterische Bibelausleger stark dagegen wehren, wenn ein orthodoxer Christ die mystischen Texte des Ostens esoterisch interpretieren würde. Wenn ich die heiligen Bücher der Hindus lesen und dann zu dem Schluß kommen würde, daß alle Erwähnungen Brahmans (des unpersönlichen, pantheistischen Gottes) sich in Wirklichkeit auf den Gott Abrahams, Isaaks und Jakobs (den persönlichen, transzendenten Gott der Bibel) beziehen, würde mich der New Ager mit Recht tadeln. Denn damit würde ich die *objektive* Bedeutung der Texte verdrehen entsprechend meinem *subjektiven* Wunsch, Dinge in sie hineinzulesen, die einfach nicht darin enthalten sind. Wenn New Ager ob solcher Albernheit Protest erheben, sollten sie ebenso sich selbst ähnlicher Manipulationen mit der Bibel enthalten. Auch hier gilt die Goldene Regel: Interpretiere die Texte anderer so, wie du möchtest, daß sie deine interpretieren.

Die Bibel selbst ermahnt ihre Leser, sie richtig zu interpretieren. Sie ist wie ein Bedienungshandbuch, auf dem steht: „Achtung! Lesen Sie die Anleitung sorgfältig!" Der Prophet Jeremia war von Gott dazu berufen, gegen den religiösen Abfall seiner Zeit zu prophezeien. Denen, die das Gesetz Gottes bewahren sollten, stellte er die rhetorische Frage: „Wie könnt ihr sagen: ‚Wir sind weise und haben das Gesetz des HERRN bei uns'? Ist's doch lauter Lüge, was die Schreiber daraus machen. Die Weisen müssen zuschanden, erschreckt und gefangen werden; denn was können sie Weises lehren, wenn sie des HERRN Wort verwerfen?" (Jeremia 8,8-9).

Jesus wies einige der religiösen Führer seiner Zeit (die Sadduzäer) zurecht, weil sie versucht hatten, ihn mit einer Frage über die Auferstehung der Toten aufs Glatteis zu führen. Er begann seine Antwort, indem er sagte: „Ihr irrt, weil ihr weder die Schrift kennt noch die Kraft Gottes" (Matthäus 22,29), und fuhr dann fort, ihren Einwand zu entkräften. Auch die Pharisäer und Gesetzeslehrer tadelte Jesus streng, weil sie menschliche Traditionen an die Stelle der Weisungen Gottes in der Bibel rückten (Matthäus 15, 1-9).

Als der Apostel Petrus sich einmal über Paulus äußerte, warnte er davor, daß manche „Unwissenden und Leichtfertigen" dessen Schriften verdrehten, „wie auch die anderen Schriften, zu ihrer eigenen Verdammnis" (2. Petrus 3,16). Der Mißbrauch des Wortes Gottes ist eine geistliche Gefahr. Paulus selbst verteidigte seinen Dienst, indem er erklärte: „Wir ... gehen nicht mit List um, fälschen auch nicht Gottes Wort", wie es die falschen Lehrer in Korinth taten (2. Korinther 4,2).

In den Sprüchen heißt es, daß sogar Weisheit verzerrt werden kann: „Wie einem Gelähmten das Tanzen, so steht dem Toren an, von Weisheit zu reden. ... Ein Spruch in eines Toren Mund ist wie ein Dornzweig in der Hand eines Trunkenen" (Sprüche 26,7+9).

Der geschickteste Falschausleger des Wortes Gottes ist

Gottes Feind, der Teufel selbst. Nachdem Jesus durch den Geist in die Wildnis geführt worden war, um zu fasten und zu beten, führte ihn der Teufel in Versuchung, seinem himmlischen Vater ungehorsam zu sein. Die Methode des Versuchers bestand in der Falschinterpretation: In der Hoffnung, Gottes Wort gegen Gottes Sohn gebrauchen zu können, konfrontierte er den Erlöser mit zwei aus dem Zusammenhang gerissenen Bibelstellen. Jesus aber wußte es besser (Matthäus 4,1-11) und stützte sich auf das wirkliche geschriebene Wort. Das sollten auch wir tun.

Die Vertrauenswürdigkeit der Bibel

Der zweite Fluchtweg, den der New Ager möglicherweise einschlagen wird, ist der Einwand: „Man kann der Bibel nicht wirklich vertrauen. Sie wurde vor so langer Zeit geschrieben und ist schon so oft übersetzt worden." New Ager verlassen sich oft stärker auf ihre Erfahrung als auf historische Überlegungen, aber wenn sie Anstalten machen, die Bibel aus historischen Gründen zurückzuweisen, sollten dagegen auch historische Argumente geltend gemacht werden. Viele, die diesen Einwand erheben, plappern nur Vorurteile nach. Es klingt wie ein leichter Ausweg – freilich nur, solange man diesen nicht durchdenkt und die Beweise prüft.

Zunächst stützen sich die New Ager selbst bei vielen ihrer Gedanken auf antike Texte oder verweisen darauf. Anhänger der Reinkarnation berufen sich darauf, daß sie in den hinduistischen Schriften und anderen antiken Texten gelehrt werde. Es scheint also, daß die Tatsache allein, daß die Bibel vor langer Zeit geschrieben wurde, noch nicht ausreicht, um sie abzulehnen, es sei denn, der New Ager wollte ebenso alle anderen antiken Dokumente vom Tisch fegen, die gebraucht werden, um New-Age-Lehren zu stützen. So manches Gerede über „*alte* Weisheit" müßte dann verstummen.

Zweitens ist es ebenso unlogisch, die Bibel einfach deswegen abzulehnen, weil wir sie als Übersetzung aus anderen Sprachen lesen. Wenn wir alle übersetzten Werke als unzuverlässig zurückweisen würden, müßten wir auf Hunderte von Autoren und religiösen Texten verzichten, einschließlich vieler, die in New-Age-Kreisen hochgeschätzt sind. Eine vollkommen exakte Übersetzung mag schwierig zu bewerkstelligen sein, doch unmöglich ist sie nicht. Die amerikanische Bibelübersetzung „New International Version" zum Beispiel wurde von einem Team erstklassiger Wissenschaftler erstellt, die während einer Reihe von Jahren daran arbeiteten. Und da diese Wissenschaftler Christen waren, die glaubten, daß die Bibel Gottes Wort an uns ist, verwandten sie die größte Sorgfalt darauf, den Text akkurat zu übersetzen. Sie wollten ihren Gott, den Gott, vor dem sie verantwortlich sind, nicht falsch darstellen.[8]

Drittens haben wir heute Zugang zu vielen verschiedenen Bibelübersetzungen. Mit Ausnahme der wenigen Übersetzungen, die von Nicht-Wissenschaftlern fabriziert wurden, um unbiblisches Gedankengut zu verbreiten (wie etwa die „Neue-Welt-Übersetzung" der Wachtturm-Gesellschaft)[9], sind sie sich in ihrer Aussage einig. Die überwältigende Mehrheit der Unterschiede zwischen den einzelnen Übersetzungen betrifft Fragen des Stils, nicht des Inhalts.[10]

Viertens gibt es für die historische Genauigkeit des Neuen Testamentes mehr Beweismaterial als für irgendein anderes Werk der antiken Literatur. Obwohl ich dies nur mit ein paar groben, aber deutlichen Strichen skizzieren kann, ist es möglich nachzuweisen, daß das Neue Testament drei entscheidende Prüfungen im Hinblick auf die historische Glaubwürdigkeit besteht: die bibliographische, die interne und die externe Prüfung.

Die *bibliographische Prüfung* stellt die Fragen, (a) wie viele Handschriften wir von einem Dokument besitzen und (b) wie groß der zeitliche Abstand zwischen den vorhandenen Handschriften und der ursprünglichen Abfassung der Texte ist. Wenn es auch immer noch ein wohlgehütetes

Geheimnis ist, so ist doch das Neue Testament durch die hohe Zahl der vorhandenen Handschriften (über 5.000) hervorragend dokumentiert, viel besser als andere Werke der antiken Literatur.[11] Durch neuere Entdeckungen alter Dokumente stehen den Bibelwissenschaftlern für ihre Arbeit heute mehr Handschriften zur Verfügung als vor zweihundert Jahren. Paradoxerweise haben wir also immer mehr frühe Dokumente, je weiter wir zeitlich von Christi Lebzeiten entfernt sind![12]

Auch der zeitliche Abstand zwischen der ursprünglichen Abfassung und den ältesten vorhandenen Abschriften ist mit Handschriften, die nicht später als um das Jahr 120, 200 und 350 n. Chr. entstanden sind, sehr kurz. Auch hier läßt das Neue Testament andere antike Texte – mit durchschnittlichen Zeitabständen von tausend Jahren – im Dunst der Geschichte zurück.[13]

Was die *internen Beweise* angeht, so beansprucht das Neue Testament, von Augenzeugen oder solchen, die ihre Schriften unmittelbar auf die Aussagen von Augenzeugen stützen, verfaßt zu sein (Lukas 1,1-4; Hebräer 2,3; 2. Petrus 1,16; 1. Johannes 1,1 usw.). Stil und Inhalt der Dokumente bieten keinen Hinweis auf Betrug oder Täuschung. Die Verfasser hätten nichts zu gewinnen, aber viel dadurch zu verlieren gehabt, daß sie eine neue Religion erfunden hätten, der das Judentum so prompt und gewaltsam Widerstand leistete. Paulus, von dem mehr Bücher des Neuen Testamentes stammen als von irgend jemandem sonst, nahm für seinen Glauben große Leiden auf sich (2. Korinther 11,23-29) und erklärte, der christliche Glaube sei sinnlos, wenn Christus nicht von den Toten auferstanden sei (1. Korinther 15,17). Die Urgemeinde appellierte an die eigene Kenntnis der Ungläubigen von den Ereignissen (Apostelgeschichte 2,22), und Paulus konnte selbstbewußt erklären, daß über fünfhundert Menschen den auferstandenen Christus gesehen hatten und daß viele von ihnen zu der Zeit, als Paulus schrieb, noch am Leben waren (1. Korinther 15,6). Die Berichte wollen als glaubwürdige historische Dokumente gelesen werden, nicht als Mythen.[14] Zudem sind die Schriften des Neuen Testamentes bei vorsichtiger Datierung durchweg vor 95 n. Chr. anzusetzen, möglicherweise sogar vor 70 n. Chr., also sehr nah an den Ereignissen, über die sie berichten.[15]

Auch durch das *externe Beweismaterial* aus der Archäologie und den Schriften außerbiblischer Historiker erhält das Neue Testament eine kräftige Bestätigung. Der jüdische Historiker Josephus, die römischen Historiker Tacitus und Sueton, der griechische Satiriker Lukian und andere bezeugen die Historizität Christi und vieler Ereignisse, die im Neuen Testament geschildert werden.[16] Ebenso bestätigen angesehene Archäologen wie William F. Allbright, Sir William Ramsay und andere die historische Zuverlässigkeit der neutestamentlichen wie auch der alttestamentlichen Schriften.[17]

Schließlich ist es – wenn wir einmal voraussetzen, daß es einen persönlichen Gott gibt, der Interesse daran hat, sich uns, seinen nach seinem Bild erschaffenen Geschöpfen, wahrhaftig mitzuteilen – auch nicht unvernünftig, daran zu glauben, daß Gott für seine Zwecke und zu unserem Besten durch seine Macht sein Wort unverfälscht bewahrt.[18]

Angesichts all dessen sind die angeblichen Offenbarungen über „die verborgenen Jahre Jesu", in denen Jesus im Fernen Osten nach Erleuchtung gesucht haben soll, kaum ernst zu nehmen. Diese Offenbarungen sind im allgemeinen aus Quellen zusammengestellt, von denen eine exotischer (und irrtümlicher) als die andere ist, und die behaupten, die biblischen Berichte über Jesus seien alle falsch und übergingen seine Reisen in den Osten. Sollte irgendein angeblicher Bericht über das Leben Jesu bekannt werden, soll er zeigen, ob seine historische Glaubwürdigkeit den Vergleich mit der der Heiligen Schrift aushält. Widerstreitende Berichte dürften da einen schweren Stand haben.

Obwohl es seit langem widerlegt ist, ist das „Unbekannte Leben Christi" immer noch im Umlauf und stiftet Verwirrung. Das ursprünglich 1894 in Frankreich veröffentlichte

Buch des Russen Nicolas Notovitch spricht von einer alten indischen Handschrift mit dem Titel „Das Leben des Issa“, das von Jesu Dienst in Palästina und seiner angeblichen Reise nach Indien handelt. In einem Artikel des Magazins *Heart* mit dem Titel „Thc Lost Years of Jesus“ wird behauptet, diese Entdeckung werde „die Grundfesten der modernen Christenheit erschüttern“.[19]

Zum Unglück für die Bibelrevidierer des New Age ist dieses östliche „Evangelium“ durch nichts belegt außer durch eine blühende Phantasie. Der bekannte Bibelwissenschaftler Edgar Goodspeed kommentiert, das „Leben des Issa“ sei „im ganzen als antikes Dokument ... völlig unglaubwürdig. Es liest sich mehr wie ein journalistischer Versuch, zu beschreiben, was hätte geschehen können, wenn Jesus in seiner Jugend Indien und Persien besucht hätte, und wie ein moderner Kosmopolit sich vorstellt, was Jesus während seines Dienstes in Palästina getan und gesagt habe.“[20] Das interne Beweismaterial kann nicht überzeugen.

Hinzu kommt, daß es für die Authentizität des „Lebens des Issa“ keinerlei bibliographisches Beweismaterial gibt. Angeblich hat Notovitch das, was ein Lama vorlas, so niedergeschrieben, wie er es von einem Dolmetscher hörte. Er selbst räumte jedoch ein, daß die Handschrift nie von einem unabhängigen Wissenschaftler entziffert und übersetzt wurde.[21] Tatsächlich ist überhaupt keine Handschrift aufzufinden, wie Notovitch zugab.[22] Wenn er nicht selbst getäuscht wurde, war er ein Betrüger, und Goodspeed führt gute Gründe an, die dies nahelegen.[23]

Aber ob er nun ein Betrüger oder ein Betrogener war, sein „Unbekanntes Leben Christi“ hält den Vergleich mit dem Neuen Testament als zuverlässiger Bericht über das Leben Jesu nicht aus; genausowenig wie andere angebliche Evangelien außer denen von Matthäus, Markus, Lukas und Johannes.[24] Nicht umsonst haben diese dem Zahn der Zeit unbeschadet standgehalten.

Reinkarnation in der Bibel?

Manchmal wird ein New Ager versuchen, der Bibel eine New-Age-Lehre zu entlocken, ohne dabei Zuflucht zur Esoterik zu nehmen. Zum Beispiel sagen New Ager häufig, die Bibel lehre die Reinkarnation, und das trotz der unübersehbaren Tatsache, daß es einen qualitativen Unterschied zwischen der Reinkarnationslehre und der biblischen Lehre der Auferstehung gibt. James Sire drückt das so aus: „Reinkarnation ist die aufeinanderfolgende Verkörperung der Seele in einer Reihe verschiedener sterblicher Körper; Auferstehung ist die Verwandlung des sterblichen Körpers eines Menschen in einen unsterblichen Körper."[25] Wir sollten hinzufügen, daß Reinkarnation als fortlaufender Prozeß verstanden wird, während die Auferstehung ein einmaliges und endgültiges Ereignis ist. Zudem bestimmt der allmächtige Herr den Zeitpunkt und die Art und Weise der Auferstehung, während der entscheidende Faktor bei der Reinkarnation ein unpersönliches Gesetz des Karma oder die körperlose Seele selbst ist.

Die deutliche Aussage der Bibel, daß wir nur ein Leben haben, in dem wir durch Christus unseren Frieden mit Gott machen können (Hebräer 9,27), steht in totalem Widerspruch zu der Lehre, wir hätten eine unbegrenzte Zahl von Möglichkeiten (Inkarnationen) für unsere geistliche Entwicklung. Während die Bibel sagt: „Heute, wenn ihr seine Stimme hören werdet, so verstockt eure Herzen nicht" (Hebräer 3,7-8), erklärt die Reinkarnationslehre: „Ihr habt jede Menge Zeit, eure innere Stimme zu hören und euch zu erlösen."

In dem Versuch, die Reinkarnation mit der Bibel zu begründen, berufen sich New Ager auf eine Reihe von Stellen; wir werden jedoch hier nur auf die wichtigsten Bezug nehmen – denn wenn diese Texte den New-Age-Standpunkt schon nicht erhärten, dann wird es wohl auch kein anderer tun.[26]

An verschiedenen Stellen der Bibel sagt Jesus, Johannes

der Täufer sei Elia. In Matthäus 11 unterrichtet er seine Jünger über den asketischen Propheten und Wegbereiter Christi: „Und wenn ihr's annehmen wollt: er ist der Elia, der da kommen soll“ (V. 14; vgl. Markus 9,11-14). In ihrem Buch *It's All in the Playing* bezieht sich Shirley MacLaine auf eine ähnliche Aussage in Matthäus 17 (auf die wir noch eingehen) und sagt: „Als ich diese Verse im Matthäus-Evangelium las, war mir klar, daß Jesus und seine Jünger über Reinkarnation redeten. Sie sagten, Johannes der Täufer habe in einer früheren Inkarnation als Elia gelebt.“[27]

Oberflächlich betrachtet scheinen diese Verse tatsächlich die Reinkarnation zu lehren: Elia war als Johannes der Täufer zurückgekehrt. Hat nicht Jesus selbst das gesagt? Es sprechen jedoch mehrere Faktoren gegen diese Schlußfolgerung.

Erstens stellen wir fest, wenn wir den Bericht über den Abschied des Propheten Elia von der Erde in 2. Könige 2,9-18 zu Rate ziehen, daß er niemals starb, sondern körperlich in den Himmel aufgenommen wurde. Das war im Israel der Zeit Jesu allgemein bekannt, woraus sich erklärt, warum viele auf das Kommen des Elia warteten. In der normalen Reinkarnationstheorie jedoch muß erst jemand sterben, damit sich seine Seele von seinem Körper lösen und sich dann in einem anderen Körper inkarnieren kann. Da Elia niemals starb, konnte er sich auch nicht reinkarnieren. In Matthäus 17 wird dies kristallklar. Jesus nahm Petrus, Jakobus und Johannes mit auf einen hohen Berg. „Und er wurde verklärt vor ihnen, und sein Angesicht leuchtete wie die Sonne, und seine Kleider wurden weiß wie das Licht. Und siehe, da erschienen ihnen Mose und Elia; die redeten mit ihm“ (V. 2-3).

Wir müssen uns daran erinnern, daß zu dieser Zeit Johannes der Täufer bereits gelebt hatte und gestorben war. Wäre er eine Reinkarnation Elias gewesen, dann hätte Elia nicht mit Mose auf dem Berg der Verklärung erscheinen können. Deshalb kann Johannes der Täufer keine Reinkarnation Elias gewesen sein.

Mancher wird an diesem Punkt einwenden, daß es in dem Bericht von der Verklärung nicht um die wirklichen Persönlichkeiten Moses und Elias geht, sondern um eine Art Halluzination. Aber der Text berichtet, daß Jesus tatsächlich vor ihren Augen verklärt wurde, daß Mose und Elia erschienen und mit ihm sprachen (Lukas 9,31 fügt hinzu, daß sie über seinen bevorstehenden Tod sprachen) und daß der Vater Jesus als seinen Sohn bezeichnete (Matthäus 17,5). Dieses Ereignis läßt sich nicht ohne weiteres in auf Halluzinationen beruhende und geschichtliche Elemente zerlegen. Aus dem Zusammenhang geht zwingend hervor, daß Mose (der das alttestamentliche Gesetz repräsentierte) und Elia (der die Propheten repräsentierte) auf dem Berg mit Jesus sprachen. Jesus murmelte nicht vor sich hin. Mose, Elia und Jesus waren allesamt *objektiv* dort, wie Petrus, Jakobus und Johannes wirklich beobachteten. Petrus war sich ihrer persönlichen Anwesenheit so sicher, daß er dem Wunsch Ausdruck gab, Hütten für sie zu bauen (V. 4).[28]

Mancher wird dem entgegenhalten, daß die Luther-Übersetzung diese Begebenheit als „Erscheinung“ bezeichnet (V. 9); daher sei sie nicht als objektiv aufzufassen. In der modernen Übertragung „Hoffnung für alle“ jedoch wird „Erscheinung“ durch „was ihr gesehen habt“ ersetzt, und das aus gutem Grund, denn das betreffende griechische Wort, *horama,* läßt sich am besten als etwas verstehen, das mit den Augen gesehen wird, nicht als Halluzination.[29]

Dem wäre das eigene Bekenntnis Johannes des Täufers hinzuzufügen, er sei nicht im buchstäblichen Sinn Elia (Johannes 1,21). Er war weder die Reinkarnation des Elia noch der ursprüngliche Elia inkognito.

Dieser Gedanke hilft uns, Jesu Aussage, Johannes sei Elia, zu verstehen. Jesus sprach von der Funktion oder dem Amt Johannes des Täufers als Prophet, nicht von seiner eigentlichen Identität als Person. 2. Könige 2 veranschaulicht diese Unterscheidung. Bevor Elia „im Wetter gen Himmel“ geholt wurde (V. 1), bat ihn sein Schützling Elisa darum, daß ihm „zwei Anteile von deinem Geiste zufallen“ (V. 9).

Diese Bitte wurde erfüllt, wie sich an der Reaktion der Prophetenjünger zeigt, die sagten: „Der Geist Elias ruht auf Elisa" (V. 15). Elisa bat den Herrn um den prophetischen Geist des Elia und erhielt ihn auch. Auch er wurde ein Prophet. Er war aber sicherlich keine Reinkarnation des Elia – ebensowenig wie Johannes der Täufer.

Ein Abschnitt in Lukas 1 verdeutlicht dies. Der Engel des Herrn erschien dem Zacharias im Tempel und prophezeite ihm über den Dienst Johannes des Täufers. Er sagte: „Und er wird vor ihm [dem Herrn] hergehen im *Geist* und in der *Kraft* Elias, zu bekehren die Herzen der Väter zu den Kindern und die Ungehorsamen zu der Klugheit der Gerechten, zuzurichten dem Herrn ein Volk, das wohl vorbereitet ist" (V. 17). Auf diese Weise würde Johannes die Prophezeiung aus Maleachi 4,5-6 erfüllen. „Der Geist und die Kraft Elias" bedeutete, daß er das gleiche Amt und die gleiche Funktion wie Elia haben und daher *in diesem Sinne* Elia sein würde.

Angesichts des biblischen Zusammenhangs und der Treue Jesu gegenüber der Schrift (Matthäus 5,17-20; Johannes 10,35) ist es ausgeschlossen, daß er gemeint hat, Johannes der Täufer sei die Reinkarnation des Elia; ebensowenig wie er meinte, alle Christen seien buchstäblich nach dem Blut seine Brüder, Schwestern oder Mütter, als er sagte: „Denn wer den Willen tut meines Vaters im Himmel, der ist mein Bruder und meine Schwester und meine Mutter" (Matthäus 12,50). Eine „Dies-ist"-Aussage (Identifikation) kann metaphorisch zu verstehen sein, und in diesem Fall ergibt die metaphorische Interpretation im Licht der ganzen Bibel am ehesten einen Sinn. John Snyder schlägt eine erläuternde Umschreibung des Abschnitts in Matthäus 11,14 vor: „Das, was nach eurer Erwartung in der Person des Elia vollbracht werden sollte, wurde tatsächlich in der Person Johannes des Täufers erfüllt."[30]

Das widerspricht nicht dem Gedanken, daß Johannes der Täufer einen Dienst tat, der dem des Elia so ähnlich war, daß er in gewissem Sinne Elia genannt werden konnte. Die

Art und Weise, wie wir heute Spitznamen verwenden, veranschaulicht dies. Wenn uns zum Beispiel ein junger Baseballspieler namens John Jones mit seinem Bombenschlag an den legendären Babe Ruth erinnert, nennen wir ihn vielleicht „Babe“ Jones oder einfach „den Babe“. Er schlägt „im Geist und mit der Kraft“ von Babe, aber deswegen ist er nicht Babe selbst.

Darüber hinaus lehren viele Abschnitte der Bibel deutlich die Auferstehung statt die Reinkarnation.[31] Als Jesus beschreibt, wie Gott die Schafe von den Böcken scheidet, sagt er: „Und sie werden hingehen: diese zur ewigen Strafe, aber die Gerechten in das ewige Leben“ (Matthäus 25,46). Das Buch Daniel sagt: „Und viele, die unter der Erde schlafen liegen, werden aufwachen, die einen zum ewigen Leben, die anderen zu ewiger Schmach und Schande“ (Daniel 12,2). Diejenigen, die Christus als Erlöser annehmen, werden für immer mit ihm leben; diejenigen, die nicht aufhören, gegen Gott zu rebellieren, werden eine ewige Strafe erleiden.

Der New Ager sollte ehrlich sein und zugeben, daß die biblische Lehre von der Auferstehung mit der New-Age-Lehre unvereinbar ist, anstatt der Täuschung zu erliegen, die Reinkarnationslehre sei im Einklang mit der Bibel. Dann wird wenigstens der wirkliche Unterschied der Auffassungen sichtbar, anstatt dadurch verschleiert zu werden, daß man mit der offenbarten Wahrheit in esoterisch leichtfertiger Weise Verstecken spielt.

Reinkarnation und die Verschwörungstheorie über die Bibel

Manchmal wenden New Ager ein, die Reinkarnationslehre sei ursprünglich in der Bibel enthalten gewesen, aber später ausgemerzt worden. Diese Zensur wurde angeblich von manipulierenden Kirchenvertretern vollzogen, die befürchteten, die Lehre vom vielfachen Leben könne ihre Macht über die Massen verringern, die wiederum glaubten, sie müßten in ihrem einen Leben der Kirche gehorchen, um den Himmel zu erlangen und der Hölle zu entgehen.

Diese Behauptung ist in New-Age-Kreisen zu einem Gemeinplatz geworden. Sie wird häufig als selbstverständlich vorausgesetzt. Auf Ruth Montgomerys Version dieser Theorie habe ich bereits in Kapitel 1 hingewiesen. Lassen Sie mich als weiteres Beispiel Kenneth Rings beiläufige Bemerkung in seinem Buch *Heading toward Omega* anführen: „Obwohl die frühen Kirchenväter Spielarten dieser Lehre akzeptierten und verkündigten, wurde die Reinkarnation im 6. Jahrhundert für häretisch erklärt und aus der christlichen Dogmatik ausgemerzt.“[32] Rings völlig undokumentierte Bemerkung ist nur ein Beispiel für die nonchalante Art, in der viele Autoren die Geschichte umschreiben, ohne viel – oder auch nur ein wenig – darüber nachzudenken.

Von der Ansicht, die Zusammenstellung der Bibel sei durch eine Art „Verschwörung“ zustande gekommen, gibt es mehrere phantasievolle Fassungen. Nach einer davon wurde die Reinkarnation auf dem Konzil von Nizäa (325 n. Chr.) aus der Bibel getilgt; eine andere sagt, sie sei auf dem Zweiten Konzil von Konstantinopel (553 n. Chr.) herausgestrichen worden. Manche sagen, die Kirche habe alle Schriften, die die Reinkarnation lehrten, völlig vernichtet; nach der Meinung anderer wurden sie nur abgelehnt. Die wirkliche Verschwörung jedoch scheint eher eine Verschwörung der Unwissenheit – wenn nicht von Schlimmerem – auf seiten des New-Age-Standpunktes zu sein.

Bevor wir das historische Material zu Rate ziehen, sollten wir zunächst die Grundlage der Verschwörungstheorie hinterfragen. In *Out on a Limb* berichtet Shirley MacLaine, ihr Freund David habe sie auf den Gedanken gebracht, es sei „zum Vorteil der Kirche gewesen, das Volk vor der ganzen Wahrheit ... der Verantwortlichkeit jeder einzelnen Seele für ihr Verhalten durch die Erkenntnis der eigenen Göttlichkeit zu ‚schützen‘“.[33] Davids Behauptung springt also gleich zu den angeblichen Motiven der manipulierenden Kirchenvertreter, anstatt sich zunächst mit den Tatsachen zu beschäftigen. Dies ist ein deutliches Beispiel dafür, wie auf Kosten der historischen Wahrheit psychologisiert wird.

Hätte die frühe Kirche – die man sich offenbar aus irgendeinem Grund als durch die Bank weg betrügerisch vorzustellen hat – die unwissenden Massen kontrollieren wollen, so hätte sie genauso leicht die Reinkarnationslehre zu diesem Zweck gebrauchen können. Tatsächlich ist genau das in Indien jahrhundertelang geschehen. Das ganze Kastensystem basierte auf der Reinkarnation: Man glaubte, die Menschen würden entsprechend ihrem guten oder schlechten Karma ihrer jeweiligen Kaste zugeordnet. Wurde jemand als Brahmane (Angehöriger der obersten Kaste) geboren, dann hatte er das verdient und konnte in diesem Leben nicht herabgestuft werden; wurde jemand als Unberührbarer geboren, so hatte er eben das verdient und konnte in diesem Leben nicht befördert werden. Soziale Mobilität war innerhalb der jeweiligen Lebensspanne unmöglich. Die Brahmanen herrschten, andere gehorchten. Auch wenn eingeräumt wurde, daß sowohl die Brahmanen als auch die Unberührbaren im innersten Wesen Gott seien, wurden sie doch als auf verschiedenen Stufen der Gotteserkenntnis stehend angesehen. Reinkarnation muß also nicht unbedingt die Gleichrangigkeit der Menschen stützen; in der Geschichte hat sie das bisher selten getan.

Die Reinkarnationslehre läßt sich leicht dazu benutzen, die Massen zu unterdrücken. Die Theorie, die Kirche habe die Reinkarnation aus der Bibel getilgt, um die Massen besser kontrollieren zu können, verliert daher viel von ihrem Gewicht. Die Kirche hätte ebenso viel Macht ausüben können, wenn sie die Reinkarnation gelehrt hätte – immer vorausgesetzt, sie hätte nur böswillige Absichten gehabt. Die angebliche Notwendigkeit, die Reinkarnation auszumerzen, läßt sich also bei genauerer Untersuchung nicht aufrechterhalten.

Hinzu kommt, daß die biblischen Texte, die in den Kanon

aufgenommen wurden, die Freiheit verkünden, die das Evangelium dem Menschen verleiht: Sie lehren, daß jeder von neuem geboren werden und sich des Himmels sicher sein kann, indem er einfach an Jesus Christus glaubt, unabhängig von jeglicher Autorität der Kirche. Leider ging diese Lehre später weitgehend unter, und die Bibel selbst wurde für viele Menschen unzugänglich. Wäre jedoch die Überlegung, welche Texte die Massen am wirksamsten dem Joch der Kirche unterworfen hätten, der Leitgedanke bei der Zusammenstellung der Bibel gewesen, dann hätte eine Schrift wie der Galaterbrief niemals überleben können! Hier betont nämlich Paulus, daß die Erlösung auf dem Glauben an Jesus Christus beruht, nicht auf dem Gehorsam gegenüber dem Gesetz. Die Erlösung ist nicht abhängig von irgendeiner menschlichen Institution, sondern allein von Gott, der sie freigiebig allen Menschen anbietet. Allen New-Age-Verschwörungstheorien zum Trotz gibt es keinen Grund anzunehmen, es sei den Leitern der frühen Kirche nur darum gegangen, alles zu unterdrücken, was ihre Macht gefährden konnte.

Wenn die Kirche so fest entschlossen war, die Bibel von allem, was auch nur nach Reinkarnation aussah, zu reinigen, warum hätte sie die Aussage Jesu, Johannes der Täufer sei Elia, übersehen sollen? Wir haben gezeigt, daß diese Stelle in Wirklichkeit nicht die Reinkarnation lehrt, doch auf den ersten Blick (oder auf einen voreingenommenen zweiten Blick) sieht es so aus, als ob sie es täte. Wenn es den Kirchenvätern darum gegangen wäre, alles, was auch nur entfernt nach Reinkarnation aussah, herauszustreichen, dann wäre dies sicher die erste Stelle gewesen, die sie vernichtet hätten! Aber sie taten es nicht.

Steht schon die wichtigste Begründung für die „Verschwörungstheorie“ auf solch schwachen Füßen, so erweist sich die historische Beweislage als noch problematischer. In gewissem Sinne ist alles, was spätere Kirchenkonzile über die Bibel beschlossen, unwesentlich, da wir, wie John Snyder herausstellt, „unmittelbar die ältesten Texte zu Rate ziehen können, in denen das Evangelium für uns festgehalten ist. Diese Texte, die die ältesten erhaltenen Handschriften in griechischer Sprache sind, zeigen, daß die Wahrheiten des Glaubens älter sind als alle mittelalterlichen Ansätze zu einer Revision. Viele dieser Manuskripte sind *älter* als die großen Kirchenkonzile. Die antike Welt war mit Kopien des Neuen Testamentes so überschwemmt, daß es völlig außerhalb der Macht irgendwelcher Funktionäre lag, gewisse unbequeme Lehren aus ihnen zu entfernen."[34]

Die Schriften des Neuen Testamentes wurden aus guten Gründen ausgewählt: Sie mußten von einem Apostel geschrieben oder zumindest durch ihn verbürgt sein; sie mußten schon früh in den ersten christlichen Gemeinschaften als autoritativ anerkannt gewesen sein, und die in ihnen enthaltene Lehre mußte mit der apostolischen Lehre übereinstimmen.[35] Es ist einfach historisch nicht wahr, daß korrupte Konzile skrupelloser Kleriker den biblischen Kanon ihren eigenen Wünschen entsprechend zusammenschusterten; die Konzile taten nichts anderes, als formell anzuerkennen, was die Gemeinden ohnehin schon praktizierten. Der bekannte Bibelwissenschaftler F.F. Bruce erklärt:

„Eines muß mit allem Nachdruck betont werden: Die Bücher des Neuen Testamentes wurden nicht deshalb verbindlich für die Kirche, weil sie formell in die kanonische Liste aufgenommen wurden; im Gegenteil, die Kirche nahm sie in ihren Kanon auf, weil sie sie [die Bücher] ohnehin schon als göttlich inspiriert betrachtete, indem sie deren innewohnende Würde und allgemeine – direkte oder indirekte – apostolische Autorität anerkannte."[36]

Bruce fügt hinzu, daß die ersten beiden Kirchenkonzile, die gegen Ende des 4. Jahrhunderts in Nordafrika einberufen wurden, um den Kanon festzulegen, nichts Neues einführten. Sie stellten lediglich die gängige Praxis der Gemeinden fest.[37]

Keine der Schriften des Neuen Testamentes lehrt die

Reinkarnation. Wir sollten uns klarmachen, daß Jesu Treue zu den Schriften des Alten Testamentes es ihm unmöglich machte, die Reinkarnation zu lehren, da das Alte Testament, ebenso wie Jesus selbst, klar die Auferstehung lehrt (Hiob 19,26[38]; Daniel 12,1-2). Tatsächlich wies Jesus die Sadduzäer dafür zurecht, daß sie die Auferstehung leugneten, indem er ihnen 2. Mose 3,6 vorhielt (Matthäus 22,23-32).

Auch die frühen Kirchenväter lehrten die Auferstehung. Sie widersprachen der Reinkarnationslehre nur dann ausdrücklich, wenn es notwendig war, um die Wahrheit vor dem Irrtum zu verteidigen. Die Lehre der Reinkarnation hatte weder im historischen Judentum noch im Christentum irgendwelche Wurzeln; erst nachträglich versuchten gewisse häretische Denker – beeinflußt von platonischem, pythagoräischem oder anderem hellenistischen oder östlichem Gedankengut –, sie in die christliche Theologie einzupfropfen. Irenäus widersprach der Reinkarnationslehre ebenso wie Justin der Märtyrer, Hieronymus, Tertullian, Gregor von Nyssa und Augustinus.[39] Augustinus wies die Reinkarnationsgedanken des Porphyrius zurück, indem er über ihn sagte: „Es brachte ihn nicht in Verlegenheit, einen Glauben zu vertreten, der das Risiko einschließt, daß eine Mutter als Mädchen zurückkehrt und ihren eigenen Sohn heiratet." Er fährt fort, in beredsamer Weise die biblische Sicht darzustellen:

„Wieviel ehrenwerter ist der Glaube, den die heiligen und wahrhaftigen Engel lehrten, von dem die Propheten unter der Leitung des Heiligen Geistes sprachen, und der, dessen Kommen als Erlöser von Herolden im voraus angekündigt wurde, und die Apostel, die ausgesandt wurden und die ganze Welt mit der Lehre des Evangeliums erfüllten. Der Glaube, daß die Seelen ein für allemal zu ihren eigenen Körpern zurückkehren, ist weit ehrenwerter als der, daß sie immer wieder in verschiedene Körper zurückkehren."[40]

Wenn New Ager sagen, daß die Kirche auf dem Zweiten Konzil von Konstantinopel (553 n. Chr.) die Reinkarnation verdammten, beziehen sie sich auf eine Erklärung gegen eine bestimmte Lehre des frühen Kirchenvaters Origenes (185-254 n. Chr.). Was wirklich geschah, war, daß entweder 543 oder 553 n. Chr. fünfzehn Anathemata (Bannsprüche) gegen Origenes erlassen wurden, von denen sich keines auf die Reinkarnation bezog. Eines davon lautete jedoch: „Wenn jemand die fabelhafte Vorexistenz der Seelen behauptet, ... dann soll er mit dem Bann belegt sein.“[41] New-Age-Autoren deuten dies als Zurückweisung einer starken Reinkarnationsströmung in der frühen Kirche. Das aber stimmt einfach nicht. Die Anathemata betrafen lediglich die Lehre des Origenes, daß die menschlichen Seelen schon vor ihrem Einzug in menschliche Körper bestünden. Origenes vertrat nicht die Reinkarnation, sondern nur die Vorexistenz der Seele. Dies verurteilte das Konzil zu Recht als unbiblisch.[42] Tatsächlich lehnte Origenes selbst in mehreren seiner Schriften die Reinkarnationslehre ausdrücklich ab. Zum Beispiel bemerkte er zu dem Vers in Matthäus 17, von dem bereits die Rede war, folgendes:

„An dieser Stelle, meine ich, ist nicht von der Seele Elias die Rede; denn dies bedeutete ja, an die Lehre von der Seelenwanderung (Reinkarnation) zu glauben, die der Kirche Gottes fremd ist und von den Aposteln nicht überliefert wurde, noch sonst irgendwo in der Schrift vertreten wird.“[43]

Obwohl alle Anhänger der Reinkarnation die Präexistenz der Seele (vor der körperlichen Inkarnation) vertreten, glauben umgekehrt nicht alle, die wie Origenes die Präexistenz der Seele bejahen, an die Reinkarnation.[44] Es ist typisch für New Ager, daß sie diese logische Unterscheidung übersehen.

Shirley MacLaines popularisierende und verzerrende Äußerung schlägt den Tatsachen ins Gesicht: „Ich lese, daß

Christi Lehren über die Reinkarnation auf dem Fünften Ökumenischen Konzil in Konstantinopel im Jahre 553 n. Chr. aus der Bibel verbannt wurden."[45]

Erstens bezog sich das Konzil nicht auf Christi Lehren, sondern auf die des Origenes (der auch nie den Anspruch erhob, einen Evangelienbericht geschrieben zu haben). Zweitens gehörten die Schriften des Origenes niemals zur Bibel (sie wurden nicht einmal als Möglichkeiten für den Kanon in Erwägung gezogen), konnten somit also auch nicht „aus der Bibel verbannt" werden. Drittens lehrte Origenes nicht die Reinkarnation. Frau MacLaine drängt die Irrtümer dichter zusammen als Sardinen in der Büchse. Wegen ihrer großen Medienpräsenz jedoch schenken ihr Millionen Glauben.

Lassen Sie uns darum beten, daß Millionen von wachen christlichen Zeugen beginnen, liebevoll, aber hartnäckig die Wahrheiten der Schrift, der Logik und der Geschichte vorzubringen, um zu „zerstören ... Gedanken und alles Hohe, das sich erhebt gegen die Erkenntnis Gottes" (2. Korinther 10,5), damit der Irrtum des New Age gestoppt wird.

6. Die Götter vergleichen

Als ich einmal einen Kurs über die New-Age-Bewegung unterrichtete, erwähnte einer der Studenten, er glaube, daß Jesus eine Manifestation Gottes sei. Nicht schlecht für den Anfang, dachte ich. Als ich jedoch weiter nachbohrte, meinte er, Jesus sei eine persönliche Manifestation der unpersönlichen Essenz des Universums. Für ihn hätte man Johannes 1,1 umschreiben müssen: „Im Anfang war das Es, und das Es wurde ein Er." Das ist nicht der Christus der Bibel.

Gott, Sünde, Jesus, Sühne, Liebe, Gerechtigkeit – oft verstehen Christen und New Ager ganz unterschiedliche Dinge unter diesen Worten. Über diese Unterschiede zu reden, dient nicht nur der Verständigung, sondern hilft auch, die Stärken und Schwächen der verschiedenen Positionen festzustellen. Ich habe häufig empfunden, daß New Ager das, was sie glauben, nicht völlig durchdacht haben und unbewußt immer noch viele theistische Denkvoraussetzungen mit sich herumtragen. Das kann sich als gute Grundlage für apologetische und evangelistische Gespräche erweisen.

Ist Gott persönlich?

Der Gott des New Age ist lediglich das „Letzte Es", nicht ein persönliches Wesen. Welches Substantiv auch immer wir gebrauchen, sei es *Macht, Energie, Essenz, Bewußtsein, Schwingung, Prinzip, Wesen,* ein pantheistischer Gott bleibt immer unpersönlich – unendlich, aber unpersönlich. Ein unpersönlicher Gott jedoch ist in existentieller, psychologischer und logischer Hinsicht unbefriedigend.

Marilyn Ferguson sagt: „In der sich nun formierenden spirituellen [New-Age-] Tradition ist Gott nicht die Verkörperung unserer Sonntagsschulmentalität."[1] Obwohl diese Auffassung aus der Sicht eines auf alles Übersinnliche Neugierigen, der dem Moralismus einer liebenden Gottheit zu entkommen sucht, reizvoll erscheinen mag, kann sich die Bedeutungslosigkeit einer Welt ohne persönlichen Gott als äußerst beunruhigend erweisen. Der Gott des New Age bringt schlechte Voraussetzungen für eine persönliche Gemeinschaft mit. Darin zeigt sich die, wie man sagen könnte, „religiöse Unangemessenheit" dieser Position.

In seiner kritischen Betrachtung der „Vermarktung des mystischen Ostens" macht Gita Mehta auf dieses Phänomen aufmerksam: „Der Buddha hatte gesagt: ‚Gott ist Nichts!' und wurde zur Gottheit erhoben. Je mehr der Buddha die große Leere erläuterte, desto mehr beeilten sich seine Jünger, die große Leere mit dem Buddha auszufüllen. Groupies können ein Vakuum nicht ausstehen."[2] Die volkstümliche Frömmigkeit vieler Hindus beweist den gleichen Haß gegen das Vakuum durch ihr Pantheon persönlicher Götter (Polytheismus) im Gegensatz zu dem unpersönlichen „reinen Pantheismus", der sich in einigen der heiligen Bücher des Hinduismus findet.[3] Menschliche Wesen, die nach Gottes Bild gemacht wurden, sind erschaffen für die Gemeinschaft mit dem persönlichen Gott, der sich in der Bibel und durch Jesus Christus offenbart. Wir alle spüren dies in gewisser Hinsicht; in unserer Rebellion gegen Gott jedoch fliehen wir vor seiner Wirklichkeit. Brooks Alexander hat dieses Paradoxon mit klarem Blick erfaßt:

„Als Geschöpfe, die nach dem Bilde Gottes gemacht sind, schreien wir unaufhörlich nach unserem Schöpfer. Als Wesen, die gegen Gott rebellieren, geben wir uns nahezu jede erdenkliche Mühe, seiner wirklichen Gegenwart zu entfliehen. Das Ergebnis ist eine geistliche Schizophrenie. Einerseits zeigen wir eine zwangsläufige Faszination an den Dingen der letzten Wirklichkeit, Gut und Böse, Gott und Ewigkeit, Sünde und Erlösung. Wir können unsere Religiosität nicht einfach ablegen. Andererseits erleben wir den Widerspruch in uns, daß selbst unser Suchen eine Flucht vor Gott ist, daß selbst unser Umhertasten ein Versuch ist, uns seinem Griff zu entwinden. Sowohl unser Drang zur Religion als auch unsere Verdrehungen der Religion scheinen Teil unserer Natur zu sein."[4]

Unser verdrehter religiöser Drang führt zur Schaffung von Götzen, seien sie nun aus Lehm, Stein, Sex, Geld, „Bewußtsein" oder „Geist" – trotz der Tatsache, daß wir, wie Paulus berichtet, wissen, daß Gott existiert und unseres Lobpreises und Dankes würdig ist (Römer 1,18-22). Calvin erkannte zu Recht, daß ohne die Gnade Gottes „der menschliche Geist sozusagen eine dauernde Götzenschmiede ist".[5] Alexander sagt: „Wir können der Wirklichkeit unserer geistlichen Bedürfnisse nicht entgehen, aber wir suchen nach einer Antwort auf diese Bedürfnisse, die der Realität Gottes ausweicht."[6]

In der Spiritualität des New Age wird das Gebet durch nach innen gerichtete Meditation ersetzt. Das Ziel ist tatsächlich Monolog (die Entdeckung des tieferen oder höheren Selbst), nicht Dialog (die interpersonale Kommunikation zwischen bewußten, aneinander interessierten Wesen).

Das große Interesse der New Ager am Channeling rührt vielleicht von einer geistlichen Unzufriedenheit mit der unpersönlichen Natur ihrer Weltanschauung her. New Ager reden vielleicht *über* Gott, aber sie können nicht *mit* Gott reden – oder wenn sie es tun, ist niemand da, der sie hört, geschweige denn ihnen antwortet. Meditation und andere „Psychotechniken" können starke persönliche Erfahrungen – in dem Sinne, in dem Erschrecken etwas sehr Persönliches ist! – ohne Begegnung mit einem persönlichen Gott bieten. Channeling (Medialität) jedoch bietet persönlichen Kontakt mit gewissen sehr persönlichen Wesen.

Für den entsprechenden Preis werden den Suchenden Audienzen bei diversen exotischen „Wesenheiten" gewährt, die sich über das Wesen Gottes, der Menschheit und des Universums auslassen. Auch spezifische persönliche Probleme können behandelt werden. Während der Gott des New Age den Eindruck des Persönlichen nicht vermitteln kann, ist ein 35.000 Jahre alter Krieger namens Ramtha dazu in der Lage und tut es auch. Ein Channeler aus Südkalifornien, Jach Pursel, kanalisiert eine Wesenheit namens „Lazarus", betitelt als „der vollkommene Freund".

Ob die Channeler nun Werkzeuge von Dämonen, Betrüger, Geisteskranke oder alles zusammen sind, ist von sekundärer Bedeutung im Vergleich zu der Tatsache, daß sie die New-Age-Lehre in einer äußerst verführerischen Weise darstellen. Lügen üben oft eine starke psychologische Anziehungskraft aus. Paulus warnte Timotheus vor denen, die „nach ihren eigenen Gelüsten ... sich selbst Lehrer aufladen, nach denen ihnen die Ohren jucken", und sich „von der Wahrheit abwenden und sich den Fabeln zukehren" (2. Timotheus 4,3-4). Trotz des insgesamt unpersönlichen Charakters des New Age und seines Schwerpunktes allein auf dem Selbst weist das Phänomen des Channeling – die Verheißung des Kontaktes zu persönlichen Wesenheiten – auf die Unzulänglichkeit des Selbst als Gottheit hin, wenn auch die kanalisierten Botschaften die gleiche alte Unpersönlichkeit und Selbstorientierung verkünden. Dies erschüttert in existentieller bzw. psychologischer Hinsicht die Glaubwürdigkeit der New-Age-Position. Sie kann die menschlichen Bedürfnisse letztlich nicht befriedigen, weil sie letzten Endes keine Grundlage für Lobpreis, Anbetung, Gemeinschaft oder Gehorsam in der Beziehung zu einem persönlichen Gott bietet.[7]

Doch auch in logischer Hinsicht hat die Unpersönlichkeit der New-Age-Gottesvorstellung nichts zu bieten. New Ager mögen einen persönlichen Gott als kindisches Bild belächeln, als krassen Anthropomorphismus (Vermenschlichung), als Gott, der nach dem Bilde des Menschen geschaffen ist. Gott, so sagen sie, sei „jenseits der Persönlichkeit“ – was sie für einen „höheren“ Status halten. Würde sich die christliche Sicht von Gott in dem Bild eines himmlischen Großvaters erschöpfen, wäre die Kritik treffend. Aber das ist nicht der Fall.

Als vollkommen persönlich ist Gott nicht auf menschliche, also endliche, Persönlichkeit beschränkt, obwohl die zweite Person der Dreieinigkeit durch die Inkarnation Mensch wurde, ohne aufzuhören, Gott zu sein (Johannes 1,1-2/14; Philipper 2,5-11). Statt dessen ist Gott unendlich persönlich. Wie Walter Martin aufzeigt, vollbringt Gott die Taten eines persönlichen Wesens:

„Gott hört (2. Mose 2,24), Gott sieht (1. Mose 1,4), Gott erschafft (1. Mose 1,1), Gott weiß (2. Timotheus 2,19; Jeremia 29,11), Gott hat einen Willen (1. Johannes 2,17); Gott ist ein bewußtes, denkendes Ich, d. h. ein persönliches Wesen, ‚Ich werde sein, der ich sein werde‘ (2. Mose 3,14; 1. Mose 17,1). Das ist der Gott des Christentums, eine allmächtige, allwissende und allgegenwärtige Persönlichkeit, die jedes Attribut einer Persönlichkeit aufweist.“[8]

Trotz aller semantischer Vernebelungen des New Age kann ich mir Gott nicht als „Höheres *Bewußtsein*“ – wie es in der einschlägigen Literatur oft formuliert wird – denken, ohne an jemanden zu denken, der sich seiner selbst bewußt ist, einen Jemand, der existiert und der das höchste Bewußtsein hat. Von einem unpersönlichen Gott kann man nicht logischerweise sagen, daß er bewußt sei: Es ist ja niemand da, der bewußt sein könnte. Diese logische Inkonsistenz zieht sich durch einen großen Teil des New-Age-Denkens.

Der metaphysische Unterschied zwischen den Menschen und Gott ist nicht der zwischen dem Persönlichen und dem Unpersönlichen, sondern zwischen dem Endlichen und dem Unendlichen. Menschen sind endlich (oder begrenzt) und persönlich, Gott ist unendlich (oder unbegrenzt) und persönlich.[9] Unendliche Persönlichkeit bedeutet jedoch nicht eine verschwommene, abstrakte Unendlichkeit, in der sich persönliche Attribute in einem mystischen Nebel auflösen. Gott ist unendlich persönlich, nicht unendlich alles. C. S. Lewis bemerkte:

„Wir sagen, Gott sei ‚unendlich'. In dem Sinn, daß sich sein Wissen und seine Macht nicht auf manche, sondern auf alle Dinge erstrecken, stimmt das. Sollten wir uns jedoch durch den Gebrauch des Wortes ‚unendlich' ermutigt fühlen, ihn als ein formloses ‚Alles' zu denken, über das nichts im Besonderen und alles im Allgemeinen zutrifft, dann wäre es besser, dieses Wort ganz wegzulassen."[10]

Nachdem wir nun die christliche Sicht von Gott teilweise erläutert haben, wird die Unlogik des New-Age-Gottes deutlicher.

Was für einen Sinn kann es haben, sich Gott sowohl als das Höchste als auch als unpersönlich zu denken? Wenn das wahr wäre, würden Gott bestimmte menschliche Attribute wie Verstand, Wille, Gefühle und Moral fehlen. Er (Es) wäre weniger als menschlich, nicht mehr. Das Unpersönliche würde (auf unbestimmte Weise) höher angesehen als das Persönliche. Aber das stellt die Dinge genau auf den Kopf, und wir denken und leben normalerweise auch nicht so. Wir bringen einem Professor mehr Respekt entgegen als einer Kartoffel, und das aus gutem Grund. Der Professor besitzt persönliche Attribute – Denken, Wollen, Fühlen, Moral –, von denen auch die feinste Pfälzer Kartoffel nicht einmal träumt. Ebenso weiß ein persönlicher Elektriker, wie die Kabel in Ihrem Heim oder Büro zu reparieren sind; die unpersönliche Elektrizität weiß überhaupt nichts. Ein persönlicher Klempner kann Ihren Abfluß in Ordnung bringen; das unpersönliche Wasser hilft da gar nichts. Wir vergeben Oscars an Schauspieler und Schauspielerinnen, nicht an Zelluloid.

Die folgende Unterhaltung zwischen dem ostindischen Christen Vishal Mangalwadi und einem Hindu läßt die gedankliche Verwirrung, die im New Age an diesem Punkt herrscht, sichtbar werden.

„Vishal: Ist das Universelle Bewußtsein persönlich oder unpersönlich?

Hindu: Es ist unpersönlich und unendlich.

V: Ist Persönlichkeit höher als Unpersönlichkeit?

H: Natürlich!

V: Warum willst du dann niedriger werden und mit unpersönlichem Bewußtsein verschmelzen?

H: Also, nein. Persönlichkeit ist in Wirklichkeit niedriger als Unpersönlichkeit.

V: Warum verwendest du dann den Ausdruck Evolution? Du müßtest eigentlich sagen, daß wir aus dem Unpersönlichen *de*volviert (zurückentwickelt) sind. Dann solltest du das Gras, auf dem wir sitzen, wirklich achten. Da es unpersönlich ist, steht es höher als wir, und du solltest nicht darauf herumlaufen.

H: Das ist verwirrend.“[11]

Die Verwirrung kommt daher, daß man das Göttliche sowohl für unendlich als auch für unpersönlich hält. Das New Age erhebt in einem Moment die Person zur Göttlichkeit und Unbegrenztheit und spricht im nächsten von einem unpersönlichen Gott, der die Menschen jeden individuellen Sinnes, Wertes und Zieles berauben würde!

Die Bibel jedoch vermeidet solche Absurditäten, indem sie bejaht, daß Gott – der unendlich, persönlich und die höchste Ursache des Universums und der Menschheit ist – nach seinem eigenen persönlichen Bild endliche Menschen erschuf. Das fügt sich nahtlos in unsere unwillkürliche Erkenntnis ein, daß eine Ursache genauso groß wie oder größer sein muß als ihre Wirkung(en). Gleiches kommt von Gleichem. Das Wasser kann sich nicht ohne Hilfe über seine Quelle erheben. Wenn die menschliche Persönlichkeit wirklich existiert und keine Täuschung ist (wie die meisten vernünftigen Menschen glauben), dann ist es sinnvoll, daran zu glauben, daß eine persönliche und intelligente Ursache die menschliche Intelligenz und Persönlichkeit erschaffen hat und erhält. Unangebracht ist dagegen, dem unpersönlichen Neutrum des Es philosophischen Tribut zu zollen.

Man darf sich den Schöpfer konkreter Dinge (der Menschen und aller Dinge im Kosmos) nicht als gestaltloses Prinzip denken, sondern als eine konkrete, individuelle Tatsache oder, wie C.S. Lewis es ausdrückt, als „die Quelle aller Tatsächlichkeit".[12] Gott ist nicht etwas unbestimmtes, sondern ein bestimmtes, persönliches Wesen. Der Gedanke eines unpersönlichen Höchsten ist ebenso wirkungslos in metaphysischer Hinsicht, wie er vom Konzept her unbrauchbar ist. Es ist das Christentum, das unseren Ursprung und unseren Status als Personen am besten erklären kann; zudem verleiht es uns als wirklichen, individuellen Personen, die nach Gottes Bild erschaffen sind, schon jetzt Sinn, Bedeutung und Wert.

Die New-Age-Erfahrung des „höheren Bewußtseins" ist angeblich eine Erkenntnis der unpersönlichen letzten Wirklichkeit; aber es ist nicht ganz einfach, zu sagen, *wer* überhaupt berichten kann, seine Persönlichkeit sei in dem allesverschlingenden Unpersönlichen aufgegangen. Der Betreffende wäre in der merkwürdigen (in der Tat unmöglichen) Lage, sagen zu müssen, er habe einen Zustand unpersönlichen Seins erlebt, in dem er selbst (als Person) aufhörte zu existieren! Das ist natürlich ein Widerspruch in sich, denn nur als Person kann man sich an etwas erinnern![13]

Dieses Vexierspiel um einen unpersönlichen Gott veranlaßte Hans Küng, die rhetorische Frage zu stellen: „Sollen wir sagen, ein Gott ohne Sinn und Verstand, Freiheit und Liebe sei dennoch (ein) Gott? Wäre ein solcher Gott eine Erklärung für Sinn und Verstand, Freiheit und Liebe in der Welt und im Menschen? Müßte der Gott, der Personen Bedeutung verleiht, nicht selbst persönlich sein?"[14]

Der Psalmist sagt:

„Merkt doch auf, ihr Narren im Volk!
Und ihr Toren, wann wollt ihr klug werden?
Der das Ohr gepflanzt hat, sollte der nicht hören?
Der das Auge gemacht hat, sollte der nicht sehen?
Der die Völker in Zucht hält, sollte der nicht Rechenschaft fordern –
er, der die Menschen Erkenntnis lehrt?"
(Psalm 94,8-10)

Die Bibel offenbart einen Gott, der sozusagen ultrapersönlich ist, in höherem Maße persönlich als die Menschen. Zudem vereint Gott in seinem eigenen Wesen mehrere Personen. Gott ist in gewissem Sinne eine göttliche Gemeinschaft, eine Drei-Einheit aus drei in Ewigkeit gemeinschaftlich verbundenen und gleichberechtigten Personen: Vater, Sohn und Heiliger Geist. Oder, wie es das Athanasianische Glaubensbekenntnis ausdrückt: „Wir verehren einen Gott in Dreieinigkeit, und Dreieinigkeit in Einheit."[15] Dies bereichert ungemein unser Verständnis der Aussage, daß Gott Liebe ist (1. Johannes 4,16). C.S. Lewis hat das unnachahmlich ausgedrückt: „Sogar innerhalb des heiligen Gottes selbst reicht es nicht aus, daß das Wort Gott *ist,* es muß auch *bei* Gott sein [Johannes 1,1]. Der Vater zeugt ewig den Sohn, und der Heilige Geist geht hervor: Die Gottheit erzeugt Unterscheidungen in sich selbst, so daß die Einheit der gegenseitigen Liebe eine rein arithmetische Einheit oder Identität übersteigt."[16] Gott ist immer Liebe – im tiefsten Sinn als gleichzeitig geliebt, liebend und liebenswert –, sogar vor der Schöpfung. Chesterton sagte: „Denn es ist nicht gut, daß Gott allein sei."[17]

Jesu Gebet für alle Gläubigen zeigt Gottes überpersönliches Wesen, wenn er im Gebet zu seinem Vater sagt: „Und nun, Vater, verherrliche du mich bei dir mit der Herrlichkeit, die ich bei dir hatte, ehe die Welt war" (Johannes 17,5). Er spricht auch von der „Herrlichkeit ..., die du mir gegeben hast; denn du hast mich geliebt, ehe der Grund der Welt gelegt war" (V. 24). Für den Jünger Jesu hat die Liebe ihre

Wurzeln in der letzten Wirklichkeit der Dreieinigkeit. Der New-Age-Monismus der „letzten Einheit“ und der unpersönliche Pantheismus zerstören die tiefste Grundlage der zwischenpersönlichen Liebe. Offen gesagt, ein solcher „unendlicher Eisberg“[18] jagt mir kalte Schauer der Verzweiflung über den Rücken!

In einem Satz: Gott ist persönlich, überpersönlich und auch persönlich anziehend – er erschafft uns nach seinem Bild, damit wir Gemeinschaft mit ihm haben, er reicht verlorenen Männern und Frauen in der Person Jesu Christi, des Gott-Menschen, die Hand. Hier allein ist die Befriedigung der wirklichen menschlichen Bedürfnisse zu finden.[19]

Neben der Wahl zwischen einem persönlichen und einem unpersönlichen Gott läßt sich der Unterschied zwischen dem Gott der Bibel und dem des New Age auch an der Frage der Gerechtigkeit verdeutlichen.

Das Böse und der Relativismus des New Age

Das Herzstück des Evangeliums besteht darin, daß Gott seinen „einzigen Sohn“ in die Welt sandte (Johannes 3,16), um die Menschheit vom Bösen zu befreien. Das New Age jedoch neigt dazu, den Gedanken eines wirklichen menschlichen Bösen als schwerfälligen Moralismus zurückzuweisen. Das Böse, weiß Shirley MacLaine zu berichten, ist lediglich rückwärts- statt vorwärtsfließende Energie – nur eine niedrigere Form des Bewußtseins.[20]

Christen müssen den Realismus der Bibel zum Ausdruck bringen. Seit dem Sündenfall (1. Mose 3) sind wir alle von einer grundlegenden Neigung zur Sünde infiziert, der wir Nahrung geben, wenn wir bestimmte Sünden begehen. Nach Meinung der New Ager ist das Grundproblem des Menschen die Unkenntnis seines wahren göttlichen Potentials. Das Christentum lehrt, unser Grundproblem sei unsere stolze Rebellion gegen den, der über uns steht, gegen Gott. Sünde bedeutet, Gottes heiliges Gesetz zu brechen und sein heiliges Wesen zu beleidigen. R.C. Sproul definiert *Sünde* auf dramatische Weise als „kosmischen Verrat ... an einem vollkommen reinen Herrscher. Sie ist ein Akt extremer Undankbarkeit gegenüber dem Einen, dem wir alles verdanken, dem Einen, der uns das Leben selbst gegeben hat."[21] Die Sünde ist nicht nur universell („sie sind allesamt Sünder", Römer 3,23), sie wirkt auch in alle Richtungen: Wir sündigen zuerst gegen Gott, zweitens gegen andere und drittens gegen uns selbst.[22]

Nichts hindert einen Christen daran, Inzucht, Völkermorde, homosexuelle Praktiken, Satanismus, Ehebruch und alltägliche Selbstsucht böse zu nennen. Ein New Ager kann das nicht, wenn er konsequent sein will, und an dieser Stelle leidet der New Ager unter der Existenz der moralischen Wirklichkeit.

In ihrem Bestseller *Tanz im Licht* berichtet Shirley MacLaine von einem langen Gespräch mit einer sehr imposanten Wesenheit namens „Höheres Selbst". Das „Höhere Selbst" äußert folgendes: „Solange die Menschheit nicht erkennt, daß es in Wahrheit das Gute und das Böse nicht gibt – solange wird kein Friede sein."[23] Der Anthropologe Wade Davis bemerkte, er hätte sich gewünscht, daß die Filmversion seines Buches *The Serpent and the Rainbow* „klarer zum Ausdruck gebracht hätte, daß Voodoo gut ist, daß Haiti uns lehren wird, daß Gut und Böse eins sind."[24] (Beachten Sie, daß *gut* bedeutungslos ist, wenn „Gut und Böse eins sind". Genauso gut könnten wir sagen: „Voodoo ist schlecht.")

Leider sind derlei amoralische Umweltgifte in der Atmosphäre des New Age nichts Ungewöhnliches. Das New-Age-Denken ist vernebelt durch einen radikalen Relativismus: Moral (falls wir sie überhaupt so nennen können) ist relativ, für jeden einzelnen anders. Es gibt keinen moralischen Maßstab außerhalb des eigenen Bewußtseins. Aus der Sicht des New Age löst sich der Gedanke einer absoluten und objektiven Moral aus mindestens vier Gründen in nichts auf.

Erstens stehen wir, wenn wir selbst Götter sind, nicht

unter einer höheren Autorität oder einem höheren Gesetz. Wir sind unser eigenes Gesetz. Zweitens lösen sich, wenn „alles eins“ ist (Monismus), die klaren Unterscheidungen zwischen Gut und Böse im Ozean des Seins auf. Drittens weisen New Ager die feste oder statische Auffassung der Moral als „unzeitgemäß“ zurück, weil sie einem evolutionären Optimismus verfallen sind. Die Evolution des Bewußtseins verlangt ihrer Meinung nach Freiheit und Erneuerung. Viertens ermutigt die Reinkarnationslehre häufig zu einem Relativismus, der sagt: „Was auch geschieht, alles ist Teil meines Karmas. Alles paßt vollkommen in meinen Prozeß der Entdeckung des Göttlichen. Zwing mir nicht deine moralischen Ansichten auf.“

Diese New-Age-Moral (bzw. deren Fehlen) leidet an mehreren Krankheiten.

Logisch widerlegt die Aussage, es gebe absolut nichts Absolutes, alles sei „absolut relativ“, sich selbst. Diese Aussage stellt selbst ein Absolutum auf, nämlich daß es nichts Absolutes gibt. Also sollten wir New Ager fragen, ob sie „absolut sicher sind, daß es nichts Absolutes gibt“. Genauso gut könnte man sagen oder schreiben, daß es keine Worte gibt. Dies ist eine verneinende Aussage, die nicht gemacht werden kann, ohne genau das zu gebrauchen, was sie verneint. Also ist sie falsch.

Nun wird der New Ager diese Aussage vielleicht relativieren, indem er sagt, es gebe keine moralischen Absoluta, sondern nur nichtmoralische (wie Monismus und Pantheismus). Aber auch hier erhebt sich ein treffender Einwand, weil New Ager häufig sagen, daß wir objektive Ethik ablehnen und den Relativismus annehmen *sollten.*

Wenn Shirley MacLaines „Höheres Selbst“ sagt, wir *sollten* die Moral abschütteln, dann gibt es (oder er) doch offenbar eine *moralische Aufforderung,* die Moral loszuwerden. Eine solche Aufforderung auszusprechen bedeutet jedoch, die Moral, die man ablehnt, vorauszusetzen. Damit widerlegt man sich selbst. So etwas nannte einer meiner Philosophie-Professoren eine „Kamikaze-Aussage“. Während solche New-Age-Kamikazeflieger auf ihrem eigenen Flugplatz abstürzen, fügen sie der biblischen Sicht der Moral keinerlei Schaden zu. Ein völlig konsequenter amoralischer Relativist kann keine Aufforderungen aussprechen, die für irgend jemand anderen bindend wären. Er ist völlig auf sich bezogen.

Obwohl viele den Tod der moralischen Absoluta feiern, bleibt es äußerst schwierig, einen solchen Relativismus auszuleben. Zwischen Anspruch und Wirklichkeit klafft hier häufig eine große Lücke.

Zum Beispiel höre ich von New Agern oft die Behauptung, wir hätten „alle unsere eigene Wahrheit", womit sie einen Eindruck der Toleranz erwecken. In den gleichen Gesprächen ist jedoch zu hören, Christen seien „nicht völlig erleuchtet" oder „noch nicht so weit entwickelt" (das trifft besonders auf Evolutionsgegner zu!) und brauchten noch ein paar Inkarnationen, um ihre Metaphysik in Ordnung zu bringen und ihr Bild von sich selbst zu korrigieren. Aber indem sie das sagen, setzen die New Ager voraus, daß die Position des New Age wahr und richtig und die der Christen falsch und schlecht ist! Wer ist da der Absolutist?

Ebenso deutlich wird die mangelnde Logik des Relativismus im New Age immer dann, wenn ein New Ager bestimmte Aktivitäten als Verletzung der „Menschenrechte" anprangert. Nehmen wir an, New Ager protestieren gegen die Ungerechtigkeiten in Südafrika; dann müssen wir sie fragen, wie sie das Bestehen von objektiven, allgemeingültigen Menschenrechten voraussetzen können, wenn – wie sie selbst sagen – „wir alle unsere eigene Wirklichkeit schaffen"?[26] Ein konsequenter Relativismus könnte in moralisch bedeutsamem Sinn weder etwas loben noch etwas verdammen; dennoch handeln New Ager aufgrund ihres Gewissens, das Gott jedem Menschen gegeben hat (Römer 2,14-15), im Gegensatz zu ihrer Weltanschauung. Die christliche Weltsicht dagegen ist in der Lage, sowohl echte moralische Maßstäbe aufzustellen als auch die ethische Inkonsequenz des New Age zu diagnostizieren.[27]

Man kann den philosophischen Finger auch auf andere Arten von existentiellen Krisen richten. Francis Schaeffer berichtet von einem Gespräch mit einem hinduistischen Studenten, der nach Schaeffers Worten der Meinung war, es gäbe „keinen Unterschied zwischen Grausamkeit und Nicht-Grausamkeit". Ein anderer Student nutzte die Gelegenheit, hielt dem Hindu eine dampfende Teekanne über den Kopf und wiederholte: „Es gibt keinen Unterschied zwischen Grausamkeit und Nicht-Grausamkeit." Daraufhin, so berichtet Schaeffer, „ging der Hindu hinaus in die Nacht".[28] Im ethischen Kern seines Wesens wußte der Hindu, daß sinnlose Grausamkeit falsch war, absolut falsch. Aber statt zuzugeben, daß sein Amoralismus ein Irrtum war, ging er hinaus in die Nacht der Bedeutungslosigkeit. Manche jedoch erkennen die Dunkelheit ihrer Anschauung, wenn man ihnen die Konsequenzen ihres Relativismus vor Augen hält, und nähern sich durch Gottes Gnade dem Licht.

Ähnliches gilt für die Begeisterung, mit der New Ager von unserer „evolutionären Reise" in ein Neues Zeitalter sprechen. Damit dieser Optimismus einen Sinn erhält, muß der New Ager offenbar diese „positive Zukunft" in ethischer Hinsicht als dem „alten" Zeitalter, das wir nun verlassen, überlegen ansehen. Jedoch müßte der Relativismus des New Age ihm dieses ethische Urteil eigentlich unmöglich machen. Wenn Ethik von der einzelnen Person – oder dem „Zeitalter" – abhängig ist und nicht durch den Verweis auf einen äußeren, objektiven, absoluten und allgemeingültigen Maßstab bestimmt wird, dann ist der Gedanke an Fortschritt oder Rückschritt überhaupt sinnlos. C.S. Lewis erklärt dazu:

„Wenn ‚gut' und ‚besser' Ausdrücke sind, die ihre Bedeutung einzig und allein aus der Ideologie eines Volkes [oder einer Person] ableiten, dann kann eine Ideologie nicht besser oder schlechter sein als eine andere. Wenn der Maßstab nicht unabhängig ist vom zu messenden Gegenstand, dann können wir nicht messen. Aus dem gleichen Grund ist es nutzlos, die moralischen Vorstellungen zweier Zeitalter miteinander zu vergleichen; die Worte ‚Fortschritt' und ‚Zerfall' werden beide gleich nichtssagend."[29]

Oder, mit Chestertons Worten: „Wenn der Maßstab sich ändert, wie kann es da eine Verbesserung geben, die doch einen Maßstab voraussetzt?"[30]

Der Christ kann den New Ager auch auf die allgemeine menschliche Erfahrung von Schuld und Scham als Hinweis auf absolute ethische Maßstäbe aufmerksam machen, die ihre Wurzel in der Existenz Gottes haben. Obwohl viele New-Age-Lehren jeden Schuldgedanken als in sich negativ zu sprengen versuchen, verfolgt das Gewissen, dieser heilige Jagdhund des Himmels, immer noch die Fährte der Unheiligkeit. Tatsächlich ergibt der Gedanke der Schuld durch falsches Handeln keinen Sinn, wenn wir es nicht mit jemandem zu tun haben, an dem wir falsch gehandelt haben. Trotzdem empfinden wir selbst dann Schuld, wenn keine andere Person von unserem falschen Handeln (z.B. Mogeln in einer Prüfung) weiß. Psychologen gehen so weit, Menschen, die nicht in der Lage sind, Schuld zu empfinden, als „Soziopathen" zu bezeichnen, als Menschen, die sich in die menschliche Gesellschaft nicht einfügen können. Die Erfahrung der Schuld weist auf die ethische Atmosphäre unseres moralischen Lebens hin; eine Atmosphäre, die wir uns am besten erklären können, indem wir uns als vor einem persönlichen und gerechten Gott stehend betrachten.[31]

Unsere Empfindung des „Sollens" läßt erkennen, daß wir einen Befehl fühlen, bestimmte Dinge zu tun, andere nicht. Wir kennen alle das alltägliche menschliche Dilemma: „Ich weiß, ich *sollte* es tun, aber ich *will* es nicht." Dieses menschliche Drama fügt sich nahtlos in die christliche Sicht ein, daß Gott als höchste ethische Autorität seinen Geschöpfen – die ihm gehorchen können oder auch nicht – Befehle erteilt, die er durch das Gewissen und die Bibel bekanntgibt. Der Amoralismus des New Age jedoch hat keine angemessene Erklärung für diese moralische Empfindung. Indem der New Ager behauptet, daß wir „unsere eigene Wirklichkeit/Moral erschaffen“, muß er diese moralische Empfindung als Irrtum zurückweisen; als etwas, das keine Beziehung zu irgend jemandem über und außer dem Selbst hat.

Ein christlicher moralischer Maßstab beruht nicht auf Meinungen, Gefühlen oder Eingebungen, sondern auf dem Wesen und den Weisungen des moralischen Herrschers des Kosmos. Gemessen an diesem Maßstab sind alle Menschen von moralischer Gerechtigkeit erbarmungswürdig weit entfernt. Wir tragen also verdientermaßen wirkliche Schuld. C.S. Lewis beleuchtet den moralischen Unterschied zwischen einem Glauben an die „Lebenskraft“ („Life Force“) und dem an einen „lästigeren Gott“:

„Wenn der Mensch dagegen etwas Schlechtes vorhat, so wird diese Lebenskraft ihm nicht dreinreden, die ja nur eine blindwaltende Kraft ohne sittliche Grundsätze oder Geist ist. Die Lebenskraft ist eine Art zahmer Gott. Der Mensch kann ihn heraufbeschwören, wenn er ihn braucht, wird aber im übrigen von ihm ungeschoren gelassen. Die Lebenskraft bietet alle Erlebnisse der Religion ohne ihre Verpflichtungen. Ist am Ende die Lebenskraftlehre der vollendetste Wunschtraum, den die Menschheit je geträumt hat?“[33]

Da wir aber alle unser Pensum an „Schlechtem“ mehr als erfüllt haben, können wir als Verursacher unser moralisches Fehlverhalten (Sünde) nicht selbst aus der Welt schaffen – eine bankrotte Firma kann ihre Rechnungen nicht selbst bezahlen –, sondern der Geschädigte, Gott selbst, muß das tun.

Die Einzigartigkeit Jesu Christi

Neben der Erkenntnis, daß der biblische Gott persönlich, liebevoll und gerecht, der Gott des New Age dagegen unpersönlich, gleichgültig und amoralisch ist, müssen wir uns auch klarmachen, was die beiden Sichtweisen jeweils zur Situation des Menschen zu sagen haben. Für Christen bedeutet dies eine Untersuchung des Lebens und Handelns Jesu Christi. Die christliche Sicht der Notlage, in der sich der Mensch befindet, verlangt nach einer radikalen Lösung – dem *Kreuz*.

Lassen Sie uns jedoch zunächst einige der Beweise für die Glaubwürdigkeit Christi betrachten, die New Ager unbedingt kennen sollten.

Das New Age begegnet Christus erkennend mit gemäßigtem Lob und begrüßt ihn als großen Meister, Lehrer, Adepten oder Guru. Mit dieser allgemeinen respektvollen Haltung können Christen zwar übereinstimmen, sie müssen aber noch weitergehen, indem sie die Einzigartigkeit Jesu als Gottes „einzigen Sohn" (Johannes 3,16) betonen, der behauptete, „der Weg und die Wahrheit und das Leben" zu sein (Johannes 14,6), über den Petrus verkündete, es sei „in keinem anderen ... das Heil, auch ist kein anderer Name unter dem Himmel den Menschen gegeben, durch den wir sollen selig werden" (Apostelgeschichte 4,12), und über den Paulus erklärte: „Denn es ist *ein* Gott und *ein* Mittler zwischen Gott und den Menschen, nämlich der Mensch Christus Jesus" (1. Timotheus 2,5; vgl. Römer 5,15-19; 1. Korinther 8,5-6; Kolosser 2,9; Philipper 2,6). Wenn ein New Ager sagt, daß diese Verse auch anders verstanden werden könnten, dann lassen Sie ihn die Abschnitte laut und im Zusammenhang vorlesen. Anschließend fragen Sie ihn, welche andere Interpretation hier möglich sein soll.[34]

Wie Chesterton unterstrich, gibt es für die Inkarnation (Johannes 1,1-4/14) keine Parallele:

„Allmacht und Machtlosigkeit – oder Gottheit und Kindheit – ergeben sicherlich ein Epigramm von der Art, die auch durch millionenfache Wiederholung nicht zur Platitüde werden kann. Es ist nicht abwegig, es einzigartig zu nennen. Bethlehem ist auf nachdrückliche Weise ein Ort, wo sich Extreme begegnen."[35]

Viele New Ager haben keine Kenntnis von den Beweisen für die Glaubwürdigkeit des Erlösers. Ihre Vorstellung von „dem Christus" ist undeutlich und schemenhaft; sie beruht auf Bildern aus der Kindheit, gefühlsbetonten Verzerrungen, okkulten Klischees und falscher Schriftauslegung. Die Christen jedoch haben reichlich Anlaß, sich ihres Herrn zu rühmen. Unter anderem können sie auf die folgenden entscheidenden Tatsachen über den einen und einzigen Christus verweisen:[36]

In ihm erfüllten sich zahlreiche Prophezeiungen des Alten Testamentes über sein Leben, seinen Tod und seine Auferstehung. Diese Voraussagen treffen nur auf eine Person zu, Jesus Christus – wie die Urgemeinde so klar erkannte. Kein anderer religiöser Führer kann den berechtigten Anspruch erheben, sie zu erfüllen. Jesus war und ist der „Gott-Held" aus Jesaja 9,5, die persönliche Selbstoffenbarung Gottes. Wenn man bedenkt, welch großes Interesse manche New Ager an vagen heidnischen Prophezeiungen der Antike zeigen – ob sie nun von den Mayas, Azteken, Hopi-Indianern oder Hindus stammen –, dann sollten sie erst recht bereit sein, sich mit der exakten und eingetroffenen biblischen Prophetie über Jesus Christus zu befassen.[37] Betrachten wir das Vertrauen in Christus, das Pascal zeigte, der erfüllte Prophetie als starken Beweggrund zum Glauben ansah:

„Ich strecke meine Arme nach meinem *Erlöser* aus, der, nachdem er viertausend Jahre lang angekündigt wurde, gekommen ist, um für mich auf Erden zu leiden und zu sterben, zu der vorausgesagten Zeit und unter allen vorausgesagten Umständen. Durch seine Gnade erwarte ich den Tod in Frieden, in der Hoffnung, auf ewig mit ihm vereint zu sein. Dennoch lebe ich voll Freude, sei es in dem Wohlstand, mit dem es ihm gefällt, mich zu beschenken, oder in der Widerwärtigkeit, die er zu meinem Besten sendet und die zu ertragen er mich durch sein Beispiel gelehrt hat."[38]

Jesus sagte seinen eigenen Tod und seine Auferstehung voraus und wurde von den Toten auferweckt. Nur wenige andere haben ihre eigene Auferstehung von den Toten vorhergesagt; davon, daß es tatsächlich geschehen wäre, ganz zu schweigen! Christus aber wurde tatsächlich am dritten Tage von den Toten auferweckt und bekräftigte so seine Ansprüche (Römer 1,4). Der evangelistische Eifer der frühen Gemeinde wäre ohne die wirkliche, körperliche Auferstehung Christi nicht zu erklären. Ohne dieses Ereignis wären seine Jünger (buchstäblich) entgeistert sitzengeblieben. Sie hätten dann das Wissen ertragen müssen, daß er seine Auferstehung umsonst angekündigt hätte. Sie hätten kein Evangelium gehabt, das sie verkündigen konnten. Aber sie verkündigten es – weil Christus auferstanden war.[39]

Auch wenn das New Age uns alle zu Göttern erklärt, kenne ich keinen New Ager, der für das Karma der Welt gestorben oder von den Toten auferstanden wäre, und es scheint auch keiner in Sicht zu sein. (Es heißt, Swami Yogananda, der Gründer der „Self-Realization Fellowship", sei nach seinem Tod nur sehr langsam verwest – aber was immer das zu bedeuten haben mag, es verblaßt im Vergleich mit dem auferstandenen Christus.)

Jesus läßt sich nicht in das New-Age-Klischee eines „erleuchteten Meisters" unter vielen zwängen, wenn wir akzeptieren, was die Bibel über ihn sagt. Entweder war er, der er zu sein behauptete – auf einzigartige Weise menschgewordener Gott –, oder er war es nicht. Er hat nie pauschale Behauptungen über die Göttlichkeit aller Menschen geäußert, sondern er stellte sich selbst heraus als *die* Inkarnation Gottes. Einigen seiner Gegner erklärte er: „Wahrlich, wahrlich, ich sage euch: Ehe Abraham wurde, bin ich" (Johannes 8,58).

Daraufhin versuchten sie, ihn zu steinigen, weil er damit sich selbst so genannt hatte, wie Gott sich in der Offenbarung vor Mose im brennenden Busch genannt hatte (2. Mose 3,14). Jesus sagte auch zu einem Gelähmten, den er zu heilen im Begriff war (Markus 2,1-12): „Mein Sohn, deine Sünden sind dir vergeben." Damit stieß er einige der anwesenden religiösen Führer vor den Kopf, die sich dachten: „Wie redet der so? Er lästert Gott! Wer kann Sünden vergeben als Gott allein?" Jesus wich nicht zurück, sondern er offenbarte ihnen, da er ihre Gedanken kannte, „daß der Menschensohn Vollmacht hat, Sünden zu vergeben" (V. 10), worauf er seine göttliche Macht unter Beweis stellte, indem er den nichtgläubigen Jungen heilte. Jesus akzeptierte auch die Anbetung des Thomas, der, nachdem seine Zweifel an der Auferstehung in der Gegenwart des auferstandenen Christus dahingeschmolzen waren, ausrief: „Mein Herr und mein Gott" (Johannes 20,28). Jesus wies ihn nicht zurecht, sondern segnete ihn (V. 29).

Wenn Jesus glaubte, auf einzigartige Weise der menschgewordene Gott zu sein, und es doch nicht gewesen wäre, dann wäre er alles andere als ein „erleuchteter Meister" – er hätte dann ja nicht einmal gewußt, wer er war! Hätte er gewußt, daß er nicht der menschgewordene Gott war, und es doch behauptet, so wäre er ein gemeiner Betrüger gewesen, bestimmt aber kein „erleuchteter Meister". Schlimmer noch, er wäre ein Verführer gewesen, der eine unübersehbare Zahl von Menschen in die Irre geführt hätte. Wenn er glaubte, der menschgewordene Gott zu sein, und es auch war – wie die Berichte sagen –, dann lassen Sie uns mit diesem Unsinn aufhören, ihm einen Platz im pantheistischen Pantheon zuweisen zu wollen. Lassen Sie uns lieber ihn anbeten und ihm dienen.[40]

Manchmal mag es genügen, wenn wir als Christen New Ager einfach herausfordern, die Evangelien selbst zu lesen, anstatt sich auf die Interpretationen aus zweiter Hand von New-Age-Autoren und -Lehrern zu verlassen. Wenn New Ager mit dem unzensierten Wort Gottes konfrontiert werden, kann es dazu kommen, daß sie daran glauben, „daß Jesus der Christus ist, der Sohn Gottes“, und daß sie „durch den Glauben das Leben [haben] in seinem Namen“ (Johannes 20,31).

Jesus von Nazareth, wie ihn die Bibel darstellt, verlangt unsere Aufmerksamkeit und unseren Respekt aus einer Vielzahl von Gründen, die offensichtlich werden, sobald wir die Berichte für sich selbst sprechen lassen. Ich kann hier nur einige anführen, die Jesu Einzigartigkeit unterstreichen.

Christus lehrte mit großer Vollmacht, Sicherheit und Klarheit, anders als die anderen religiösen Führer seiner Zeit (Matthäus 7,28-29). Seine Fähigkeiten als Redner und Lehrer waren unerreicht, da er Gleichnisse, Humor, Fragen und Didaktik so einsetzte, daß sie genau auf seine verschiedenen Zuhörerschaften zugeschnitten waren. Sein Lehren zog Tausende von Menschen mit offenem Herzen an, die jedes seiner Worte in sich aufsogen und ihm sogar stundenlang zuhörten, ohne etwas zu sich zu nehmen. Er war immer Herr der Situation, in der er sich befand, und seine Ankläger hatten nie Erfolg mit ihren Versuchen, ihn aufs Glatteis zu führen, sondern sie blieben häufig dumm dreinschauend auf der Strecke. Niemand konnte ihn jemals austricksen. Seine unterlegenen Gegner machte das derart wütend, daß sie danach trachteten, ihn durch den Tod zum Schweigen zu bringen.

Die ethischen Lehren Christi sind ohne Vergleich. Durch sein Leben und seine Lehre rief Jesus seine Zuhörer dazu auf, sich vor seinem heiligen Vater zu verantworten. Die Sanftmütigen werden das Erdreich besitzen. Liebet eure Feinde. Die Demütigen werden erhöht und die Hochmütigen gedemütigt. Gib, und dir wird gegeben werden. Halte die andere Wange hin. Diese Worte – und so viele andere mehr – stacheln uns auf, beunruhigen uns und fordern uns an der Wurzel unseres Daseins heraus.

Christus bewies auch übernatürliche Kräfte, die in der Geschichte einzigartig sind. Er heilte durch eine Berührung oder ein Wort und erneuerte gebrochene Leiber und Seelen durch seine Barmherzigkeit: Die Blinden sahen, die Tauben hörten, die Lahmen gingen, und die Toten standen auf. Menschen, die nur seine Kleidung berührt hatten, wurden körperlich gesund. Selbst die Naturgewalten mußten sich seinem Willen unterordnen. Calvin weist darauf hin, daß zwar auch Christi Jünger Wunder vollbrachten, die Wunder Jesu aber einzigartig waren, weil sie aus seiner eigenen Macht entsprangen. Die Jünger riefen, um zu heilen, Jesu Namen an (Apostelgeschichte 3,6), denn die Macht war in ihm. Über Jesu Wunder sagt Calvin, daß er manchmal das „Gebet einsetzte, um dem Vater Ehre zuzuschreiben; wir sehen jedoch, daß sich zumeist seine eigene Macht zeigt. ... Darum überrascht es nicht, daß Christus sich auf seine Wunder berief, um den Unglauben der Juden zu dämpfen, insofern als diese aus seiner eigenen Kraft vollbracht wurden und daher das beredteste Zeugnis von seiner Göttlichkeit ablegten."[41] Dies war kein gewöhnlicher Mensch. Er war ein König, der mit Macht das Königreich Gottes verkündigt hatte.

Sünde und das Kreuz Christi

Um aber wirklich „Leben zu haben in seinem Namen", muß der New Ager das Kreuz Christi verstehen, denn diese unvergleichliche Gestalt kann ohne ihren Tod nicht erfaßt werden. Er, der die Macht hatte, zu heilen und die Toten aufzuerwecken, endet sterbend am Kreuz und bittet für seine Ankläger: „Vater, vergib ihnen" (Lukas 23,34).

Der Gott des New Age ist eine teilnahmslose Kraft; der Gott der Bibel hängt bleich am Pranger eines Verbrechers und trägt die Sünden der Welt. Dies ist ein göttliches Drama, von dem New Ager nichts wissen. Für sie sind das Kreuz und die Sünde, durch die es notwendig wurde, zu „negativ". Aber der Christ weiß das besser und sagt mit Paulus: „Es sei aber fern von mir, mich zu rühmen, als allein des Kreuzes unseres Herrn Jesus Christus“ (Galater 6,14). Den Grundhaltungen des New Age zum Trotz ist es unerheblich, ob etwas „positiv“ oder „negativ“ ist, im Vergleich dazu, ob es objektiv wahr oder falsch ist. Die Tatsache, daß mir der Arzt einen schweren, lästigen Gipsverband für mein gebrochenes Bein verschreibt, ist ziemlich „negativ“. Dennoch ist mein Bein objektiv gebrochen, und nur dadurch, daß ich meinen wahren (negativen) Zustand erkenne, kann ich die notwendigen Schritte zur Heilung unternehmen. Ebenso ist die Negativität der menschlichen Sünde real; nur dann, wenn ich dieser Tatsache ins Auge sehe, kann die Sünde angemessen in Angriff genommen werden. Alles Visualisieren, Bejahen, Chanten, Meditieren und Schwingen in der Welt kann nichts dazu beitragen, die Sünde zunichte zu machen. Aber wie können wir das Problem der Sünde lösen?

Als Jesus für die Sünden der Menschheit gekreuzigt wurde, wurde der Gerechtigkeit eines heiligen Gottes Genüge getan. Jesus beschrieb seine Mission so: „Der Menschensohn ist gekommen, zu suchen und selig zu machen, was verloren ist“, und „daß er … sein Leben gebe als Lösegeld für viele“ (Lukas 19,10; Markus 10,45). In Jesus wurde der Gerechte für die Ungerechten geopfert. Paulus sagt: „Denn er hat den, der von keiner Sünde wußte, für uns zur Sünde gemacht, damit wir in ihm die Gerechtigkeit würden, die vor Gott gilt“ (2. Korinther 5,21). Martin Luther betete: „Herr Jesus, du bist meine Gerechtigkeit, ich bin deine Sünde. Du hast auf dich genommen, was mein war; doch auf mich hast du gelegt, was dein war. Du wurdest, was du nicht warst, damit ich werden konnte, was ich nicht war.“[42]

Der Apostel Johannes preist Jesus als den, „der uns liebt und uns erlöst hat von unsern Sünden mit seinem Blut“ (Offenbarung 1,5). Dies ist das Ergebnis einer unermeßlichen Liebe; der Liebe des Vaters, der den Sohn sandte, und der Liebe des Sohnes, der dem Vater gehorsam war, um ihn zu verherrlichen und seinen verirrten Geschöpfen die Erlösung zu bringen. Richard Lovelace drückt das so aus:

„Die Harmonie zwischen Gottes Liebe und seiner Gerechtigkeit wird durch den Tod Jesu am Kreuz auf vollkommene Weise versinnbildlicht. Die Kreuzigung offenbart die Strenge der Gerechtigkeit Gottes, die Sühne für all unsere Sünden fordert. Aber gleichzeitig zeigt sie die Tiefe seiner Liebe, indem er selbst das erforderliche Opfer bringt.“[43]

Weil Christus an jenem Baum der Schande litt, dürfen wir ohne Schande als Menschen leben, die von der Strafe der Sünde befreit sind.[44]

Das New Age setzt an die Stelle der biblischen Offenbarung der von Christus vollbrachten Sühne für unsere Sünden den monistischen Gedanken des „Alles ist eins“. Es ist wichtig, New Agern deutlich zu machen, daß der Unterschied zwischen den beiden Gedanken so groß ist wie der zwischen Himmel und Hölle.

Ethische Sühne:	**Monistisches „Alles ist eins“:**
1. Sieht Problem in der Sünde	1. Sieht Problem nicht in der Sünde, sondern in der Unwissenheit
2. Nimmt heiligen/persönlichen Gott an	2. Nimmt unpersönlichen Gott an
3. Zeigt Liebe/Gerechtigkeit Gottes	3. Zeigt Göttlichkeit des Selbst
4. Wird durch Gottes Gnade frei angeboten	4. Wird durch mystische Techniken erlangt
5. Errettet von der Hölle	5. Errettet von illusionärem Bewußtsein
6. Verheißt den Himmel	6. Verheißt Selbstverwirklichung
7. Wird durch Glauben empfangen	7. Wird durch das Selbst erfahren

Zur Errettung ist Vertrauen auf Christus und sein Werk notwendig. Das christliche Evangelium ist eine „gute Nachricht“ nur für solche Menschen, die die „schlechte Nachricht“ der Sünde und der menschlichen Verkommenheit begriffen haben. Und das „Gute“ daran ist, daß das Evangelium ein Evangelium der Gnade ist, nicht der erfolgreichen menschlichen Bemühung. Das New Age verkauft eine Selbsterfahrung durch mystische Werke, in denen wir unsere vergessene Göttlichkeit wiederentdecken. (Wie es wohl zuging, daß Gott vergaß, daß Gott Gott war – das Problem des „metaphysischen Gedächtnisschwundes“ –, bleibt rätselhaft.)[45] Das Christentum bietet ewiges Leben durch den Glauben an den Erlöser. Das New Age verheißt unbegrenztes Potential durch Selbstentdeckung. Christus verheißt ewiges Leben durch Selbstverleugnung. Kurt Koch sagte: „Wir brauchen nicht tief in uns selbst zu forschen, sondern in ihm, der für uns am Kreuz gestorben ist. Wir brauchen nicht das tiefe Selbst zu entdecken, sondern wir entdecken unseren Herrn und Erlöser.“[46]

Wie Pascal erklärte, ist Jesus Christus die Quelle und der Mittelpunkt allen Verstehens:

„Wir kennen nicht nur Gott allein durch Jesus Christus, sondern wir kennen auch uns selbst nur durch Jesus Christus. Wir kennen Leben und Tod nur durch Jesus Christus. Ohne Jesus Christus wissen wir nicht, was unser Leben ist, noch unser Tod, noch Gott, noch wir selbst.“[47]

Wenn wir die Gründe für unseren Glauben an einen persönlichen Gott, der sich am vollkommensten in Jesus Christus offenbart hat, und unsere Gründe dafür darlegen, uns an die biblische Moral im Gegensatz zum Relativismus des New Age zu halten, dann lassen Sie uns darum beten, daß der Heilige Geist New Ager ansprechen möge, damit sie ihre intellektuellen und moralischen Unzulänglichkeiten erkennen und umkehren, um den einzigen wahren und lebendigen Gott anzubeten und ihm zu dienen.

Teil III
Die Fähigkeit zur Unterscheidung

7. Erziehung für ein Neues Zeitalter

Abraham Lincoln hat einmal gesagt: „Was in einer Generation die Philosophie der Erziehung ist, wird in der nächsten die Philosophie der Regierung sein." Obwohl noch viele andere Dinge außer der formalen Erziehung zur Philosophie einer Staatsregierung beitragen, hat Lincolns Gedanke immer noch viel für sich; man kann ihn sogar so weit ausweiten, zu sagen, daß die Philosophie der Erziehung in einer Generation für die kommenden Generationen nicht nur die Philosophie der Staatsregierung in erheblichem Maße prägen wird, sondern auch die Philosophie der Medien und die der Kirche.

Marilyn Ferguson bemerkt, daß von den „Verschwörern im Zeichen des Wassermanns", die sie in ihrem Buch *Die sanfte Verschwörung* befragt, die meisten „mehr als in jedem anderen Bereich ... beruflich im Erziehungswesen tätig" waren. „Es befanden sich darunter Lehrer, Schulräte, Kulturpolitiker und Erziehungspsychologen."[1] Viele der Befragten beklagten sich darüber, daß sie ihren Wassermann-Lehrplan nicht vollständig anwenden konnten. Aber sie haben Fortschritte gemacht. Die Vorstellung eines vom New Age belagerten Erziehungswesens ist, wie wir sehen werden, alles andere als phantastisch. Doch zunächst wollen wir den allgemeinen Zustand unseres Erziehungssystems analysieren.

Was steht in den Schulbüchern?

Der Inhalt unserer Schulbücher weist einen furchtbaren Mangel an christlicher Moral und an positiven Erwähnungen des traditionellen religiösen Lebens auf. Schulbuchrezensenten betonen, es sei „kurzsichtig, den Einfluß der Schulbücher auf das, was die Schüler lernen, zu unterschätzen. Im Klassenraum verbringen Schüler 75 Prozent ihrer Zeit mit Material aus Schulbüchern, bei den Hausaufgaben sind es 90 Prozent."[2] Selbst da, wo kein eigentlicher New-Age-Einfluß festzustellen ist, wirkt das moralische und geistliche Vakuum in den Schulen wie eine offene Einladung zur Unterwanderung durch das New Age.

Paul Vitz führte 1985 im Auftrag des „National Institute of Education" (Nationales Institut für Erziehung) eine mit Bundesmitteln geförderte systematische Untersuchung zum Inhalt von Schulbüchern durch. Die Ergebnisse machten ihn sprachlos. Seine auf sorgfältigen Recherchen beruhende Schlußfolgerung lautet schlicht, daß die Schulbücher zensiert wurden. „Religion, die traditionellen Werte der Familie sowie konservative politische und wirtschaftliche Standpunkte sind aus den Schulbüchern zuverlässig ausgeschlossen worden."[3] Dies geschieht nach seinen Feststellungen auf allen Ebenen der Schulbildung. Das große christliche Erbe wird hemmungslos herausgestrichen. Wenn trotzdem einmal einer der Pilger ein seltenes Gastspiel gibt, wird seine christliche Einstellung stillschweigend übergangen.[4]

Leider können wir Vitz' genauer Untersuchung hier nicht so viel Aufmerksamkeit widmen, wie sie verdient hätte; dennoch möchte ich immerhin einige der krasseren Beispiele für solche Verfälschungen anführen. Besonders im Bereich der Religion stellte Vitz große Schwächen fest.[5] Erstens vernachlässigen die Schulbücher den prägenden Einfluß der antiken und modernen jüdischen Geschichte zugunsten der griechischen und römischen. Zweitens vernachlässigen sie das Leben des Jesus von Nazareth. Vier der meistverwendeten Bücher erwähnen nicht einmal seinen

Namen, während andere Mohammed mehr Platz einräumen. Drittens vernachlässigen sie die ersten tausend Jahre des Christentums. Sie werden nur routinemäßig überflogen. Viertens vernachlässigen sie das östlich-orthodoxe Christentum und das byzantinische Reich. Fünftens vernachlässigen die Schulbücher den Protestantismus. Die Texte spielen die Existenz oder die Bedeutung der Reformation herunter oder vermeiden überhaupt, sie zu erwähnen. In einem der untersuchten Bücher kommen weder Luther noch Calvin vor. Sechstens vernachlässigen die Schulbücher das Christentum in der modernen Welt. Obwohl die religiösen Anliegen anderer Kulturen nicht verschwiegen werden, wird das Christentum in der westlichen Welt unsichtbar gemacht.

Mancher könnte glauben, daß es wenig ausmache, das Christentum aus den Schulbüchern zu streichen, da es besser sei, gar nichts dazu zu sagen, als etwas Kritisches anzumerken. Bedenken Sie jedoch die scharfen Worte von Sir Walter Moberly:

„Es ist ein Irrtum, anzunehmen, daß man über ein Thema nichts lehrt, indem man es übergeht. Im Gegenteil, man lehrt gerade, daß es übergangen werden kann und daher von zweitrangiger Bedeutung ist. Und dies lehrt man nicht offen und ausdrücklich, was zur Kritik herausfordern würde, sondern man setzt es einfach als selbstverständlich voraus und schiebt es auf diese Weise still, heimtückisch und nahezu unwiderstehlich unter."[6]

Interessanterweise fand Vitz mehr als nur ein paar positive Erwähnungen der Magie und der indianischen Spiritualität in Grundschul-Lesebüchern (in Büchern, die zum Lesenlernen dienen!). Vitz bemerkt, es gäbe „Dutzende von Artikeln über Tiere, Archäologie, Fossilien oder Magie – aber keinen über Religion, geschweige denn über das Christentum. Im Gegensatz zu dieser sträflichen Vernachlässigung des Christentums und auch des Judentums gibt es eine ansatzweise Betonung des Spirituellen oder Okkulten in einer Reihe von Geschichten über die Indianer."[7] Er fährt fort: „In diesen Büchern wird ein gewisser Nachdruck auf die Magie gelegt. ... Kurz: Geschichten mit Bezug zum Okkulten, zur Magie, zu indianischen und anderen heidnischen Religionen kommen rund fünfmal häufiger vor als Geschichten, in denen irgend etwas Jüdisch-Christliches erwähnt wird."[8]

Die Vernebelung durch „Klärung der Wertvorstellungen"

Vitz' Studie befaßt sich vorrangig mit der Behandlung religiöser Themen in Schulbüchern. Eine weitere äußerst beunruhigende Entwicklung ist der Lehrgang „Klärung der Wertvorstellungen", eine Lehrmethode für Ethik, die sich im Erziehungswesen verbreitet hat. Was eigentlich als Versuch gedacht war, in einer pluralistischen Zeit den Unterschied zwischen Richtig und Falsch zu lehren, hat sich inzwischen selbst zu einem ethischen System entwickelt – und zwar einem ziemlich armseligen.

Der Lehrgang „Klärung der Wertvorstellungen" verfolgt das Ziel, die Schüler dazu anzuspornen, ohne äußere Unterweisung ihre eigenen Wertvorstellungen zu entwickeln. Man hält die Schüler für fähig, sich ihr eigenes persönliches Wertesystem aufzubauen – unabhängig von jeder moralischen Autorität und ohne Kenntnis aller entscheidenden Fakten. Dabei wird das Selbst als im Grunde gut betrachtet. Dies führt zu einer Beeinflussung in Richtung Relativismus. Nach den Worten des Urhebers besteht das Ziel von „Klärung der Wertvorstellungen" darin, „die Schüler praktischen Erfahrungen auszusetzen, durch die sie sich über *ihre eigenen* Gefühle, *ihre eigenen* Gedanken und *ihre eigenen* Überzeugungen klar werden, so daß sie ihre Entscheidungen bewußt und freiwillig auf der Grundlage ihrer eigenen Wertsysteme treffen."[9]

Die Bezeichnung „Klärung der Wertvorstellungen"

selbst ist vielsagend. Das Wort *Wertvorstellungen* – anstelle von *Ethik* oder *Moral* – erweckt den Eindruck, wir könnten selbst entscheiden, was richtig oder falsch ist, ebenso wie wir entscheiden, welche Kleider wir tragen. Das Ziel des Lernprozesses besteht nicht darin, ein objektives System absoluter moralischer Forderungen zu entdecken, sondern eine subjektive Liste von Werten zu schaffen, um unsere eigenen Wertvorstellungen zu klären – mit anderen Worten, um zu klären, was *für mich* richtig oder falsch ist. Die Klärung unseres „Wertempfindens" ersetzt das Streben nach wahrer Rechtschaffenheit, das Gefühl ersetzt das Recht, die Vorliebe ersetzt die Tugend. Das einzige, was bei der Methode der „Klärung der Wertvorstellungen" verboten ist, ist das Anerkennen und Respektieren des objektiven, allgemeingültigen und absoluten moralischen Gesetzes Gottes.[10] Unreife, subjektive Impulse können „geklärt" werden und so objektive Wahrheiten verdecken.

Offene Türen für das New Age

Unsere Kultur hat dem New Age ein „Herein!" zugerufen. Oft findet das New Age im Erziehungsbereich fruchtbaren Boden, wenn Schulbücher von fast allen positiven Erwähnungen des Christentums „gereinigt" werden und Lehrmethoden zu Relativismus anleiten. „Die eigenen Werte selbst wählen" kann leicht in den New-Age-Traum „die eigene Wirklichkeit selbst schaffen" übergeführt werden. Unsere Kultur scheint tatsächlich mit merkwürdig verschiedenen Maßen zu messen: Das Christentum wird ausgeschlossen, aber die Botschafter des New Age werden allzu oft mit offenen Armen empfangen.

Die Untersuchung mit dem Titel *Child Abuse in the Classroom* dokumentiert ausgewählte Zeugenaussagen aus sieben großen amerikanischen Städten in bezug auf einen ergänzenden Artikel der amerikanischen Verfassung, der dem Schutz der Schüler vor psychischer Manipulation dient. In dieser Schilderung ihrer Unzufriedenheit mit der Schulbildung führen die Zeugen wiederholt Beispiele für New-Age-Einflüsse an.

Robert Griggs zum Beispiel berichtete: „Im Herbstsemester gab es im Sportunterricht einen obligatorischen Yogakurs, um den Kindern das Meditieren beizubringen.“ Zu diesem Training gehörte auch das endlos wiederholte Aussprechen unbekannter Wörter, höchstwahrscheinlich hinduistischer Mantras.[11]

Eine Mutter erkundigte sich nach dem Lehrplan für die Klassen 3 bis 6. Dabei erfuhr sie, daß dazu auch „Yoga zur Erlangung von Frieden, Harmonie und Selbsterkenntnis“ gehört.[12] Andere Aussagen erheben Einspruch gegen die Anwendung okkulter, parapsychologischer und bewußtseinsverändernder Praktiken in den Schulen.[13]

In dem Buch *Growing Up Gifted* (Begabt aufwachsen) stützt sich die Erziehungstheoretikerin Barbara Clark stark auf den New-Age-Vorläufer Teilhard de Chardin und New-Age-Autoren wie Marilyn Ferguson und Fritjof Capra, indem sie einen Erziehungsplan vorschlägt, der aus einer unverhohlenen New-Age-Orientierung gespeist ist:

„Lebensstile und Glaubenssysteme ändern sich, Dichotomien hören auf zu existieren, und Zeit und Raum bekommen eine andere Dimension. Die Wirklichkeit ist als eine nach außen gerichtete Projektion innerer Gedanken, Gefühle und Erwartungen zu sehen. Energie ist die Verbindung, die Mitte, die Grundlage aller Materie, und das Bewußtsein formt die Wirklichkeit. Diesen Fortschritt stellen wir zur Verfügung, indem wir unseren Schülern Möglichkeiten geben, die ihnen die Vereinigung von Körper und Geist erlauben. Dadurch, daß die Wissenschaft diese vernetzte Sicht der Wirklichkeit immer stärker herausstellt, werden westliche Pragmatiker sich mit östlichen Mystikern vereinigen, und alle Menschen werden daraus Nutzen ziehen. Ein bisher ungeahntes menschliches Potential wird dann die Möglichkeit haben, sich zu entwickeln.“[14]

Außerdem befürwortet Barbara Clark die „integrative Erziehung“ als „lebenslangen Weg, unser transpersonales Selbst zu verwirklichen“. Sie schließt ihre Arbeit mit einem verzückten Jubel auf die Parapsychologie. „Die Psi-Forschung ist weiterhin ein faszinierender Bereich, da sie den Umfang menschlicher Fähigkeiten immer weiter vergrößert und jeden von uns mit einer Macht ausstattet, die alle Grenzen überschreitet, von denen wir uns eingeschränkt glaubten.“[15] Junge und begabte Mitmenschen werden so zu Versuchskaninchen im Vergötterungsprojekt.

Auf der Hochschulebene bieten viele große Staatsuniversitäten Yogakurse an; eine Universität im Nordwesten der USA allein drei verschiedene Kurse über Kundalini-Yoga, die am offensichtlichsten okkulte Form des Yoga. Die verschiedenen experimentellen Colleges, die vielen Universitäten angeschlossen sind – meist aus dem Drang nach „Relevanz“ der sechziger Jahre geboren –, veranstalten ebenfalls häufig Kurse zu einer großen Bandbreite von New-Age-Phänomenen, angefangen von Aura-Lesen über Wicca (Hexerei) bis zur Zen-Meditation. Diese Kurse werden normalerweise nicht angerechnet, finden aber nichtsdestoweniger mit Unterstützung der Universitäten statt.

Der New-Age-Erleuchtete Robert Muller hielt auf der Jahreskonferenz der „National Catholic Education Association“ (Nationale Gesellschaft für katholische Erziehung; NCEA) im April 1985 in St. Louis das Hauptreferat. Muller, ein Schüler von Teilhard de Chardin, schrieb in der NCEA-Zeitschrift *Momentum,* wir wüßten „so viel, daß wir wahrscheinlich von göttlichem Wesen sind“, und als „kosmische Wesen, göttliche Wesen“ fänden wir, daß die Evolution uns einen Kosmos schenkt, der sich selbst als Gott erkennt.[16] Eine konservative katholische Beobachterin der Konferenz fand diese von New-Age-Themen durchsetzt. „In Dutzenden von Referaten und Arbeitsgruppen“, sagt sie, sei die „utopische ‚Vision‘“ befürwortet worden,[17] und sie meint, daß die katholische Erziehung von New Agern als möglicherweise nützliche Struktur angesehen wird, in die sie ihre religiös klingende Ideologie einschleusen können.[18]

Erziehung zum globalen Denken

Einer der verbreitetsten und beunruhigendsten Aspekte des New-Age-Denkens, der in das Erziehungswesen eingedrungen ist, ist der Gedanke der „Erziehung zum globalen Denken". Dabei handelt es sich um viel mehr als nur um ein Lehrprogramm für internationale Themen, nämlich um eine Lehrmethode der Geistes- und Sozialwissenschaften, die häufig eine New-Age-Ideologie des Relativismus, des religiösen Synkretismus und der Welteinheitsbestrebungen befürwortet oder voraussetzt. Einige der Lehrmaterialien, die bei der Erziehung zum globalen Denken eingesetzt werden, haben einen unverhüllten New-Age-Schwerpunkt, bei anderen ist dieser eher in verschleierter Form zu finden. Die folgenden auffälligen Merkmale der Erziehung zum globalen Denken im allgemeinen sollten wir beachten:

Das Bestreben, Kinder zu politisieren. Viele Pädagogen, die Erziehung zum globalen Denken betreiben, haben ihre Absicht zum Ausdruck gebracht, durch ihre Programme eine ganz bestimmte, wertbeladene Weltanschauung zu lehren. Ihr Ziel ist nicht, wertfrei Wissen über Geographie, Geschichte, Politik oder Philosophie zu vermitteln, sondern ihre Schüler zu bekehren.[19] Zwei dieser Pädagogen berichten, die meisten Erzieher seien sich einig, „daß Kinder so früh wie möglich an eine globale Perspektive herangeführt werden sollten – in jedem Fall aber vor dem Einsetzen der Pubertät, in der das nationale Bewußtsein und stereotype Denkweisen sich häufig dramatisch verstärken."[20]

In mehreren Staaten der USA ist mit Unterstützung der „National Education Association" (Nationale Gesellschaft für Erziehung; NEA) ein Curriculum namens „Friedenserziehung" eingeführt worden; es könnte als Spielart der Erziehung zum globalen Denken bezeichnet werden, da es viele Grundauffassungen mit dieser gemeinsam hat. Ein Curriculum mit dem Titel *Entscheidungen* benutzt sogar den New-Age-Mythos des „hundertsten Affen" (vgl. Kapitel 4), um Schüler zur politischen Aktivität anzuspornen. Indem wir unser kollektives Bewußtsein vereinigen, können wir angeblich das Bewußtsein des ganzen Planeten verändern und den Atomkrieg stoppen: „Dein Bewußtsein ist nötig, um den Atomkrieg zu verhüten. Du könntest der hundertste Affe sein."[21]

Ein sehr liberaler oder pazifistischer Internationalismus, der Abrüstung als einzig möglichen Umgang mit Konflikten betont. Die Perspektive „Frieden durch Stärke" – die von einem hohen Prozentsatz der Steuerzahler geteilt wird – wird, wenn überhaupt, nur selten als glaubwürdige Möglichkeit dargestellt.[22] Viel mehr Raum erhält da schon die Perspektive „Frieden um jeden Preis", die einseitige Abrüstung einschließt. (Gewiß vertreten nicht nur New Ager diesen Standpunkt, aber er ist ein häufiges Thema in vielen New-Age-Veröffentlichungen.)

Ethischer Relativismus. Viele der genannten Pädagogen befürworten die „Klärung der Wertvorstellungen"[23], und in den Texten wird häufig der „nicht verurteilende" Ansatz bei der Behandlung anderer Kulturen betont – worunter im allgemeinen zu verstehen ist: „Du sollst absolut kein absolutes Urteil fällen." Ein Text zum Beispiel stellt die Leitfrage: „Neigen wir manchmal dazu, unsere Wertvorstellungen und unser Verhalten als ‚richtig' oder ‚korrekt' zu definieren und die Wertvorstellungen und das Verhalten anderer als ‚falsch' und ‚anormal'? Liegt irgendeine Person oder eine Kultur ‚richtig' oder ‚falsch'?"[24] Die Anführungszeichen sagen alles. Der Globaldenker beschwört den Relativismus herauf, anstatt Gebrauch von seiner Urteilskraft zu machen.

Moralische Gleichwertigkeit. Der Gedanke, alle Nationen seien „moralisch gleichwertig", geht aus dem vorangegangenen Aspekt hervor. Diese These wird jedoch häufig revidiert zu der Aussage: „Alle Nationen sind moralisch gleichwertig, aber die Vereinigten Staaten sind moralisch weniger gleichwertig als die anderen." Dies kann man auch der spärlichen Aufmerksamkeit entnehmen, die in der Erziehung zum globalen Denken der einzigartigen Regierungsform Amerikas, seiner Geschichte und seinen positiven Leistungen auf dem Gebiet der politischen Freiheit und der wirtschaftlichen Möglichkeiten gewidmet wird. Selbst eine maßvolle Würdigung der guten Seiten Amerikas wird oft als „nationalistisch" und „ethnozentrisch" gebrandmarkt. Ebenso fehlt auffälligerweise oft eine objektive Behandlung des weltweit durch die Sowjetunion verübten Unrechts – wie etwa die Verfolgung von Millionen Andersdenkender durch Stalin und der globale Imperialismus der Sowjetunion, wie er sich an den „Interventionen" in Ungarn, in die Tschechoslowakei und in Afghanistan zeigt.

Anhänger der Erziehung zum globalen Denken täten gut daran, auf die Worte Reinhold Niebuhrs zu hören:

„Es ist schlechthin eine Verdrehung der Moral, die Ungereimtheiten in einer demokratischen Zivilisation mit den Grausamkeiten gleichzusetzen, die von modernen tyrannischen Staaten begangen werden. Wenn wir hier keinen Unterschied sehen, dann gibt es überhaupt keine historischen Unterscheidungen von irgendwelchem Wert. Alle Unterscheidungen, von denen in der Geschichte der Menschheit das Schicksal der Zivilisation abhing, waren gerade solche relativen Unterscheidungen."[25]

Derartige ethische Unterschiede sind in der Tat „relativ" – nicht aber im Sinne von *Relativismus* –, denn keine Nation ist vollkommen tugendhaft oder vollkommen verderbt.[26] Wer eine fremde Kultur angemessen würdigen will, braucht nicht die Augen vor wirklichen Übeln zu verschließen.[27]

Der Gedanke der „moralischen Gleichwertigkeit" schließt die „religiöse Gleichwertigkeit" mit ein. Nach einem Text, der von Gregg Cunningham zitiert wird, sollen Schüler das *I Ging* lesen, ein chinesisches Orakelbuch.[28]

Ein anderer Text deutet an, daß das jüdisch-christliche Erbe des Westens dem Spiritismus unterlegen sei, weil uns der Gedanke an Besuch von den Toten unangenehm sei.[29]

Die Welteinheitsregierung. Die Vereinigung der Welt in einem Staat wird wegen der gegenseitigen wirtschaftlichen und politischen Abhängigkeit und der drohenden militärischen oder wirtschaftlichen Gefahren für notwendig gehalten. Zusammenarbeit muß jeden militärischen oder wirtschaftlichen Wettbewerb ersetzen, indem wir begreifen, daß „wir alle eins sind" und durch die Auflösung der nationalen Souveränitäten „noch mehr eins" werden müssen. Obwohl auch viele Nicht-New-Ager aus einer Reihe von Gründen für eine einheitliche Weltregierung werben, ist der Gedanke für New-Age-Monisten, die die Einheit aller Dinge betonen, besonders attraktiv. Aus ihrer Sicht sollte, da im metaphysischen Sinn alles eins ist, auch im politischen Sinn alles eins werden.

Was in den Materialien der Erziehung zum globalen Denken weitgehend fehlt, ist das Bewußtsein der Tatsache, daß es wirklich Böses gibt und daß man ihm widerstehen muß, möglicherweise auch mit militärischer Macht. „Zusammenarbeit" mit Hitler war gleichbedeutend mit Beihilfe zum Völkermord; Gegnerschaft mit ihm war gleichbedeutend mit Widerstand gegen Völkermord. In globalistischem Lehrmaterial besteht die Neigung zu einer gefährlich utopischen Einstellung, der Friede sei durch einseitigen guten Willen zu erlangen. Der Gedanke dahinter ist, daß wir einfach durch wachsende gegenseitige Abhängigkeit die menschliche Natur irgendwie veredeln und somit ihr verborgenes Potential nutzbar machen könnten.

In Wirklichkeit sind Nationen in völlig unterschiedlichem Maße voneinander abhängig, wie jede Untersuchung über Exporte und Importe oder militärische Unterstützungsabkommen zeigt. Zudem ist wachsende gegenseitige Abhängigkeit nicht in jedem Fall gut, wie jeder bestätigen wird, der einmal gezwungen war, sich von dem „Schutz" eines organisierten Verbrecherrings abhängig zu machen. Der

Historiker Paul Johnson bemerkt, seit dem Ersten Weltkrieg sei wegen der „politischen Ganzheitlichkeit", die durch die internationale Medienverflechtung und den Reiseverkehr möglich geworden sei, „selbstgenügsame Isolation nicht länger eine praktikable Staatspolitik" gewesen.[30] Während diese Vernetzung einige positive Auswirkungen gehabt habe, fügt Johnson hinzu, habe auch die Selbständigkeit ihre Vorteile:

„Der Schwarze Tod um die Mitte des 14. Jahrhunderts hatte sich fünfzig Jahre lang verbreitet, und doch gab es Gegenden, die er nie erreicht hat. Der Influenza-Virus von 1918 hatte innerhalb von Wochen die Welt umhüllt und war fast überallhin vorgedrungen. Der Virus der Gewalt, des Terrors und des Totalitarismus könnte sich als ebenso schnell und allgegenwärtig erweisen."[31]

Das ist in der Tat eingetroffen: Die Sowjetunion verfügt über eine *inter*nationale Souveränität, die alle anderen Mächte in den Schatten stellt, und es ist – auch angesichts der gegenseitigen Entwicklungen – nicht wahrscheinlich, daß sie ihre internationale Dominanz zugunsten eines Superstaates aufgeben würde, der mit dem Ziel geschaffen würde, eine vollkommen gleichberechtigte gegenseitige Abhängigkeit zu gewährleisten.[32] Wie die Gutwilligkeit eines solchen Superstaates gesichert oder aufrechterhalten werden sollte, wird nicht behandelt; sie wird einfach vorausgesetzt.

Man könnte noch weiter beunruhigende Merkmale der Erziehung zum globalen Denken auflisten – Lehrmethoden, die sich in Familienangelegenheiten hineindrängen, ein vorherrschendes antichristliches und antiwestliches Vorurteil[33] und die unauffällige Art und Weise, wie globalistische Ideen mit Hilfe von semantischen Fassaden in den Lehrplan eingeschleust werden. Erziehung zum globalen Denken ist zwar kein reines New-Age-Produkt, bildet aber einen fruchtbaren Boden, um den Samen der New-Age-Weltanschauung auszustreuen.

Widerstand gegen die New-Age-Bewegung im Erziehungswesen

Nachdem wir uns nun von dem Auftreten des New Age im Erziehungswesen überzeugt haben, liegt uns natürlich daran, etwas dagegen zu tun. Aber wie?

Wie bereits besprochen, sollten wir nicht eine vereinfachende Quarantäne- oder Tabu-Mentalität an den Tag legen, wenn wir den New-Age-Einfluß im Erziehungswesen kritisieren. Auch in der Erziehung zum globalen Denken gibt es ein paar Elemente, die *bewahrt* werden sollten. Wir sollten anerkennen, daß die meisten Pädagogen gute Absichten haben und daß manche ihrer Vorschläge durchaus vernünftig sind. Gegen das Ziel der Erziehung zum globalen Denken, den Schüler mit einer größeren, eben globalen Perspektive vertraut zu machen, ist an sich nichts einzuwenden.

Obwohl die biblische Perspektive in der Erziehung zum globalen Denken fehlt, sollten sich Christen dennoch als „globale Christen" verstehen, die mit ihren Brüdern und Schwestern in Christus rund um die Welt geistlich verbunden sind. Unser Gott ist der Schöpfer der Welt, und seine Liebe zur Welt ist der Grund dafür, daß er seinen Sohn sandte, um sie zu erlösen (Johannes 3,16). Unser Bürgerrecht im Reich Gottes überschreitet nationale Grenzen. Wir sollten beten und arbeiten für alle Christen, deren religiöse und politische Freiheit durch Unterdrückungsregime mit Füßen getreten werden. Wir sollten unseren Wohlstand barmherzig mit den Bedürftigen in aller Welt teilen. Es kann uns auch nützlich sein, zu lernen, wie Christen aus anderen Kulturen ihren Glauben ausdrücken.

Dennoch unterscheidet sich die christliche Sicht der Beziehung eines Menschen zum Rest der Welt radikal von der Sicht des New Age. Wenn es um moralischen Relativismus, religiösen Synkretismus und Monismus in seinen vielen Formen geht, müssen wir uns *absondern.* Und es ist diese grundlegende New-Age-Perspektive, die die Lehrpläne der Erziehung zum globalen Denken beherrscht.

Wirksame Einwände gegen New-Age-Material in Schulen zu erheben, die zu konkreten Veränderungen führen, ist jedoch aus verschiedenen sowohl praktischen als auch grundsätzlichen Gründen schwierig.

Da ist zunächst das *Problem der Schulaufsicht* durch übergeordnete Stellen. Der einzelne christliche Bürger muß sich mit einer festgefügten Bürokratie auseinandersetzen, die alle Hände voll zu tun hat, weitaus mächtigere Lobbyisten zufriedenzustellen: Parteien, Gewerkschaften, Verwaltungen etc. Daher ist es eine schier unlösbare Aufgabe, eine Überarbeitung von Lehrplänen zu erreichen.

Eine zweite praktische Schwierigkeit ist die *allgemeine Säkularisation des Erziehungswesens,* die, ob absichtlich oder nicht, eine nichtchristliche oder antitraditionelle Grundhaltung unterstützt. Durch den starken Einfluß der Erziehungsphilosophie von John Dewey und anderen ist das moderne pädagogische Denken von einer nichtchristlichen Weltanschauung durchdrungen. Auch wenn Schulen einem Einfluß traditionell christlicher Ansichten mit offener Ablehnung gegenüberstehen, öffnen sie sich vielleicht für New-Age-Anschauungen, die sich als nichtreligiöse psychologische Praktiken verstellen. Der New-Age-Aktivist Dick Sutphen weist auf dieses allgemeine Merkmal hin:

„Einer der größten Vorteile, die wir als New Ager haben, besteht darin, daß unsere Konzepte und Techniken in der Öffentlichkeit sehr gut ankommen, sobald wir nur die okkulte, metaphysische oder New-Age-Terminologie weglassen. Auf diese Weise ändern wir die Namen und zeigen die Macht. Damit öffnet sich uns die Tür zu Millionen, die sonst nicht empfänglich wären."[34]

Jack Canfield und Paula Klimek geben ihren Erzieherkollegen Hinweise, wie „Centering" – eine Form östlicher Meditation – im Klassenzimmer eingeführt werden kann: „Centering kann auch bis zur Arbeit mit Meditation im Klassenzimmer ausgedehnt werden. (Ein Tip: Wenn Sie in einer öffentlichen Schule arbeiten, nennen Sie es nicht Meditation, sondern ‚Centering'. Jede Schule möchte, daß die Kinder entspannt, aufmerksam und kreativ sind, und genau das werden sie auch.)"[35]

Viele Lehrer, die sich stolz das Etikett „fortschrittlich" umhängen, nehmen *New-Age*-Praktiken als den letzten Schrei mit offenen Armen auf, während sie „Old-Age"-Traditionen als Überbleibsel von gestern ablehnen.

Bei der Veränderung des öffentlichen Erziehungswesens begegnen uns auch etliche *grundsätzliche* Probleme. Erstens kann ein aus Steuergeldern finanziertes öffentliches Erziehungswesen in unserer pluralistischen Gesellschaft niemals in Inhalt und Methode völlig christlich sein. In den öffentlichen Schulen darf das Zeugnis, das die Schöpfung über ihren Schöpfer ablegt, nicht gelehrt werden. Die Versuche von Christen, der Makro-Evolutionstheorie und dem wissenschaftlichen Kreationismus gleichmäßig Zeit einzuräumen, sind weitgehend gescheitert. Selbst wenn der wissenschaftliche Kreationismus gelehrt würde, könnte eine Theologie der Schöpfung kaum Erwähnung finden. Wenn „der Weisheit Anfang ... die Furcht des Herrn" (Sprüche 9,10) ist, dann scheinen die Schulen – grundsätzlich – am Ende der Schlange zu stehen.

Zweitens sollte man die Fairneß eines staatlichen Schulbildungssystems in Frage stellen, das die Überzeugungen so vieler Steuerzahler verletzt. Christen wenden sich gegen New-Age-Einflüsse in der Schule und drängen darauf, daß das Christentum fair dargestellt wird. Doch ebenso wenden sich New Ager gegen alles, was ihrer Ansicht zuwiderläuft. Aber sowohl die New Ager als auch die Christen müssen Steuern zahlen, um diese Schulen zu finanzieren. Wie sollte ein Lehrplan alle Strömungen in einer pluralistischen Gesellschaft fair präsentieren und zufriedenstellen können?

Drittens haben manche versucht, die Frage nach der Ausgewogenheit der Lehrpläne zu beantworten, indem sie sich auf einen „neutralen" Kern von Lehrmaterialien beriefen, der sowohl den Anforderungen der Schulbildung gerecht würde als auch niemandem Anstoß gäbe. Doch eine solche Neutralität gibt es nicht. Lehrpläne können in unterschiedlichem Maße ausgewogen und akkurat sein, aber jeder Lehrplan wird von menschlichen Wesen verfaßt, deren Arbeit durch ihre Weltanschauung beeinflußt wird. Wie wir gesehen haben, ist es keine neutrale Darstellung der Geschichte, das Christentum aus den Schulbüchern auszuschließen. Ebensowenig ist es eine neutrale Darstellung, alle Religionen als gleichwertig zu bezeichnen, denn dabei wird der ausschließliche Herrschaftsanspruch Christi übergangen. Neutralität ist unmöglich. Selbst wenn sie möglich wäre, wäre sie nicht wünschenswert für Christen, denen es darum geht, ihre Kinder nach christlichen Grundsätzen und Methoden zu erziehen (Epheser 6,4).

Anliegen wie diese haben viele christliche Eltern dazu veranlaßt, ihre Kinder auf private christliche Schulen zu schicken. Sofern solche Schulen erreichbar und für die Eltern erschwinglich sind, scheint dies die ideale Lösung für Christen zu sein, die sich aus den genannten Gründen Gedanken machen und die Nachdruck auf das *Motiv der Absonderung* legen möchten. Christen müssen eine neue Generation christlicher Schüler aufziehen, die in allen Fächern nach Maßgabe der biblischen Offenbarung, die für alle Bereiche wichtig ist, unterrichtet werden (2. Timotheus 3,15-16). In öffentlichen Schulen ist dies, wie ich glaube, praktisch unmöglich.

*

Obwohl wir uns hier hauptsächlich mit dem öffentlichen Erziehungswesen befaßt haben, können auch Privatschulen eine New-Age-Orientierung aufweisen. Das gilt besonders für die Waldorfschulen, die auf den Gedanken des deutschen Okkultisten Rudolf Steiner beruhen, und kann auch auf andere zutreffen. Jede Privatschule sollte sorgfältig in Augenschein genommen werden.

Doch auch Christen, deren Kinder christliche Schulen

besuchen, sollten sich nicht blindlings darauf verlassen, daß ihre Kleinen nichts anderes als biblisch Verläßliches aufnehmen. Erziehungsgedanken des New Age können sich leicht unauffällig in christliche Schulen einschleichen, besonders im Zusammenhang mit Unterricht zum Thema „Selbstbild“ (vgl. Kapitel 9). Hüten wir uns vor der Chamäleon-Mentalität, die in sich aufnimmt, was sie zurückweisen oder verändern sollte.

Wir sollten Marilyn Fergusons positive Bemerkung über „transpersonale Erziehung“ als Aufforderung zur Wachsamkeit und Warnung vor der Vogel-Strauß-Mentalität verstehen:

„Wie die ganzheitliche Gesundheit kann die transpersonale Erziehung überall Eingang finden. Dafür braucht es keine Schulen, ihre Anhänger meinen aber, daß die Schule die transpersonale Erziehung braucht. Aufgrund ihrer Stärke, soziale Probleme zu lösen und die Menschen wachzurütteln, verschwören sich ihre Anhänger, um ihre Philosophie in die Klassenzimmer – und zwar in alle Klassenstufen – zu tragen, in Seminare und Universitäten, in Berufsausbildung und Erwachsenenbildung.“[36]

8.
New Age und Geschäftsleben

Die zögernde Stimme am anderen Ende der Telefonleitung verriet Nervosität und tiefe Besorgnis. Die Familie des Mannes wurde von einer unerwarteten Krise heimgesucht, und er rief an, um mich um meine Hilfe zu bitten. Ein christlicher Pastor geriet ins Schleudern, weil seine einundzwanzigjährige Tochter sich mit Haut und Haaren für etwas engagierte, das für ihn wie eine Sekte aussah – und er wußte nicht das Geringste über Sekten. Was noch schlimmer war: Man beeinflußte sie, ihr Elternhaus zu verlassen und an einer Intensivschulung teilzunehmen, um sich ihrer Loyalität noch weiter zu versichern.

Erhard schlägt wieder zu

Seine Tochter hatte nicht ihren Besitz aufgegeben, ihre Haare abrasiert, war keiner Kommune beigetreten und hatte nicht angefangen, Safrankleider zu tragen oder sich vor einem von aromatischem Rauch erfüllten orientalischen Schrein niederzuwerfen. So einfach war es nicht. Sie hatte lediglich an einem Seminar für Geschäftsleute namens „Das Forum" teilgenommen, einer der jüngsten Reinkarnationen von EST (Erhard Seminars Training).

EST war das erste „Bewußtseinserweiterungs"-Seminar der siebziger Jahre. Der Begründer, Werner Erhard (vor seiner „Erleuchtung" hieß er noch Jack Rosenberg), hatte sich mit EST einen großen Anteil am Parapsychologie-Markt gesichert: ungefähr eine halbe Million Menschen absolvierten das „Training“ (entweder bei Erhard selbst oder bei einem seiner Schüler). Unter den bekannteren EST-Absolventen waren berühmte Persönlichkeiten wie John Denver und führende Wirtschaftsfachleute von solch erhabenen Institutionen wie dem „Massachusetts Institute of Technology“, der „American Management Association“ und den Wirtschafts-Fachbereichen der Universitäten Harvard und Stanford; sie alle saßen Herrn Erhard persönlich zu Füßen.[1]

Erhards Zielgruppe für das Forum sind Geschäftsleute. Seine Strategie mag sich seit den Tagen von EST leicht verändert haben, nicht aber seine Weltanschauung. Für Erhard ist das Forum die Einstiegsluke, um das New Age in die Geschäftswelt zu bringen.

Die Tochter des Pastors, die sich zum Glauben an Christus bekannt hatte, bezahlte 525 Dollar für das Seminar, das aus zwei aufeinanderfolgenden Wochenenden und einer dreistündigen Sitzung bestand. Dies erinnert stark an den sechzigstündigen Marathon von EST, durch den Menschen „es“ finden sollten: ein unbeschreibliches spirituelles Erwachen. Beim Forum ist nun die Rede davon, mit dem „Sein“ in Berührung zu kommen (was nur wenig mehr aussagt als „es“). In einer Werbebroschüre heißt es: „Das Forum verspricht, Ihnen eine außerordentliche Verbesserung ihrer persönlichen Effizienz und den entscheidenden Vorteil für Ihre Fähigkeit zum Erfolg zu verschaffen.“ Wie das? Durch „Sein“. Aber was ist „Sein“?

„*Sein* ist eine Dimension von uns selbst. *Sein* ist jene Dimension von uns selbst, die unser Handeln und unser Auftreten prägt und letztlich bestimmt, wieviel wir erreichen. *Sein* begrenzt oder erweitert unsere Kreativität, Lebenskraft, unser Glück und unsere Zufriedenheit. *Sein* bestimmt buchstäblich, *wer Sie sind.*“[2]

Und, wie Sie erraten haben werden, das Forum führt Sie direkt in die Gemeinschaft des „Seins“:

„Ihre Teilnahme am Forum wird Sie über ein bloßes Verstehen des *Seins* hinausführen, sogar über eine gelegentliche, unvorhersehbare Erfahrung des *Seins;* es wird Ihnen unmittelbaren Zugang zur Domäne des Seins selbst verschaffen. ... Darin besteht die Überlegenheit des Forums. Indem es Ihnen den Zugang zum *Sein* verschafft, gibt Ihnen das Forum den Schlüssel dazu in die Hand, Ihr Handeln, Ihr Auftreten und Ihre Erfolge zu prägen. Hier finden Sie die wirkliche Quelle von Fähigkeit, Kompetenz und Produktivität. Es ist, als ob Sie Ihre Hände direkt auf die Schalthebel und Kontrollen der persönlichen Effizienz, Kreativität, Lebenskraft und Zufriedenheit legten.“[3]

Da die Geschäftswelt nach Selbstzündern und schöpferischen Impulsen lechzt, wirken die Verheißungen des Forums sehr attraktiv. Um es drastischer auszudrücken: Für interessierte Geschäftsleute ist *Sein* der Schlüssel zum dicken Geld. Das trifft besonders für Herrn Erhard (und seine Mitarbeiter) zu, denn die Seminarteilnehmer werden hartnäckig bedrängt, ihre Suche nach dem *Sein* auf kostspieligen weiterführenden Seminaren und Workshops fortzusetzen. Die Tochter des Pastors hatte sich bei dieser Jagd nach dem *Sein* von Familie und Freunden zurückgezogen.

Diese Geschichte hat jedoch einen guten Ausgang. Nachdem ich den Pastor kurz über das Forum unterrichtet und mit ihm und seiner Tochter gesprochen hatte, begann sie schließlich, sich von der Gruppe abzuwenden. Durch viel Gebet für sie, gemeinsame Zeit mit Familienangehörigen und kritischer Lektüre über das Forum, mit der ich sie versorgt hatte, fing sie an, die Unvereinbarkeit des Forums mit dem Christentum zu erkennen, und distanzierte sich immer weiter davon.

Dieses intensive Seminar wird von einem oder zwei beeindruckenden „anerkannten Forum-Leitern“ durchgeführt, die mit verschiedenen Methoden die Teilnehmer geschickt manipulieren. In einem kritischen Artikel beschreibt Neil Chesanow die Leiter eines Forum-Seminars, an dem er selbst teilnahm:

„Sie waren starke, redegewandte, charismatische Führer, die sich großartig in Szene zu setzen wußten. Sie sangen. Sie tanzten. Sie erzählten Witze. Sie predigten überzeugend das Evangelium nach Erhard. Was aber noch wichtiger war: Sie waren Meister darin, ein Publikum zu manipulieren. ... Sie verloren nie die Kontrolle über die Gruppe."[4]

„Das Evangelium nach Erhard" ist ein philosophischer Auszug aus östlichem Mystizismus und „Human-Potential"-Psychologie, verpackt in einer Hochdruck erzeugenden Gruppensituation. Der Kern ist, daß wir alle unsere eigene Wirklichkeit schaffen („richtig" und „falsch" gibt es objektiv nicht); wir sind niemandem verantwortlich außer uns selbst; wir werden effektiv nicht durch Denken, sondern durch *Sein;* wir verfügen über ein unbegrenztes Potential. All dies wird nicht in Form von Vorträgen mit kritischen Diskussionen und Beurteilungen gelehrt. Statt dessen werden die Schüler einer Art New-Age-Marathon-Schocktherapie unterzogen.

Chesanow glaubt, daß, obwohl sich „an den Forum-Gedanken interessante intellektuelle Debatten entzündet" hätten, diese in einer Weise dargeboten worden seien, die die Leute dazu brachte, „das Denken einzustellen oder sich vor dem Denken zu fürchten". Dies, so meint er, werde bewerkstelligt, indem man die Teilnehmer in einen Zustand körperlicher und geistiger Erschöpfung führt und sich ihre Angst vor öffentlicher Rede (ein integraler Bestandteil der Seminare) zunutze macht und indem die übermächtigen Leiter Ungläubige dadurch demütigen, „daß man sie aufstehen und ein Mikrophon benutzen läßt, um vor einem Publikum zu sprechen". Chesanow bemerkt: „Nach langen, ermüdenden Stunden solcher Übungen beginnt die Willenskraft nachzulassen. Allmählich überwiegen die Befürworter zahlenmäßig gegenüber den Kritikern, nicht weil sie diese Philosophie tatsächlich verstehen und annehmen ..., sondern aus Erschöpfung, Furcht und dem Wunsch, dem Trainer zu gefallen und von dieser Erfahrung etwas für ihr Geld mitzunehmen."[5]

Das Forum lehrt, daß die Erlösung im Selbst zu finden sei, nicht im Erlöser. Unser Problem, verkündet es, sei nicht Sünde gegen einen heiligen Gott, sondern Loslösung vom *Sein*. Dieses Problem kann angeblich durch zwei Wochenenden voller psychischer Überfrachtung, wie man es nennen könnte, gelöst werden. Zudem verkündet das Forum einen Irrationalismus, der vernünftiges Überlegen zugunsten von „schlichtem Sein" ablehnt, und einen Antimoralismus, der den einzelnen von jeder höheren moralischen Autorität abschneidet – was ihm wiederum den Freiraum gibt, unmoralisch zu *sein*.

Das protzige Auftreten des Forums mag zwar manchen abschrecken, seine Grundlehren werden dennoch mit gleicher Intensität und Zielstrebigkeit über ein weiteres Erhard-Unternehmen verbreitet: „Transformational Technologies, Inc." (TTI), eine 1984 gegründete Management-Beratungsgesellschaft, die intensive (und teure) Seminare in großen Körperschaften wie etwa der Stadtverwaltung von Chicago und in Konzernen durchführt. Erhard nutzte sein wohlausgebautes Netz von EST-Absolventen – von denen viele bei den Körperschaften höhere Positionen bekleiden –, um das Unternehmen einzuführen. Es gelang ihm, innerhalb von weniger als zwei Jahren 47 schnell wachsende lizenzierte Niederlassungen zu gründen. Alle Niederlassungen – die sich bevorzugt „TTI-Mitglieder" nennen lassen – haben das Recht, die Erhardschen Gedanken verschiedenen Kunden gegen eine einmalige Anzahlung von 20.000 Dollar und eine achtprozentige Umsatzbeteiligung über fünf Jahre zu vermitteln.[6] Jedoch, wie Robert Bell anmerkt, „so, wie die ganze Sache aufgezogen ist, kann ein Kunde bei einer der Niederlassungen Erhards Gedanken kaufen und völlig ahnungslos sein, daß Werner etwas damit zu tun hat. Erhard ist eine umstrittene Gestalt, deren Ruf den Weg zu vielen großen Verbänden versperren könnte. Seine Schützlinge jedoch tragen keinen solchen Ballast."[7]

Wie man das New Age in bare Münze umsetzt

Aber das ist noch nicht alles. Auch an vielen anderen Stellen infiltrieren New-Age-Gedanken die Geschäftswelt durch ein Heer großer und kleiner Organisationen. Die *New York Times* berichtete, daß Ford und Westinghouse „zu den Dutzenden großer Firmen gehören, die Angestellte zu Fortbildungsmaßnahmen nach Art der ‚Human-Potential'-Organisationen wie ‚Transformational Technologies', ‚Lifespring' oder ‚Actualizations' schicken, bei denen samt und sonders Techniken angewandt werden, die mehr oder weniger denen nachempfunden sind, die Werner Erhard aufbrachte."[8]

Angesichts des Niedergangs der amerikanischen Auto- und Stahlindustrie, der unnachgiebigen wirtschaftlichen Konkurrenz aus Japan, eines massiven Handelsdefizits und überanstrengter Angestellter wendet sich das amerikanische Unternehmertum mehr oder minder okkulten Praktiken zu – im Namen höherer Produktivität, Kreativität und Effizienz.

Ein zum Hippie gewordener Geschäftsmann der späten sechziger oder frühen siebziger Jahre hatte eine mystische Erfahrung gemacht, sich auf „das Göttliche in mir" eingestimmt und war dann aus dem „Establishment" ausgestiegen. Heute sieht es bei vielen eher so aus, daß sie eine mystische Erfahrung machen, sich auf ihren „inneren Gott" einstimmen und dann ein Unternehmen aufbauen. Schaut man in Ausgaben des *New Age Magazine* aus den siebziger Jahren, so findet man, wenn überhaupt, nur wenige positive Artikel über das amerikanische Geschäftsleben. In jüngerer Zeit finden wir zum Beispiel im (inzwischen so neu benannten) *New Age Journal* vom Februar 1985 einen Artikel mit dem Titel „Die Firma verändern", in dem das Aufkommen der „Organizational Transformation" (OT) erklärt wird, einer Management-Methode, die der herkömmlichen „Organizational Development"-Perspektive (OD) eine spirituelle Dimension hinzufügt.

Norman Boucher kommentiert, die Armee der Transformatoren sei „klein, aber wachsend. Am ersten Symposion über OT in New Hampshire im Sommer 1983 nahmen 230 Personen teil, darunter viele Angestellte von großen Firmen. Zumeist stellt man sich die OT-Praktizierenden als die abweichlerischen zehn Prozent unter den OD-Vertretern vor, die ihrerseits etwa fünf Prozent des gesamten Bereichs der Unternehmensberatung für sich einnehmen."[9]

Boucher zitiert Linda Ackerman, eine Beraterin in McLean (Virginia) und frühere Mitarbeiterin bei der „Delta Force" (einem New-Age-Projekt innerhalb der US-Armee), als Beispiel für das OT-Denken. Ihre Ansichten über Unternehmensführung orientieren sich an der Physik – wahrscheinlich einer fadenscheinigen New-Age-Interpretation der Quantenphysik[10] – und an der östlichen Philosophie, wie sich an ihrer Theorie zeigt, in der sie Organisationen als „Energiefelder" bezeichnet, die von verschiedenen „Polaritäten" gebildet werden. Ein guter Manager (ein „flow state manager") ist ihrer Meinung nach derjenige, der die Schwingungen am besten einfängt, indem er diese Energiefelder intuitiv wahrnimmt, und gegen Energieblöcke arbeitet, um die Energie im Fluß zu halten.[11] Was da eigentlich fließt, wohin es fließt und warum es überhaupt fließt, wird nicht näher ausgeführt.

Boucher bezieht sich auch auf die Arbeit von John Adams, Herausgeber des Buches *Transforming Work* (1984) und einer der führenden Köpfe in der OT-Bewegung. Auf seiner persönlichen Pilgerreise erlebte Adams Meditation, Yoga, Akupunkturbehandlungen, „Rolfing" (eine Massagetechnik), und er studierte den Sufismus – all dies nahm er hingebend an, nachdem er im Alter von dreißig Jahren zu der Auffassung gelangt war, er sei ein kränkelnder und unglücklicher Kerl. In dem Buch *Transforming Work* (Die Arbeit verändern) faßt er die Unterschiede zwischen OD und OT zusammen, indem er nahezu alle New-Age-Schlagwörter in wenige Sätze zwängt:

„Eine neue Zusammenstellung kollektiver Überzeugungen – ein neues Paradigma – ... bildet sich im menschlichen Bewußtsein, [das] mich darauf aufmerksam gemacht hat, daß Veränderungen auch auf der Organisationsebene, ebenso wie auf der globalen Ebene, untersucht werden müssen, damit wir unser Leben effizienter gestalten können. Dieses neue Paradigma legt unter anderem einen Schwerpunkt auf *ein erweitertes Verständnis der persönlichen Identität und ein Bewußtsein der Vernetzung der Menschen in ihren organisatorischen Kulturen untereinander innerhalb der größeren Umgebung.*“[12]

Auch bei John Adams stößt man wieder auf die alte New-Age-These, daß führende Wissenschaftler dabei seien, alte Auffassungen über Evolution, Spiritualität und integriertes Bewußtsein wiederzuentdecken.[13] Obwohl manche seiner Gedanken etwas für sich haben mögen, ist seine essentielle New-Age-Orientierung unverkennbar.

Don Oldenburg meinte vielsagend in der *Washington Post:* „Die ‚Human-Potential‘-Bewegung dringt in die Konferenzräume vor, indem immer mehr Aufsteiger in den Firmen sich um den Schlüssel zum Kosmos bemühen, statt wie früher um den Schlüssel zum Waschraum für Vorstandsmitglieder.“[14]

New-Age-Themen durchdringen den Bestseller *Reinventing the Corporation* (Die Neu-Erfindung der Korporation; 1985), an dem John Naisbitt mitschrieb, der Autor des berühmten Buches *Megatrends* (1982). Das Buch vertritt die New-Age-Gedanken eher dezent, aber gerade auf dieses dezente Flüstern lauschen wir besonders aufmerksam. Um zu belegen, daß Intuition „in der modernen Informationsgesellschaft immer wichtiger“ werde, „gerade weil es so viele Daten gibt“, behauptet Naisbitt – der selbst meditiert, sich von einem Medium beraten läßt und an Reinkarnation glaubt[15] –, daß „in einem Versuch am ‚Neward College of Engineering' elf von zwölf Präsidenten von Firmen, die in den vorangegangenen vier Jahren ihre Verkaufszahlen verdoppelt hatten, über eine ungewöhnlich starke Präkognition [Fähigkeit, die Zukunft auf übersinnliche Weise vorauszusehen] verfügten." Naisbitt fügt hinzu, nach Peter Senge schnitten „erfolgreiche Unternehmer bei Tests auf intuitive Fähigkeiten wie Präkognition oder Hellsehen überdurchschnittlich gut ab."[16]

Wer derart beiläufig auf die Parapsychologie verweist, der setzt als selbstverständlich voraus, daß diese legitim und wünschenswert sei. Leute, die regelmäßig und mit Gewinn ihren „Eingebungen" folgen, sind eine Sache, paranormale Hellseher eine ganz andere.

Die Wirkung des New Age kann sich in informellen Zusammenkünften oder obligatorischen Fortbildungsseminaren entfalten. Bezüglich der ersteren berichtet das *Washington's Business Journal:* „In den letzten zwei Jahren hat TM [Transzendentale Meditation] sich unter Washingtons hart arbeitenden und allgemein konservativen Geschäftsleuten weit verbreitet. Etwa ein Drittel der 15.000 Personen in der Umgebung der Hauptstadt, die TM praktizieren, seien leitende Geschäftsleute, sagt Bob Roth, einer der Leiter der 600 Mitglieder zählenden ‚Greater Washington D.C. Association of Professionals Practicing Transcendental Meditation Program'." Im gleichen Bericht findet sich das TM-Zeugnis von Bob LoPinto, einem Makler der Firma E.F. Hutton, der seit seinem sechzehnten Lebensjahr gewissenhaft meditiert und seinen Erfolg als Spitzenmakler seiner Firma auf seine Meditation zurückführt. Seiner Meinung nach „entwickelt TM wirklich die Intuition und die Kreativität. Diese beiden Dinge helfen einem tatsächlich, gegenüber jedem anderen zu bestehen."[17]

Die Attraktivität der Transzendentalen Meditation ist teilweise auf ihre angeblich praktische, nichtmystische Methode zurückzuführen. In Wirklichkeit wird, wie wir bereits festgestellt haben, der Mystizismus lediglich semantisch verschleiert; eine Taktik, die für das Eindringen des New Age in die Geschäftswelt nicht ungewöhnlich ist. Pete Sanders, ausgebildet in biomedizinischer Chemie am „Massachusetts Institute of Technology“, leitete jahrelang Bewußtseinserweiterungs-Seminare, bevor er die Verbindung zur Geschäftswelt herstellte und eine neue Abteilung namens „Success Potentials Unlimited“ (Erfolgspotential unbegrenzt) gründete – der Name sagt alles. Sanders erklärt, er habe seine „Forschungsergebnisse vereinfacht und in ein Format gebracht, das für den vielbeschäftigten Geschäftsmann in unmittelbarem Bezug zu seinem Berufsleben anwendbar ist.“ Während Geschäftsleute bislang dazu neigen würden, die übersinnliche Dimension als fremdartig und unpraktikabel abzulehnen, sei nun nach Sanders' Meinung die Streßreduktion zur Einstiegsluke geworden, durch die das New-Age-Gedankengut Eingang in die Geschäftswelt findet. Er merkt an: „Wenn man heute von Einstimmung auf das Übersinnliche und erweiterten Bewußtseinszuständen redet, ... sagen sie [die Geschäftsleute]: ‚Wie kann ich das für mein Geschäft nutzen?‘“[18]

Michael Ray, Professor für Marketing und Kommunikation an dem hochangesehenen Fachbereich für Wirtschaft der Stanford-Universität, bringt seinen Studenten bei, wie man das New Age im Geschäftsleben in die Praxis umsetzt. Seit den späten siebziger Jahren unterrichtet er zusammen mit Rochelle Myers einen Kurs namens „Kreativität im Geschäftsleben“, in dem sie sich für Traumdeutung, Chanten (Singen) von Mantras, Meditation und den Gebrauch von Tarot-Karten (einer okkulten Form der Wahrsagung) aussprechen.[19]

Durch die Veröffentlichung ihres Buches *Creativity in Business* (Kreativität im Geschäftsleben; 1986) brachten Ray und Myers ihre Gedanken an die Öffentlichkeit. Es enthält detaillierte Anweisungen für Yoga-Übungen[20] und zitiert zustimmend Swami Muktananda mit den Worten: „Alles ist im Selbst enthalten. Die schöpferische Kraft dieses ganzen

Universums liegt in jedem einzelnen von uns. Das göttliche Prinzip, das diese Welt erschafft und erhält, pulsiert als unser eigenes Selbst in uns."[21]

Nachdem er berichtet hat, wie er erfolgreich eine Klasse am „IBM Corporate Technical Institute" in die Freuden des Tarot-Spiels einführte, bemerkt Ray: „Die Gruppen, vor denen ich am liebsten spreche, sind die hartgesottenen Geschäftsleute von der Ostküste." Er sei nicht überrascht, wenn ein Geschäftsführer ihm von mystischen Erfahrungen berichte:

„Sie flüstern: ‚Ich meditiere seit elf Jahren' oder ‚Ich hatte schon außerkörperliche Erfahrungen'. Es ist fast wie eine Offenbarung der intimsten Geheimnisse. Die Sache ist die, daß so mancher, der heute in einer Entscheidungsposition sitzt, vor zwanzig Jahren Safrankleider getragen hat ..., während die Geschäftsleute damals nichts damit zu tun haben wollten."[22]

Wie viele Geschäftsleute sind es denn nun, die sich in dieser Weise offenbaren und New-Age-Training für ihre Angestellten befürworten oder sogar verlangen? Es ist schwierig, hierüber gesicherte Daten aus den Sozialwissenschaften zu erlangen. Eine Untersuchung von Richard Watring aber wirft einiges Licht auf diese Frage. 1984 versandte Watring Fragebogen an 9.000 Personalchefs in den Vereinigten Staaten, von denen 856 antworteten. Watring bat sie, von den folgenden New-Age-Techniken diejenigen zu markieren, die sie für „besonders wirksam" zur Entwicklung menschlicher Anlagen hielten: Konzentrationsübungen, „Silva Mind Control", Meditation, Hypnose, EST, Dianetik, Transzendentale Meditation, Biofeedback (vgl. nächstes Kapitel) und Yoga.

111 der Befragten (14%) hielten zumindest eine dieser Techniken für wirksam. Biofeedback war die populärste Technik; fünf Prozent der Befragten glaubten an seine Effizienz. Fünfundvierzig Prozent hatten bereits die Anwen-

dung einer oder mehrerer dieser Techniken beobachtet. Watring kommt zu der Schlußfolgerung, dies zeige, „daß diese ‚New Age'-Konzepte in erheblichem Maße akzeptiert und angewandt werden." Watring fand auch heraus, daß diejenigen, die die Anwendung von New-Age-Techniken (oder „Psychotechniken") für nutzbringend bei der Entwicklung menschlicher Anlagen hielten, eine größere Neigung zeigten, an die Denkvoraussetzungen des New Age zu glauben.[23]

Die „Human-Potential"-Seminare des „Pacific Institute" – ursprünglich „New Age Thinking" genannt – „zogen Hunderte von gut zahlenden Kunden an, wie die Fernsehgesellschaft ABC, die NASA, Eastman Kodak, John Fluke Manufacturing, die Peoples National Bank, McDonald's, AT&T, IBM, die US-Armee, General Motors und die meisten der hundert größten Konzerne der USA – und darüber hinaus viele Kunden aus anderen Ländern."[24] Obwohl die Seminare des „Pacific Institute" weniger okkultistisch orientiert sind als manche andere, liegt doch ihr Hauptschwerpunkt auf der Selbstverwirklichung durch Visualisation und Affirmation. Louis Tice, der Mann hinter den außerordentlich erfolgreichen Seminaren, hat reichlich aus der Quelle der „Human-Potential"-Bewegung geschöpft, wie sich an den Lehrveranstaltungen selbst und an der in den Handbüchern empfohlenen Lektüre zeigt. In seiner Schilderung von Tices Aufstieg zum Erfolg bemerkt John Wolcott: „Tices ansteckende Begeisterung über seinen Glauben an die grundlegende Intelligenz, Güte und das ungenutzte Potential in allen Menschen brachte die Leute schnell dazu, an ihn zu glauben ... und dann an sich selbst."[25] Obwohl Tice einen katholischen Hintergrund hat, scheint es, daß in diesen Seminaren das Selbst mehr verherrlicht wird als der Erlöser und daß dem Schrifttum der „Human-Potential"-Bewegung mehr Ehre erwiesen wird als der Bibel.

Dieses Problem veranlaßte Steve Hiatt, einen Autohändler aus Tacoma (Washington), im Februar 1987 dazu, gegen einen ehemaligen Arbeitgeber zu klagen, der ihn seiner Aussage nach entlassen hatte, weil er sich geweigert hatte, an einem Fortbildungsprogramm des „Pacific Institute" mit dem Titel „New-Age-Denken für bessere Verkaufserfolge" teilzunehmen. Hiatt, ein Christ, strengte die Klage nicht aus Rachegelüsten an – er will weder seinen Job zurück noch einen Schadensersatz außer seinen Anwaltskosten –, sondern um einen Präzedenzfall hinsichtlich der Diskriminierung von Angestellten wegen ihrer religiösen Ansichten zu schaffen.[26]

Hiatts Ärgernis ist nicht einmalig. In einem ähnlich gelagerten Fall reichte James Baumgartel, ein Inspektor bei der „Puget-Sound-Werft" in Bremerton (Washington), eine formelle Beschwerde wegen religiöser Diskriminierung am Arbeitsplatz gegen seine Werft ein. Er argumentierte, seine Grundrechte seien verletzt worden, als er gezwungen wurde, an einer Fortbildungsveranstaltung teilzunehmen; dort seien Visualisation unter Anleitung, Meditation und andere Techniken zur Anwendung gekommen, die, wie er sagt, „die Sicht der Wirklichkeit und die religiösen Überzeugungen eines Menschen beeinflussen können."[27]

New Age in der Telefonleitung

Die Überwachungskommission für öffentliche Dienstleistungen des Staates Kalifornien sah sich genötigt, die Ausbildungspraktiken der Kurse über die „Bildung von Führungskraft" der „Pacific Bell"-Telefongesellschaft (größte Dienstleistungsgesellschaft des Staates und größter Arbeitgeber im Großraum San Francisco) zu untersuchen, weil Angestellte sich beschwert hatten, das Training beruhe auf spirituellen Philosophien, die einer Arbeitssituation nicht angemessen seien.[28] Die Fortbildung besteht aus zehn zweitägigen Sitzungen im Abstand von jeweils einem Vierteljahr, in denen viele der Gedanken von Charles Krone verwendet werden, einem Pionier in der Organisationsentwicklung und Schüler des umstrittenen russischen Mystikers G. I. Gurdjieff (gestorben 1949). Dem *San Francisco Chronicle* zufolge hat Krone „eine bunte Mischung aus gesundem Menschenverstand, herkömmlicher Organisationsentwicklung, wissenschaftlicher Methodologie und östlichen Philosophien zusammengestellt".[29]

Die „Pacific Bell" hat nicht verraten, wieviel sie das Training gekostet hat, aber die Schätzungen reichen von dreißig Millionen bis zu hundert Millionen Dollar pro Jahr. Ein offizielles Organ der Firma behauptet, das Programm habe sich bereits als nützlich erwiesen, und es reize die Mitarbeiter an, verantwortlicher, geistig wacher und motivierter zu sein; von mystischen Elementen sei keine Rede.[30] Dick Gilkeson jedoch, ein Firmenberater aus Philadelphia, der Krone persönlich kennengelernt hat, sagt, Krone habe „eine Menge von dem übernommen, was die Sekten tun, um Menschen wirklich mitzureißen, etwa die Ausbildung einer eigenen Sprache oder eine vollständig verwirrende Ausdrucksweise. Außerdem kommt eine mystische Transzendenz auch dadurch ins Spiel, daß die Leute angeregt werden, sich über Gurdjieff zu informieren."[31]

Die ganze Angelegenheit ist von einer geheimnisvollen Atmosphäre umhüllt, da das Programm „Bildung von Führungskraft" urheberrechtlich geschützt ist und die Angestellten angewiesen werden, nicht ohne Erlaubnis über ihr Training zu sprechen. Obwohl das Programm schließlich aufgegeben wurde, konnte es einen bedeutenden Einfluß ausüben.

Ganz offensichtlich braut sich in der Geschäftswelt etwas Neues zusammen, und nicht jeder ist angetan von dem Geruch.

Woran man New-Age-Seminare erkennt

Wir können hier aus Platzgründen nicht alle Organisationen beschreiben, die Seminare mit New-Age-Orientierung veranstalten. Unsere Zeit ist besser genutzt, wenn wir einige wichtige Erkennungszeichen auflisten, die auf eine mögliche New-Age-Aktivität hinweisen. Nicht jedes Seminar, das eines dieser Merkmale aufweist, muß deshalb notwendigerweise am New Age orientiert sein. Allerdings sollten wir in solchen Fällen Vorsicht walten lassen und sorgfältig die Denkvoraussetzungen dessen überprüfen, was da gelehrt wird.

Bei dieser Beurteilung sollten wir darauf achten, nicht in einen von jenen zwei Irrtümern zu verfallen, die bereits in Kapitel 3 erwähnt wurden. Der erste Irrtum lehnt jede neue Management- oder Personalstrategie im Geschäftsleben ab, ohne möglicherweise wertvolle darin enthaltene Gedanken in Betracht zu ziehen (Quarantäne-Mentalität). Wenn beispielsweise ein Geschäftsseminar Nachdruck auf eine affirmative und hoffnungsvolle Haltung zur Geschäftswelt legt und praktische Hilfen zum Erfolg anbietet, schön und gut, deswegen muß man nicht das ganze Programm ablehnen. Ebenso kann eine nicht-okkulte Bemühung um die Entwicklung der intuitiven Fähigkeiten in manchen Branchen sehr hilfreich sein. Legitime Elemente sollten *bewahrt* werden. Der entgegengesetzte Fehler jedoch ist, alles unkritisch einzuatmen, was nach Erfolg, positiver Einstellung und Optimismus riecht, und dadurch am Irrtum zu ersticken (Chamäleon-Mentalität).

Das erste Erkennungszeichen bezieht sich auf Seminare, die Visualisation als Schlüssel zum Erfolg lehren: Sie betonen die angeblich unbegrenzte Macht der Vorstellungskraft, die „Wirklichkeit zu schaffen". Was in Wirklichkeit schlicht eine natürliche Funktion im Denken vieler Menschen ist, wird hier auf absurde Weise zu einem magischen Prinzip erhoben. Seminarteilnehmer werden durch lange und exotische „angeleitete Visualisationen" geführt, die entweder der Entspannung oder dem Ansammeln von Macht dienen sollen. In manchen Fällen kann dies zu hypnotischen Trancezuständen führen, in denen man für suggestive Beeinflussung besonders empfänglich wird. In anderen Fällen sollen Menschen den Rausch der Allmacht spüren können, indem sie ihre Fähigkeiten an der Lebhaftigkeit ihrer Visualisationen messen – so, als würde man seinen Kontostand feststellen, indem man sich bildlich die gewünschte Zahl auf dem Kontoauszug vorstellt. (Mehr über Visualisation im nächsten Kapitel.)

Zweitens ist Mißtrauen angebracht gegenüber Seminaren, die starken Nachdruck auf positives, affirmatives Denken legen. Manche Seminare verkaufen die Wissenschaft der Selbstgratulation. Nach ihrer Meinung beruhen unsere Probleme zu einem großen Teil auf mangelnder Selbstachtung. Was ist die Antwort? – Positives Denken und Selbstgespräche! Um „Kapitäne unseres eigenen Schicksals" zu sein, müssen wir das Ruder zurückerobern, indem wir uns selbst gnadenlos loben. An sich selbst glauben – d.h. nur (an) das Gute zu glauben und vor dem Rest störrisch die Augen zu verschließen – ist der Schlüssel. Obwohl blindes positives Denken nicht unbedingt auf dem Mist des New Age gewachsen ist, paßt es hervorragend zu dieser Weltanschauung und wird von ihren Anhängern oft praktiziert.

Obwohl es stimmt, daß ungesunder Selbsthaß ein schweres Hindernis für Geschäftsleute sein kann und eine gesunde Selbstachtung zu den Dingen gehört, die *bewahrt* werden sollten, wird in vielen Fällen der Selbstbetrug als Selbstbefreiung begrüßt. Wenn es jedoch in der Bibel heißt: „Du sollst nicht falsch Zeugnis reden wider deinen Nächsten" (2. Mose 20,16), dann gilt dieser Grundsatz auch für das falsche Zeugnis über sich selbst. Eine Lüge ist eine Lüge, ob man nun üble falsche Gerüchte über Herrn Meier in die Welt setzt oder gute falsche Gerüchte über sich selbst. In den Sprüchen wird der Weg der Demut aufgezeigt: „Laß dich von einem andern loben und nicht von deinem Mund, von einem Fremden und nicht von deinen eignen Lippen" (Sprüche 27,2). (Mehr über Selbstachtung im nächsten Kapitel.)

Drittens können Geschäftsseminare östliche und okkulte Formen der Meditation oder andere „Psychotechniken" unter dem Deckmantel der „Streßreduktion" beinhalten (obwohl nicht alles, was als Streßreduktion bezeichnet wird, mit Meditation zu tun hat). Die Gefahren dieser Praktiken wurden bereits in den Kapiteln 2 und 4 behandelt. In manchen Seminaren werden der gesunde Menschenverstand und das vernünftige Nachdenken der Teilnehmer durch stundenlange psychische Attacken derartig ausgehöhlt, daß eine künstliche und unangemessene Veränderung des Bewußtseins die Folge ist.

Viertens ist Vorsicht immer dann angebracht, wenn ein Geschäftsseminar Ihnen „die Welt verspricht" oder garantiert, „Ihr Leben zu verändern". Dramatische Behauptungen haben zwar in der langen Geschichte der Verkaufsstrategien Tradition, aber die extravaganten Ansprüche nach New-Age-Art bezüglich der völligen persönlichen Veränderung sind nichts anderes als religiöse Appelle. Diese kommen gewöhnlich dem menschlichen Stolz entgegen, der sich nach *Selbst*verwirklichung sehnt, im Gegensatz zur Demut, die nötig ist, um aus einer Quelle, die unserem gefallenen Zustand völlig fremd ist, die Erlösung zu empfangen. So mancher von denen, die tatsächlich „die Welt gewonnen" haben, bekommt schließlich ein so aufgeblähtes Machtgefühl, daß er zu einem leichten Opfer für große Enttäuschungen wird.[32]

Fünftens kann uns der horrende Preis für ein solches „Wunder-Seminar" auf dessen Gefahren aufmerksam machen. Ein im voraus bezahlter (und nicht rückzahlbarer) Preis ist ein wirksames psychologisches Mittel, um sicherzustellen, daß die Teilnehmer das Seminar bis zum (bitteren) Ende durchhalten, selbst wenn ihr besseres Urteilsvermögen sie normalerweise bei den ersten Anzeichen der Verirrung zur Tür treiben würde.

Sechstens sollte eine übertriebene Geheimniskrämerei über den tatsächlichen Inhalt dieser Seminare uns zu der Frage veranlassen, ob dadurch nicht etwas Lichtscheues verborgen und weniger ein gut verkäuflicher Artikel geschützt werden soll. Das kann so geschehen, daß die Ausstrahlung eines bestimmten Redners angepriesen wird, anstatt den Inhalt seiner Lehre zu propagieren. Es ist eine typische Taktik mancher Sekten, ihre besonders bizarren Lehren – wie etwa den Polytheismus der Mormonen – zu verbergen, bis der zu Bekehrende „reif" für sie ist. Manche Geschäftsseminare spiegeln diese Taktik wider, indem sie Aktivitäten verbergen, die anfangs – zu Recht – viele abstoßen würden.

Siebtens können Seminare, die viele Stunden außerhalb der normalen Arbeitszeit beanspruchen und/oder die Teilnahme der Ehepartner verlangen, die versteckte Absicht haben, die Weltanschauung und den Lebensstil der Teilnehmer radikal zu verändern und der New-Age-Schablone anzupassen.

Wenn nun diese sieben Punkte uns auf New-Age-Tendenzen in Geschäftsseminaren aufmerksam gemacht haben, was können wir tun, um uns diesen Praktiken entgegenzustellen und christliche Alternativen anzubieten?

Eine christliche Einstellung zur Geschäftswelt

Es ist entscheidend, daß Christen in der Lage sind, das Eindringen des New Age in die Geschäftswelt trotz aller semantischen Verschleierungen zu erkennen. Die Tochter des Pastors, von der schon die Rede war, ging in der Erfahrung des „Forums" unter, bevor sie es richtig verstanden hatte. Viele schmerzhafte Irrtümer ließen sich durch eine starke Dosis Vorbeugung vermeiden.

Was ist zu tun, wenn ein Christ ein empfohlenes oder vorgeschriebenes Seminar als am New Age orientiert erkannt hat? Die Grundlage allen erfolgreichen christlichen Handelns ist geistliche Wachheit und geistliches Unterscheidungsvermögen (vgl. Kapitel 2 und 3). Die erste Notwendigkeit ist der geistliche Kampf mit dem Gebet als wichtigster Waffe.

Vorbereitet durch das Gebet sind je nach der Situation

verschiedene Reaktionen möglich. Wenn ein bestimmtes Seminar lediglich empfohlen wird, kann man höflich ablehnen, indem man die geistlichen Wurzeln seiner anderen Sichtweise darlegt. Das kann sogar als Ausgangspunkt für ein evangelistisches Gespräch dienen. Zusätzlich könnte man Gründe anführen, die nicht unmittelbar mit der eigenen geistlichen Ausrichtung zu tun haben – etwa daß die Seminare nicht wirksam oder einfach zu „sonderbar" seien –, in der Hoffnung, daß der Einsatz des Seminars noch einmal überdacht wird. Der christliche Angestellte kann auch vorschlagen, ein anderes Seminar zu besuchen oder für seine Position interessante Literatur zu studieren, die nicht im Widerspruch zu seiner geistlichen Einstellung steht.

Wenn die Teilnahme am Seminar zwingend ist und ein Kompromiß abgelehnt wird, besteht die Möglichkeit, vor Gericht zu gehen (vorausgesetzt, der Arbeitgeber ist kein Christ; vgl. 1. Korinther 6,1-7). Tom Brandon von der „Christian Legal Society" (eine christliche Juristenvereinigung in den USA) sagt: „Der Arbeitgeber hat nicht das Recht, Sie wegen Ihrer religiösen Überzeugungen zu diskriminieren, und wenn Sie sagen: ‚Tut mir leid, ich kann daran nicht teilnehmen, es verletzt meine religiösen Grundsätze', dann muß er nach Artikel 7 [in der Bundesrepublik Artikel 3 des Grundgesetzes] eine vernünftige Regelung dafür finden."[33]

Angesichts des großen kulturellen Einflusses des New Age und seines Abzielens auf die Geschäftswelt könnten einige wenige Prozesse, die einen Präzedenzfall schaffen, damit Menschen nicht länger gezwungen werden, gegen ihre religiösen Überzeugungen zu verstoßen, zu einem Unterpfand der religiösen Freiheit werden. Christen müssen den Mut aufbringen, sich dem New Age entgegenzustellen, wo immer es nötig ist – selbst vor Gericht.

Neue Trends im Geschäftsleben zeigen, daß sich Angestellte, Manager und Firmen in vieler Hinsicht verändern. Um nur einige Beispiele zu nennen: Immer mehr Frauen treten ins Arbeitsleben ein, immer mehr Angestellte geben sich mit Teilzeitstellen zufrieden und scheinen die Qualität ihrer Arbeit und ihres ganzen Lebens höher zu schätzen als Gehalt und Ansehen.

Den gesellschaftlichen Veränderungen werden Veränderungen in den Geschäftspraktiken folgen. Manche der Aussagen von New-Age-Seminaren und -Theorien sind annehmbar und sollten *bewahrt* werden, wie etwa die Forderung nach stärkerer Beteiligung der Arbeiter am Firmeneigentum und mehr Mitbestimmung, eine ganzheitliche Sicht des Geschäftslebens, die Anerkennung der Notwendigkeit, einen Blick für geschäftliche Unternehmungen jenseits des reinen Profitstrebens zu gewinnen und dergleichen. Deswegen brauchen wir uns jedoch noch lange nicht kopfüber in die pantheistische Tiefe zu stürzen. Manche New Ager behaupten, da das Christentum „nicht funktioniere" (im Geschäftsleben oder sonstwo), müßten wir das New Age annehmen. Ich halte es eher mit Chesterton, der sagte: „Das christliche Ideal ist nicht gewogen und für zu leicht befunden worden. Sondern es ist für schwer befunden worden und blieb daher ungewogen."[34]

Ein kurzer Blick auf einige christliche Überlegungen zur Ethik beleuchtet die Bedeutung, die das Christentum für das Geschäftsleben und die Arbeitswelt im allgemeinen besitzt.

Eine Ausrichtung auf Gott. Das biblische Verbot des Götzendienstes (2. Mose 20,3-4; Jeremia 16,20) mahnt uns, Profit, Ansehen oder Macht nicht als Selbstzweck zu verstehen, sondern als Mittel, dem Herrn in allem, was wir tun, zu dienen. Also sollten geschäftliche Unternehmungen zur Ehre Gottes durchgeführt werden, um zu seinem Reich der Gerechtigkeit beizutragen. Ein Christ sollte niemals selbst seine Arbeit auf Kosten der Familie und des Gemeindelebens zum Götzen erheben. Die senkrechte Ausrichtung auf Gott hin ist eine notwendige Voraussetzung für eine richtige horizontale Ausrichtung am Arbeitsplatz (oder wo auch immer). Das „Streben nach Auszeichnung" eines Christen ist eine göttliche Berufung zu einem göttlichen Zweck, nicht eine Übung in der Selbstsucht.

Der Maßstab der Haushalterschaft. Gott ist der Geber jeder guten Gabe; er ist die Quelle allen wahren Segens. Wir stehen alle in Gottes Schuld. Dies nicht anzuerkennen ist die größte Undankbarkeit. Jede Gabe, die wir genießen – sei sie körperlicher, geistlicher oder materieller Art – wird uns dazu anvertraut, daß wir sie für ihn einsetzen. Nichts ist unser unumschränktes Eigentum – außer unserer Sünde. Wir sind nicht Besitzer, sondern Haushalter oder Pfleger des Eigentums Gottes.

Selbst vor unserem Sündenfall war das schon so. Manche haben selbst die Arbeit als eine Folge der Sünde betrachtet, als wären Adam und Eva für einen immerwährenden Urlaub geschaffen worden, aber irgendwie von der Freizeit zur Arbeit abgefallen. Doch in 1. Mose 1 und 2 erfahren wir, daß Adam und Eva nach Gottes Bild erschaffen wurden, um nach seinen Anweisungen die Erde zu kultivieren. Adam gab den Geschöpfen vor dem Fall ihre Namen. Nachdem sie gegenüber Gottes klarem Befehl ungehorsam geworden waren, erlebten unsere Ureltern, daß die Arbeit durch die Auswirkungen der Sünde beschwert war (1. Mose 3). Dennoch ist Arbeit ein Teil unserer Berufung als Menschen, und obwohl wir unsere Arbeit nun „im Schweiße [unseres] Angesichts" tun müssen, kann sie durch die Anwendung christlicher Grundsätze geheiligt werden. Der Prediger Salomo lehrt uns Weisheit: „Ist's nun nicht besser für den Menschen, daß er esse und trinke und seine Seele guter Dinge sei bei seinem Mühen? Doch dies sah ich auch, daß es von Gottes Hand kommt" (Prediger 2,24).

John Stott vermittelt uns eine biblische Sicht der Arbeit: „Arbeit ist der Einsatz der (körperlichen und/oder geistigen) Kräfte im Dienst anderer, der dem Arbeitenden Erfüllung, der Gemeinschaft Nutzen und Gott Ehre bringt."[35]

Alle Arbeit – ob sie nun mit der Gemeinde zu tun hat oder nicht – hat vor unserem Schöpfer Wert, wenn sie zu

Gottes Ehre, nach seinen Grundsätzen und durch seinen Geist getan wird. Geschäftsleute müssen sich nicht als Bürger zweiter Klasse fühlen, weil sie nicht Pastoren oder Außenmissionare (sogenannte vollzeitliche Mitarbeiter) sind. Der Arbeitsplatz ist ein vollzeitliches Missionsfeld und ein Schauplatz des göttlichen Handelns.

Der Wert der Person. Durch die Behauptung, daß die Menschen Anteil am Bild Gottes haben, schätzt das Christentum die Menschen als moralisch verantwortlich Handelnde ein. Für das Geschäftsleben bedeutet dies, daß wir andere Menschen nicht einfach als Mittel zu einem größeren Umsatz behandeln, sondern als in sich selbst wertvoll. Doch der christliche Realismus – anders als der New-Age-Utopismus – erkennt die Realität der menschlichen Sündhaftigkeit und ist auf der Hut vor unangemessenen Ansprüchen der Arbeitgeber an ihre Angestellten und umgekehrt. Und obwohl das Streben nach Gewinn an sich nicht unmoralisch ist (die Bibel bejaht den Wert des persönlichen Eigentums und des Fleißes),[36] verurteilt die Bibel eine alles beherrschende Profitgier, die den Wert von Angestellten (oder Verbrauchern) der Habsucht opfert.

Wayne Alderson, ein christlicher Unternehmensberater, betont in seinen Seminaren über den „Wert der Person", die er sowohl mit Geschäftsleuten als auch mit Arbeitern in den ganzen USA abgehalten hat, mutig diesen entscheidenden Grundsatz. Er fragt:

„Ist es zuviel verlangt, daß Gottes Leute an ihren Arbeitsplätzen für die Werte der Liebe, Würde und Achtung eintreten sollen? Nicht im mindesten. ... Als Christen haben wir den Auftrag von Gott, die biblischen Grundsätze ... in die Arbeitswelt hineinzutragen, damit diese für Gott lebt. ... Ich halte es für wesentlich, daß sowohl Arbeiter als auch Unternehmer ihre moralische Pflicht wahrnehmen und den Wert der Person über den Wert der Maschine stellen. Die Unrast, die die Arbeitswelt in welcher Form auch immer erlebt, ist nur ein Symptom. Die Ursache dahinter ist ein Mangel an menschlicher Würde."[37]

Durch Gottes Gnade konnte Alderson Unternehmern und Arbeitern helfen, durch die Anwendung biblischer Prinzipien harmonisch zusammenzuarbeiten. Die packende Geschichte seiner Arbeit als Stahlarbeiter, Geschäftsmann und Unternehmensberater ist nachzulesen in dem Buch *Stronger Than Steel* von R.C. Sproul.

Im Zusammenhang mit dem Wert der Person steht das Prinzip der Dienerschaft. Wir schätzen den am höchsten, dem wir aus freien Stücken dienen. Jesus betont, daß das Maß unserer Größe das Maß unseres Dienstes an Gott und anderen sein wird:

„Ihr wißt, daß die Herrscher ihre Völker niederhalten und die Mächtigen ihnen Gewalt antun. So soll es nicht sein unter euch; sondern wer unter euch groß sein will, der sei euer Diener; und wer unter euch der Erste sein will, der sei euer Knecht, so wie der Menschensohn nicht gekommen ist, daß er sich dienen lasse, sondern daß er diene und gebe sein Leben zu einer Erlösung für viele" (Matthäus 20,25-28).

Christi Mission der Erlösung macht es möglich, die Arbeitswelt zu revolutionieren.

Ehrlichkeit. In der christlichen Ethik ist die Wahrhaftigkeit ein wesentlicher Bestandteil der moralischen Integrität. Ehrlichkeit ist nicht die beste Politik, sie ist die einzige (christliche) Politik. „Wahrhaftig sein in der Liebe" (Epheser 4,15) bedeutet offenes Reden zu den Angestellten, keine Täuschung bei Werbung und Verkauf und kein ungesetzliches Handeln (in Steuerangelegenheiten oder wo auch immer). Die Bibel ermahnt die Menschen wiederholt, „rechte Waage, rechtes Gewicht" (3. Mose 19,36) zu gebrauchen – also nicht die Leute durch Täuschung übers Ohr zu hauen, was damals nichts Ungewöhnliches war, da es kein offizielles Amt für Maße und Gewichte gab.

Sparsamkeit. In dieser kreditseligen (oder -unseligen) Gesellschaft sollten wir nicht vergessen, daß die biblische Ethik hohe und langfristige Schulden ablehnt. In den Sprüchen werden wir ermahnt: „Wer borgt, ist des Gläubigers Knecht" (Sprüche 22,7), und Paulus lehrt: „Seid niemand etwas schuldig, außer daß ihr euch untereinander liebt" (Römer 13,8). In alttestamentlicher Zeit mußten Kredite innerhalb von sieben Jahren zurückgezahlt werden (5. Mose 15,1-6). All dies soll zeigen, daß die moderne Konvention massiver, langfristiger Schuldenaufnahme unweise ist und, wo immer möglich, vermieden werden sollte. Die Anwendung dieses biblischen Prinzips reduziert das wirtschaftliche Risiko auf ein Minimum und lenkt den Blick auf die allmähliche Entwicklung von Geschäften, die nach tatsächlich vorhandenen Vermögenswerten wachsen und nicht nach übermäßigen Schuldenverpflichtungen.

Die genannten fünf Prinzipien sind nur ein Vorgeschmack einer christlichen Geschäftsphilosophie. Den reichen Schatz an Beispielen für Leitung und Führung, die man den großen biblischen Führungsgestalten wie Mose, Nehemia und Paulus abschauen kann, habe ich noch nicht einmal angetastet. Wenn die Bibel wahrhaftig „von Gott eingegeben" ist und „nütze zur Lehre, zur Zurechtweisung, zur Besserung, zur Erziehung in der Gerechtigkeit, daß der Mensch Gottes vollkommen sei, zu allem guten Werk geschickt" (2. Timotheus 3,16-17), dann sollten wir sie durchforsten nach Grundsätzen, Strategien und Einstellungen, die für die Geschäftswelt Bedeutung haben.

Die aktuellen und bedenkenswerten Artikel in der vierteljährlich erscheinenden Broschüre *Geschäftsmann und Christ* können eine Hilfe sein.[38] In der Geschäftswelt – wie überall sonst – sollte es unsere Strategie sein, zu *bewahren,* was bereits gut ist, das Unverbesserliche abzulehnen und uns davon abzusondern und alles, was wir können, so zu *verändern,* daß es dem Herrn gefällt. Es reicht nicht aus, dem Eindringen des New Age in die Geschäftswelt entgegenzutreten – obwohl das unbedingt notwendig ist –, sondern wir müssen auch, wo immer es möglich ist, *Alternativen* anbieten. Hier ist ein gut unterrichteter christlicher Aktivismus sowohl auf der theoretischen als auch auf der praktischen Ebene gefragt, damit die Welt der Wirtschaft nicht zum Opfer von Mystikern im Nadelstreifenanzug wird.

9. Unterscheidung der Geister: Selbstbild, Visualisation, Biofeedback und New-Age-Musik

Die Tatsache, daß sich die New-Age-Bewegung in so vielen Bereichen des Lebens breitmacht, fordert die Christen dazu heraus, ein durch und durch christliches Denken zu entwickeln, das in der Lage ist, die Unterschiede zwischen Fälschung und Wirklichkeit zu erkennen. Andernfalls könnte es uns ergehen wie denen im Hause Jakob, die „Wahrsagerei wie die im Osten" trieben und sich „an die Kinder der Fremden" hängten (Jesaja 2,6; vgl. Jeremia 10,2).

Obwohl viele Gedanken und Praktiken des New Age der christlichen Weltanschauung eindeutig feindlich gegenüberstehen, ist es möglich, daß sich manche Phänomene, die der New-Age-Bewegung zugerechnet werden, einer allzu stark vereinfachenden Analyse entziehen. Die Erkenntnis, daß manche Fragen sehr komplex sind, braucht uns nicht zur Verzweiflung zu treiben; statt dessen sollte sie uns dazu anspornen, unsere Urteilskraft zu schärfen wie diejenigen, deren Reife uns im Hebräerbrief vor Augen gestellt wird, d.h. wie die Vollkommenen, „die durch den Gebrauch geübte Sinne haben und Gutes und Böses unterscheiden können" (Hebräer 5,14).

Steve Scott und Brooks Alexander bringen die Sache auf den Punkt:

„Die Zeit, in der wir leben, ist durch zunehmende Komplexität auf allen Ebenen gekennzeichnet – der wirtschaftlichen, der materiellen, der moralischen und der intellektuellen. Ebenso wie die gegeneinander gerichteten Strömungen alter und neuer Ideen sich verzweigen und verbreiten, beeinflussen sie auch das christliche Denken auf verschiedene Art und Weise. Manche können mehr Gültigkeit beanspruchen als andere, viele sind völlig unannehmbar. Wir müssen darauf vorbereitet sein, unbekannten Gedanken zu begegnen und mit Geduld und unter Gebet ihre Ursprünge und Implikationen zu enthüllen. Dieser Prozeß mag mühsam und beschwerlich sein, aber seine Unvermeidbarkeit wird immer mehr zu einer Tatsache des Lebens."[1]

Damit wir nicht in die bereits genannten Schlingen der Quarantäne-, Tabu-, Verfolgungswahn-, Nesthocker-, Chamäleon- oder Vogel-Strauß-Mentalität treten, müssen wir die durch das New Age aufgeworfenen Fragen genau untersuchen, um einen „christlichen Verstand" zu entwickeln, wie Harry Blamires es nennt, „einen Verstand, der durch Übung und Kenntnis gerüstet ist, die Daten der säkularen Auseinandersetzung innerhalb eines von christlichen Denkvoraussetzungen gebildeten Bezugsrahmens zu verarbeiten."[2]

Nachdem wir bereits verschiedene Fragen behandelt haben, die unser Urteilsvermögen herausfordern, wenden wir uns in diesem Kapitel den Themen Selbstbild, Visualisation/Vorstellungskraft, Biofeedback und New-Age-Musik als repräsentativen Fallstudien zu.

Der Christ und die Selbstachtung

Das New Age interessiert sich vor allen Dingen für das Selbst – das „Tiefe Selbst", das „Höhere Selbst", das „Wahre Selbst" und so weiter. New Ager weisen grundsätzlich jeden Gedanken an ein negatives Selbstbild bzw. negatives Reden von sich selbst oder mangelnde Selbstachtung zurück; so etwas wäre ein psychologisches Sakrileg, eine Lästerung des „Gottes in uns". Für das New Age ist Liebe zu „Gott" gleichbedeutend mit Selbstliebe. Ramtha, jene angeblich „erleuchtete" Wesenheit, die sich durch J. Z. Knight kanalisieren läßt, läßt uns wissen, daß „Gott alles" sei; allem, was wir tun, entspräche „eine innere Handlung der Gottheit", und wenn wir daran denken, würden wir lernen, uns selbst zu lieben.[3]

Im New Age gilt mangelnde Selbstachtung und ein unerleuchtetes Selbstbild als die Wurzel all unserer Probleme.

Wie aber ist die christliche Sicht von Selbstachtung und Selbstbild?

In einem Interview bemerkte der Soziologe James Davidson Hunter: „Konservative Christen haben in der Geschichte, und ich meine damit jahrhundertelang, stets das Selbst mit einem hohen Maß an Mißtrauen betrachtet, wenn nicht gar mit Feindseligkeit. Heute wird das Selbst, unter Evangelikalen nicht anders als unter allen anderen Amerikanern, eher gefeiert als in Schach gehalten."[4] Offensichtlich stehen Christen in der Gefahr, dem Rattenfänger der Selbstachtung zu folgen und der „Chamäleon-Mentalität" in die Falle zu gehen.

Das Problem mit der New-Age-Sicht der Selbstachtung besteht darin, daß sie das fundamentale Problem der Menschheit ignoriert – nämlich die Sünde. Sünde ist Rebellion gegen Gott, die auf dem *Stolz* beruht und sich in ihm beispielhaft zeigt. Stolz ist Überschätzung unserer Unabhängigkeit und umgekehrt Unterschätzung unserer Abhängigkeit von Gott. Der Stolz sagt: „Ich bin der Herr, mein Gott, und ich werde keine anderen Götter neben mir haben. Ich werde den Herrn, mein Selbst, lieben von ganzem Herzen, von ganzer Seele und von ganzem Gemüt."

Diesen Aspekt unseres Wesens zu ignorieren heißt, das Bild bedeutend zu verzerren. Angesichts der Realität des Sündenfalles und der Sündhaftigkeit des Selbst ist die New-Age-Sicht der Selbstachtung voll von Wunschdenken und

Selbstbetrug – beides ist im psychologischen Realismus des Christentums nicht zu finden.[5] Pascal formulierte es treffend:

„Es ist wahrhaftig ein Übel, voller Fehler zu sein; aber es ist ein noch größeres Übel, voll davon zu sein und diese Tatsache nicht anerkennen zu wollen, denn damit fügt man seinen Fehlern noch den der freiwilligen Selbsttäuschung hinzu."[6]

Das Christentum bejaht, daß alle Menschen das Bild Gottes tragen (1. Mose 1,26-28). Wir sind kein Abschaum. Über die Menschheit singt der Psalmist: „Du hast ihn wenig niedriger gemacht als Gott, mit Ehre und Herrlichkeit hast du ihn gekrönt" (Psalm 8,6). Wir sind anders als das Tierreich: „Du hast ihn zum Herrn gemacht über deiner Hände Werk" (V. 7). Dennoch bleibt es dabei, daß unser Wert durch unseren Schöpfer, der das Universum aus Nichts hervorgebracht hat, bestimmt und von ihm gemessen wird. „Erkennet, daß der HERR Gott ist! Er hat uns gemacht und nicht wir selbst zu seinem Volk" (Psalm 100,3).

Es hat unserem Schöpfer gefallen, auf die Erde herabzusteigen und uns zu erlösen. Als unser Erlöser analysierte, was einen Menschen unrein macht, war nicht im mindesten davon die Rede, daß mangelndes Selbstwertgefühl die wahre Übertretung sei: „Was aus dem Menschen herauskommt, das macht den Menschen unrein; denn von innen, aus dem Herzen der Menschen, kommen heraus böse Gedanken, Unzucht, Diebstahl, Mord, Ehebruch, Habgier, Bosheit, Arglist, Ausschweifung, Mißgunst, Lästerung, Hochmut, Unvernunft. Alle diese bösen Dinge kommen von innen heraus und machen den Menschen unrein" (Markus 7,20-23). Ebensowenig findet sich in Paulus' Darstellung des menschlichen Grundproblems auch nur der kleinste Hinweis, daß mangelndes Selbstwertgefühl für unsere Nöte verantwortlich wäre (Römer 3,10-18). Vielmehr ist die Sünde des Stolzes die Wurzel des Übels.

Die Lösung durch das Kreuz zeigt das wirkliche Ausmaß des Problems. Gott fand einen Weg, unsere Sünde zu überwinden, der nicht auf dem Verdienst des Menschen, sondern auf Gottes Gnade beruht. Paulus schrieb an Titus: „Als aber erschien die Freundlichkeit und Menschenliebe Gottes, unseres Heilandes, machte er uns selig – nicht um der Werke der Gerechtigkeit willen, die wir getan hatten, sondern nach seiner Barmherzigkeit" (Titus 3,4-5). Durch Gottes Gnade kann jeder die Vergebung der Sünden und ewiges Leben empfangen.

Unser Selbstwertgefühl muß daher in unserem barmherzigen Gott und in dem, was er für uns getan hat, verankert sein. Paulus erklärt, daß wir als Christen „eine neue Kreatur" in Christus Jesus seien (2. Korinther 5,17). Diesen neuen Status beschreibt Paulus als Gerechtfertigtsein aus Gottes Gnade durch den Glauben (Epheser 2,8-9). Haben wir einmal Vergebung und das Siegel des Heiligen Geistes empfangen, können wir erwarten, daß sich in unserem Leben die Frucht der Heiligung zeigt. Kurz: Christen sollten sich selbst – ihr Selbst-Bild – als gerechtfertigt durch Gottes Gnade und befreit von der Verdammnis der Sünde betrachten (Römer 8,1-2).

Was die Gemeinde Jesu dringend braucht, ist ein besseres Verständnis der Rechtfertigung und der Heiligung, nicht irgendwelche Lektionen über das Selbstwertgefühl aus der New-Age-Psychologie.[7] Wir brauchen mehr Theologie und weniger Selbst-ologie. In einer exzellenten Abhandlung über Rechtfertigung und Heiligung als Bestandteile der Erneuerung beklagt Richard Lovelace, daß „wenige sich genügend auskennen, um jeden Tag damit zu beginnen, sich fest auf Luthers Grundlage zu stellen: *Du bist angenommen,* während sie dabei im Glauben hinausblicken und die völlig fremde Gerechtigkeit Christi als den einzigen Grund für ihr Angenommensein in Anspruch nehmen und sich in jener vertrauensvollen Haltung entspannen, die sie in der Heiligung wachsen läßt durch einen Glauben, der in Liebe und Dankbarkeit aktiv wird."[8]

Die Unterschiede zwischen Rechtfertigung und Heiligung sind hier gegenübergestellt:

Rechtfertigung	**Heiligung**
1. Gottes Werk für uns	1. Gottes Werk in uns
2. Ein einmaliges Geschehen	2. Ein Prozeß
3. Vollendet	3. Unvollendet (bis zum Tode)
4. Die Wurzel unseres Standes	4. Die Frucht unseres Standes
5. Für gerecht erklärt	5. Erweist sich in Gerechtigkeit

Beide beruhen auf Gottes Gnade.

Wir können uns nicht durch ein gutes Selbstwertgefühl selbst rechtfertigen. Alle positiven Selbstbilder, Selbstgespräche und Selbstwertgefühle in der Welt können die Sünde nicht auflösen. Und eine übermäßige Betonung des Selbst ist wohl auch kaum geeignet, die Heiligung voranzutreiben. Denken wir an die weisen Worte des Augustinus, mit denen er die humanistische irdische Stadt der himmlischen Stadt Gottes gegenüberstellt:

„Wir sehen also, daß die beiden großen Städte durch zwei Arten der Liebe geschaffen wurden: Die irdische Stadt wurde geschaffen durch Selbstliebe, die bis zur Gottesverachtung reicht; die himmlische Stadt durch die Liebe zu Gott, die bis zur Selbstverachtung reicht. Tatsächlich rühmt sich die irdische Stadt ihrer selbst; die himmlische Stadt rühmt sich des Herrn. Die erstere trachtet nach Ehre von Menschen, die letztere findet ihre höchste Ehre in Gott, dem Zeugen eines guten Gewissens."[9]

Wenn die Bibel vom Selbst spricht, dann empfiehlt sie normalerweise Selbstverleugnung und Selbstbeherrschung und verurteilt die Selbstanbetung. Jesus erklärte: „Will mir jemand nachfolgen, der verleugne sich selbst und nehme sein Kreuz auf sich und folge mir. Denn wer sein Leben erhalten will, der wird's verlieren; wer aber sein Leben verliert um meinetwillen, der wird's finden" (Matthäus 16,24-25). Paulus sagt: „Die aber aus Selbstsucht Gottes Wahrheit leugnen, sich ihr widersetzen und dafür der Lüge und dem Unrecht gehorchen, die wird Gottes unversöhnlicher Zorn treffen" (Römer 2,8 HfA), und warnt vor denen, die „viel von sich halten", anstatt Gott zu lieben (2. Timotheus 3,1-4). Das Böse schleicht sich ein, wenn die Liebe zu uns selbst unserer Liebe zu Gott den Platz streitig macht und sie schließlich verdrängt.

Paulus behandelt das Problem, indem er zu einem „maßvollen" Urteil ermahnt: „Denn ich sage durch die Gnade, die mir gegeben ist, jedem unter euch, daß niemand mehr von sich halte, als sich's gebührt zu halten, sondern daß er maßvoll von sich halte, ein jeder, wie Gott das Maß des Glaubens ausgeteilt hat" (Römer 12,3).

Ein „maßvolles" Urteil über sich selbst beinhaltet Selbstkritik vor Gott, wenn wir nicht so gehandelt haben, wie es ihm gefällt, und eine Ehrlichkeit, die zu Reue und Neuanfang führt. Ein solches Urteil vermeidet sowohl Stolz als auch schmerzhaften Selbsthaß; es erwächst aus der Gnade, die Gott uns schenkt, uns selbst richtig zu verstehen, und zwar auf der Grundlage unserer Rechtfertigung und anhand unserer Gaben. Wenn wir in unserer negativen Haltung nicht mehr anerkennen, daß Gott uns liebt und uns Gaben verliehen hat, durch die wir ihm dienen sollen, dann denken wir sowohl von Gott als auch von uns selbst zu gering. Da unsere Erlösung und unser Wert in der Person und in dem Werk Jesu Christi ruhen, haben wir die Freiheit, unsere Schwächen und Sünden zu sehen und von Christus die Gnade zu erwarten, sie zu überwinden und unsere Gaben zu seiner Ehre einzusetzen.

Eine grundlegende Selbstachtung ist allen Menschen zu eigen (vgl. Epheser 5,29) und sollte nicht mit Stolz verwechselt werden. Wenn Jesus sagt: „Liebe deinen Nächsten wie dich selbst" (Matthäus 22,39), dann setzt er eben diese

Selbstachtung voraus. Er sagt hier jedoch nicht, daß wir sie vergrößern sollten. Der Nachdruck liegt hierbei eher auf der Nächstenliebe. Auch Paulus betont in Römer 12 nicht das Selbstwertgefühl, sondern ein richtiges Verständnis, wie die Gaben eines Menschen dem Leib Christi dienen können.

Während uns die New-Age-Psychologie auffordert, zuerst nach dem Reich des Selbst und nach dessen Psychologie zu trachten, sagt Jesus: „Trachtet zuerst nach dem Reich Gottes und nach seiner Gerechtigkeit, so wird euch das alles zufallen" (Matthäus 6,33). Leider verschließen sich manche Christen dieser Lehre und verlagern ihre Aufmerksamkeit vom Reich Gottes auf das Reich des Selbst.

Aber bevor wir den ganzen Gedanken der Selbstliebe in *Quarantäne* stecken, sollten wir einige Unterscheidungen treffen. Bedingungslose Selbst-*Annahme* ist sicherlich unbiblisch und psychologisch schädlich. Ich kann nicht gleichzeitig meine sündhaften Gedanken und Verhaltensweisen bedingungslos akzeptieren und vor meinem Schöpfer ein reines Gewissen bewahren. Selbst-*Liebe* ist annehmbar und begrüßenswert, solange sie in ihrem richtigen Zusammenhang gesehen wird. Erstens darf die Selbstliebe niemals unsere Liebe zu Gott beschneiden. Zweitens ist meine Liebe zu mir selbst bedingungslos in dem Sinne, daß ich mich selbst als ein Gefäß, durch das Gottes Ehre fließen kann, niemals aufgeben sollte. Ich brauche mich nicht auf meine eigene Kraft zu verlassen. Gottes Gnade reicht für mich aus, trotz meiner Schwäche. Drittens ist wahre Selbstliebe realistisch. Ich liebe mich selbst bedingungslos (so wie Gott mich liebt), aber ich akzeptiere nicht alles an mir bedingungslos, sondern ich bin dankbar für meine Gaben und tue nicht so, als wäre ich zu Dingen in der Lage, die mir unmöglich sind.

Stolz kann zu unangemessener Selbstliebe oder unangemessenem Selbsthaß führen. Jede der beiden Richtungen verrät einen falsch gesetzten Schwerpunkt. Endlose Beschäftigung mit den eigenen Fehlern beweist ein ebenso unheiliges Kreisen um das Selbst wie übersteigerte Beschäftigung mit den eigenen Stärken. Wir sind dazu geschaffen, über uns selbst hinauszusehen, damit unser Selbst besser wird.

Paulus nahm nicht alles an sich selbst bedingungslos an, wie aus den folgenden Abschnitten deutlich wird: „Denn ich bin der geringste unter den Aposteln, der ich nicht wert bin, daß ich ein Apostel heiße, weil ich die Gemeinde Gottes verfolgt habe. Aber durch Gottes Gnade bin ich, was ich bin. Und seine Gnade an mir ist nicht vergeblich gewesen" (1. Korinther 15,9-10). „Mir, dem allergeringsten der Heiligen, ist die Gnade gegeben worden, den Heiden zu verkündigen den unausforschlichen Reichtum Christi" (Epheser 3,8). „Das ist gewißlich wahr und ein Wort des Glaubens wert, daß Christus Jesus in die Welt gekommen ist, die Sünder selig zu machen, unter denen ich der erste bin" (1. Timotheus 1,15). Das Geheimnis der Zufriedenheit des Paulus war Christus und dessen Gnade, nicht Paulus selbst. An einer anderen Stelle sagt er: „Es sei aber fern von mir, mich zu rühmen, als allein des Kreuzes unseres Herrn Jesus Christus" (Galater 6,14).

Die Bibel ist voller vertrauensvoller Aussagen, die Gott und nicht das Selbst zum Mittelpunkt machen. Hören wir auf Jeremia:

„So spricht der HERR: Ein Weiser rühme sich nicht seiner Weisheit, ein Starker rühme sich nicht seiner Stärke, ein Reicher rühme sich nicht seines Reichtums. Sondern wer sich rühmen will, der rühme sich dessen, daß er klug sei und mich kenne, daß ich der HERR bin, der Barmherzigkeit, Recht und Gerechtigkeit übt auf Erden; denn solches gefällt mir, spricht der HERR" (Jeremia 9,22-23).

Dennoch schließt die biblische Sicht Freude und Anerkennung niemals aus, selbst wenn es um die eigenen Leistungen geht.[10] Es gibt Momente, in denen wir ehrlichen Herzens sagen dürfen: „Preist den Herrn! Er hat mich gebraucht, um sich zu verherrlichen und einem anderen zu helfen!" In der *Dienstanweisung für einen Unterteufel* erläutert C.S. Lewis dies aus der Perspektive eines erfahrenen Teufels, der einem jungen Anfänger in der Kunst der Versuchung Lektionen erteilt:

„Der Feind [Gott] möchte den Menschen in eine Geistesverfassung bringen, in der er die schönste Kathedrale der Welt entwerfen könnte, sich dessen bewußt ist und sich tatsächlich darüber freut, ohne daß er doch mehr oder weniger oder in anderer Weise glücklich wäre, wenn ein anderer sie gebaut hätte. Der Feind möchte ihn letzten Endes in solchem Maß befreit wissen von aller Selbstgefälligkeit, daß er sich über seine eigenen Gaben ebenso offen und dankbar zu freuen vermag wie über die Gaben seines Nächsten oder über einen Sonnenaufgang, einen Elefanten oder einen Wasserfall. Er möchte, daß letztlich jeder Mensch imstande ist, alle Kreatur (auch sich selbst) als herrliche, wundervolle Geschöpfe zu erkennen. Er möchte ihre animalische Selbstliebe so bald als nur möglich in ihnen ertöten; aber ich fürchte, Seine Politik auf lange Sicht geht dahin, ihnen eine neue Art Selbstliebe zurückzugeben – eine Art Nächstenliebe und Dankbarkeit gegenüber jedem Menschen, sich selbst einbezogen; wenn die Menschen wirklich gelernt haben, ihre Nächsten wie sich selbst zu lieben, so wird ihnen gestattet, sich selbst zu lieben, wie sie ihre Nächsten lieben."[11]

Visualisation und Vorstellungskraft

In ihrem Buch *Creative Visualization* (dt. *Stell dir vor*) lehrt die New-Age-Autorin Shakti Gawain, daß wir alles, was wir visualisieren (d.h. uns bildlich vorstellen), Wirklichkeit werden lassen könnten, da wir „unsere eigene Wirklichkeit schaffen" würden und nicht durch irgendeine feststehende, objektive Schöpfungsordnung beschränkt seien. Das ist die

Lehrmeinung des New Age. Wir können demnach ein unbegrenztes Potential anzapfen, indem wir visualisieren, was immer wir uns wünschen.

Christen sind bezüglich der Visualisation und Vorstellungskraft in zwei entgegengesetzte Irrtümer verfallen. Eine Gruppe hat vieles aus der New-Age-Lehre unkritisch übernommen und sieht die Vorstellungskraft als nahezu unbeeinträchtigt durch den Sündenfall und unbegrenzt an. Indem sie das Gift des New Age nicht ernst nimmt, verfällt sie in die Chamäleon-Mentalität. Die andere Gruppe ist so sehr auf der Hut vor dem New Age und einem möglichen christlichen Mißbrauch der Vorstellungskraft, daß sie diese völlig von sich weist, zum Tummelplatz des Teufels erklärt und so in die Quarantäne- oder Tabu-Mentalität verfällt. Es gibt jedoch einen Mittelweg, den wir gehen können, indem wir die folgenden Punkte beachten.

1. Die Vorstellungskraft ist – wie all unsere anderen geistigen Fähigkeiten – durch den Sündenfall in Mitleidenschaft gezogen. Der wahrscheinlich stärkste Bibelvers über die bösen Neigungen unserer Vorstellungen ist 1. Mose 6,5; er beschreibt die Verkommenheit der Welt vor der Sintflut: „... aber der HERR sah, daß der Menschen Bosheit groß war auf Erden und alles Dichten und Trachten ihres Herzens nur böse war immerdar" (vgl. 1. Mose 8,21). Selbst wenn wir uns durch die Erneuerung unseres Sinnes verändern (vgl. Römer 12,2), wird unser Verstand nicht vollkommen sein, bis wir die Vollkommenheit von Angesicht zu Angesicht sehen (vgl. 1. Korinther 13,12; 1. Johannes 3,1-3). Die New-Age-Visualisierer leugnen den Sündenfall rundheraus und wagen sich ohne sicheres Ruder, Kompaß, Karte oder feste Sterne, die sie führen könnten, auf den tiefen Ozean der Vorstellungskraft hinaus. Auf See können sie sich leicht – und mit tragischen Folgen – verirren oder gar psychischen Piraten ins Netz gehen.

2. Wir sollten Visualisation und Vorstellungskraft, sind sie einmal von allen mystischen Aufbauschungen befreit, als natürliche menschliche Fähigkeiten ansehen, die an sich

nichts Böses sind. Alle Menschen visualisieren und stellen sich Dinge in unterschiedlichem Maße vor; manche denken oft „in Bildern“, andere seltener. Jesus selbst wandte sich an die Vorstellungskraft, indem er zahlreiche Gleichnisse erzählte, erfundene Geschichten, die objektive Wahrheit vermitteln sollten. Angesichts der Überbetonung detaillierter Visualisationen von seiten mancher Christen ist es wichtig, anzumerken, daß Jesus nur wenige sinnliche oder bildliche Einzelheiten verwandte. Er erzählt uns zum Beispiel nichts Genaueres über die äußere Erscheinung des verlorenen Sohnes. Die Schlüsselelemente, auf die er sich konzentriert, sind die Gefühlsregungen des verlorenen Sohnes, seines Vaters und seines Bruders. Vieles in der biblischen Literatur ruft lebhafte Bilder hervor; denken Sie beispielsweise an das Buch der Offenbarung. Diese Bilder verdrängen nicht den tatsächlichen Inhalt, vielmehr werden die rationalen und imaginären Fähigkeiten von dieser Art biblischer Texte gleichermaßen angesprochen.

3. Es muß klargestellt werden, daß die vielen *Visionen,* die in der Bibel geschildert werden, nicht dasselbe sind wie Visualisationen. Eine Vision wird objektiv von Gott zu einem bestimmten Zweck gesandt: um die Zukunft vorherzusagen (wie bei Daniel), einen Propheten zu berufen (wie bei Hesekiel) oder zu einem anderen auf Gott bezogenen Zweck. Visualisation ist die subjektive Aktivierung der Vorstellungskraft durch den menschlichen Willen. Eine bestimmte Szene zu visualisieren ist nicht dasselbe wie eine Vision von Gott zu empfangen. Das eine wird auf psychologischem Weg herbeigeführt, das andere von Gott veranlaßt.

Manchmal werden reichlich exotische Visualisationstechniken durch Verwischen dieses wichtigen Unterschieds gerechtfertigt. Verschiedene Autoren haben sich sogar dafür ausgesprochen, Jesus zu visualisieren, um zu geistlichem Wachstum zu gelangen. Das ist aus folgenden Gründen töricht: Es vernachlässigt den gefallenen Zustand unserer Vorstellungskraft. Die Schrift warnt uns davor, nichtige Bilder von Gott herzustellen und anzubeten, die in Wirklichkeit nichts anderes sind als Götzen (2. Mose 20,4-5). Es kann uns leicht passieren, daß wir einen Jesus heraufbeschwören, der mehr nach unserem Bild als nach dem Bild Gottes gemacht ist. Denken Sie an die Offenbarung Jesu vor dem Apostel Johannes. Johannes wurde „vom Geist ergriffen am Tag des Herrn“, als ihm eine unglaubliche Vision des in den Himmel aufgefahrenen Jesus geschenkt wurde: einer, „einem Menschensohn gleich“, gekleidet in ein langes Gewand mit einem goldenen Gürtel, der Kopf und das Haar weiß wie Schnee, seine Augen wie ein loderndes Feuer, seine Füße wie glänzende Bronze, seine Stimme wie der Klang von rauschendem Wasser, sein Gesicht hell leuchtend wie die Sonne. In seiner rechten Hand hielt er sieben Sterne, und aus seinem Mund kam ein zweischneidiges Schwert (Offenbarung 1,10-16). Wie war die Reaktion des Johannes? Ich wage zu behaupten, daß er ganz anders reagierte als die selbsternannten Visualisierer von heute. Er sagte: „Als ich ihn sah, fiel ich zu seinen Füßen wie tot.“ Doch Jesus beruhigte ihn, indem er sprach: „Fürchte dich nicht!“ (V. 17). Visionen sind sicherlich auch heute möglich (vgl. Apostelgeschichte 2,17); sie müssen jedoch von Visualisationen unterschieden und an der Schrift geprüft werden.

Es scheint nichts dagegen einzuwenden zu sein, manchmal zu visualisieren, wie Jesus bei einer bestimmten in den Evangelien berichteten Episode ausgesehen haben mag, wenn uns das hilft, das Ereignis in unserem Geist lebendig werden zu lassen. Paulus zum Beispiel stellte Christus in seiner Verkündigung bei den Galatern sehr plastisch dar, vor deren Augen „Jesus Christus … gemalt war als der Gekreuzigte“, wie er sich ausdrückt (Galater 3,1). John Stott bemerkt dazu: „Paulus … vergleicht seine Evangeliums-Verkündigung entweder mit einem riesigen Gemälde oder mit einem Plakat, das eine öffentliche Bekanntmachung oder Werbung enthält. Das Thema dieses Gemäldes oder Plakates war Jesus Christus am Kreuz. … Es sprach ihre Vorstellungskraft so anschaulich, so lebendig an, daß das Plakat ihnen geradezu ‚vor die Augen gemalt‘ war.“[12]

Es kann in der Tat unseren Glauben, unsere Anbetung, unser Lob und unseren Gehorsam anregen, wenn wir uns Jesus bildlich vorstellen, wie er am Kreuz für uns stirbt. Jesus jedoch zu visualisieren, um ein persönliches Beratungsgespräch mit dem Sohn Gottes zu führen, ist mehr als nur eine geringe Anmaßung. Don Matzat drückt es treffend aus:

„Die christliche Gemeinde hat stets gelehrt, daß Gott sich von oben her nach dem Menschen ausstreckt, nicht daß der Mensch sich nach innen nach Gott ausstreckt. Die Offenbarung beginnt bei Gott, nicht bei dem Menschen, der seine ‚Visualisationspumpe' betätigt, um mit Jesus zu reden. Das biblische Christentum hat den Menschen stets nach außen zu einem Gott geführt, der durch das Werk des Heiligen Geistes in der Verkündigung des Evangeliums am Menschen handelt, um ihn zum Glauben und zur Erlösung zu bringen."[13]

Wir müssen uns auch klarmachen, daß die psychologische Beschwörungspraxis der Visualisation unter bestimmten Bedingungen falschen Christussen, den sich verstellenden „Engeln des Lichts" (2. Korinther 11,14), die die Feinde Gottes und der Menschheit sind, Tür und Tor öffnen kann. Eine zielstrebige Übung in der Visualisation könnte zu einem veränderten Bewußtseinszustand führen, der besonders anfällig für dämonisches Eindringen ist. Shakti Gawain zum Beispiel sagt, „kreative Visualisation" könne einen Menschen leicht in Kontakt zu „Geistführern" bringen, die sicherlich hoch entzückt wären, uns kennenzulernen.[14] Okkulte Visualisation ist seit Jahrhunderten dazu verwendet worden, solch blinde Führer herbeizurufen, und wenn Christen sich fälschlicherweise einbilden, ihre Visualisationen riefen den wirklichen Jesus herbei, machen sie sich selbst zu Opfern dieser Täuschung.

4. Es ist nicht notwendig, Jesus lebhaft zu visualisieren, um an ihn zu glauben, auch wenn die Bibel manchmal eine

bilderreiche Sprache verwendet. Er selbst sagte zu Thomas: „Weil du mich gesehen hast, Thomas, darum glaubst du. Selig sind, die nicht sehen und doch glauben!“ (Johannes 20,29). A. W. Tozer hatte recht mit seiner Unterscheidung zwischen Glauben und Visualisieren, indem er sagte, Glauben sei eine moralische Tätigkeit, Visualisieren aber eine geistige.

„Die fehlende Bereitschaft zu glauben beweist, daß Menschen die Finsternis mehr lieben als das Licht, während die Unfähigkeit zu visualisieren auf nichts anderes als einen Mangel an Vorstellungskraft hinweist, also auf etwas, das uns vor dem Richterstuhl Christi niemand vorwerfen wird.“[15]

Der Glaube hängt nicht von unseren Visualisierungskünsten ab, sondern von den zuverlässigen Verheißungen Gottes, die wir durch einen vernünftigen Glauben für uns in Anspruch nehmen. Paulus legt in seinen Briefen Wert darauf, daß „der Glaube aus der Predigt, das Predigen aber durch das *Wort* Christi“ kommt (Römer 10,17; Hervorhebung von mir). Er konzentriert sich auf das Hören des „Wortes“, auf den sachlichen Inhalt des Evangeliums, nicht auf lebhafte Bilder (wenngleich die Vorstellungskraft, wie bereits erwähnt, durch die Verkündigung angeregt werden kann). Eines Tages werden die Christen Jesus Christus von Angesicht zu Angesicht sehen, aber bis zu diesem großen Tag leben wir „im Glauben und nicht im Schauen“ (2. Korinther 5,7).

5. Ein weiteres Problem im Zusammenhang mit der Visualisation besteht in den extravaganten Behauptungen, die manche über sie in die Welt setzen. „Was immer der Geist erdenken kann, werden wir erreichen“, heißt ein alter Spruch. In diesem Sinne wird Visualisation zu einer Art Magie, zu einer Methode, die Wirklichkeit durch geistige Kräfte zu manipulieren. Auch die New Ager weisen ihren Vorstellungen eine göttliche Kraft zu, die alles übersteigt, was endlichen Geschöpfen möglich ist. Rushdoony be-

merkt dazu: „In seiner Vorstellung sieht sich der gefallene Mensch als Gott und Schöpfer. In jedem seiner Träume spielt er den Gott über die Wirklichkeit. Magie und Hexerei sind die Auswüchse dieser gefallenen Vorstellungskraft. Die Zauberworte der Hexen lauten: ‚Wie ich will, so muß es sein!'"[16] Oder: „Wie ich visualisiere, so muß es sein!"

Manche Leute stellen sich auf einfache und natürliche Weise vor, wie sie eine bestimmte Handlung vollziehen, bevor sie es tatsächlich tun; etwa so, wie ein Baseballspieler seinen Schlag gegen den anfliegenden Ball des Werfers vorher „visualisiert". Insofern als diese geistige Generalprobe ihn zu einer besseren Leistung anspornt, erscheint sie harmlos. Im gleichen Sinne kann ein positiver Gebrauch der Vorstellungskraft einen körperlichen Heilungsprozeß unterstützen. Dieses natürliche Zusammenspiel von Geist und Körper ist jedoch nicht mit der New-Age-Behauptung zu verwechseln, daß wir „unsere eigene Wirklichkeit schaffen" durch die „Herrschaft des Geistes über die Materie".

In ähnlicher Weise erscheint es unbedenklich, wenn jemand, um sich im Gebet zu konzentrieren, sich damit hilft, die Person, für die er betet, zu visualisieren; jedenfalls solange, wie er diesem Akt der Visualisation selbst keine magische Macht zuweist. Nicht unser Geist beantwortet Gebet, sondern Gott. Diese Unterscheidung ist sehr wichtig, damit Christen nicht in magisches Denken abgleiten. Colin Brown macht darauf aufmerksam, daß „das Vaterunser und andere Gebete Jesu eine ganz andere Orientierung haben als die Magie. Letztere bemüht sich um die Kontrolle über das Übernatürliche durch bestimmte Techniken, um die eigenen Ziele zu verfolgen. Jesus ging es darum, den Willen des Vaters zu tun und die Menschen zu lehren, ihr ganzes Leben diesem Willen unterzuordnen."[17]

Vorstellungskraft und Fantasy

Ein weiterer wichtiger Aspekt, der mit dem eben Gesagten zusammenhängt, ist der des Gebrauchs der Vorstellungskraft in Fantasy-Literatur, Fantasy-Rollenspielen, Filmen, Comics oder Spielzeug. Einige Christen lehnen dies völlig ab, seit sie das Eindringen des Okkulten in diese Sparten bemerkt haben.

Zweifellos sind viele Bücher, Spiele, Filme und Comics durch New-Age-Gedanken verseucht. Die Fantasy-Erzählungen von Ursula K. LeGuin zum Beispiel sind voll von okkulten Motiven. Jean M. Auels ungemein erfolgreiches Buch *Clan of the Cave Bear* und seine Fortsetzungen schildern eine angeblich prähistorische Kultur, die einer pantheistisch-animistischen Religion anhängt.

Das beliebteste Fantasy-Rollenspiel, *Dungeons & Dragons* (von seinen Auswüchsen ganz zu schweigen), ist unheilbar okkult, da es regelrechtes Sprechen von okkulten Bannsprüchen, okkulte Symbole (magischer Kreis, Pentagramm und magisches Dreieck), schockierende Gewalt und eine grundlegende amoralische, animistisch-polytheistische Weltanschauung beinhaltet.[18] Dennoch hat das Spiel eine hingebungsvolle Anhängerschaft an sich gezogen und wird zudem in vielen öffentlichen Schulen eingesetzt[19], trotz der Tatsache, daß es im Zusammenhang mit dem Spiel zu zahlreichen Morden und Selbstmorden gekommen ist.

Eine Reihe von Filmen wie die *Krieg-der-Sterne*-Trilogie, die beiden *Karate-Kid*-Filme und viele andere sind voll von verschleierten oder offenen New-Age-Motiven. Und selbst Comics und Spielzeug für Kinder, wie etwa die überaus beliebten *Masters-of-the-Universe*-Figuren, verwenden okkulte Symbole und Gedanken, um Kinder in die Welt des Irrtums hinabzuziehen.[20]

Angesichts dieser und vieler anderer Fälle ist die Versuchung sehr stark, das Motiv der *Absonderung* überzubetonen und in die „Tabu"- oder „Quarantäne"-Mentalität abzugleiten. Es gibt so wenig Weizen unter all der Spreu, daß man geneigt ist, alles auf einmal in den heißesten verfügbaren Ofen zu werfen. Dieser Ofen sollte durchaus noch stärker angeheizt werden; es ist sehr bedauerlich, wenn Christen zum Beispiel versuchen, *Dungeons & Dragons* für den christlichen Gebrauch herzurichten (d.h. die „gefährlichen“ Elemente herauszusondern), wenn doch die beherrschende Weltanschauung des Spiels bis an die Wurzel okkult ist. Viel zu viele Christen haben keine Ahnung von dem okkulten Inhalt vieler Comics, Spielzeuge und Filme. J.R.R. Tolkien, selbst ein bekannter Fantasy-Autor (*Herr der Ringe* u.a.), macht auf die Gefahren der Fantasy aufmerksam: „Natürlich kann man Fantasy im Übermaß betreiben. Sie kann schlecht gemacht sein. Man kann schlechten Gebrauch von ihr machen. Sie kann selbst die Geister, die sie hervorgebracht haben, in die Irre führen.“ Dann fügt er noch hinzu, daß die Menschen jede Gabe Gottes verdorben haben.[21] Man braucht nicht die ganze Gattung Fantasy den Flammen zu übergeben, sondern sollte sie der Urteilskraft des reifen Gläubigen anbefehlen.

Der Glaube an Jesus Christus beruht auf Tatsachen, nicht auf Phantasie; er hat seine Grundlage in der Wirklichkeit, nicht in der Mythologie. Petrus erklärt: „Denn wir sind nicht ausgeklügelten Fabeln gefolgt, als wir euch kundgetan haben die Kraft und das Kommen unseres Herrn Jesus Christus; sondern wir haben seine Herrlichkeit selber gesehen“ (2. Petrus 1,16; vgl. 1. Timotheus 1,4; 2. Timotheus 4,4; Titus 1,14).[22] Warum jedoch sollte die Phantasie – solange sie als solche erkannt wird – daran gehindert werden, Wahrheiten Gottes auszusprechen? Warum sollten Menschen, die nach dem Bild eines kreativen Gottes erschaffen sind, diese Kreativität nicht durch Fantasy-Literatur ausüben? J.R.R. Tolkien drückt es so aus: „Phantasie ist und bleibt ein Menschenrecht: Wir schaffen nach unserem Maß und in unserer abhängigen Weise, weil wir geschaffen sind: und nicht nur geschaffen, sondern geschaffen nach dem Bild und als Ebenbilder eines Schöpfers.“[23]

C.S. Lewis' Reihe von *Narnia-Büchern* ist Fantasy-Literatur, die in einer Welt seiner eigenen Vorstellungskraft spielt. Das hindert Lewis jedoch nicht daran, die Bücher mit eindeutig christlichen Motiven zu durchsetzen. In diesem Sinne mag Lewis' Fantasy wirklichkeitsgetreuer sein als die sogenannte realistische Literatur von Autoren, die der biblischen Weltanschauung fernstehen. Die Hauptfigur der *Narnia-Erzählungen,* der Löwe Aslan, ist eine Art Christusgestalt (obwohl das Werk keine reine Allegorie ist), dargestellt als gut, aber nicht zahm – eine wunderbare Beschreibung der machtvollen Güte Christi. Lewis' Weltraum-Trilogie – *Jenseits des schweigenden Sterns, Perelandra* und *Die böse Macht* – setzt Science-fiction für den gleichen Zweck ein. In diesem Sinne hatte seine apologetische Methode eine doppelte Zielrichtung: Er schrieb Sachbücher, in denen er das Christentum direkt gegen Angriffe verteidigte, aber in seinen Erzählungen malte er die christliche Weltanschauung in hellen und klaren Farben aus, so daß Menschen, die formale Apologetik nicht lesen, trotzdem einen Schimmer der Wahrheit mitbekommen können.[24]

Lewis ist nur ein Beispiel unter vielen. Auch bei Tolkien finden sich christliche Themen, wenn auch weniger offensichtlich.[25] Das Wesentliche ist, daß beide Schriftsteller von einer ganz und gar christlichen Weltanschauung ausgingen, die ihr Werk stark beeinflußt hat. Deswegen sind Lewis, Tolkien oder andere nicht über jede christliche Kritik erhaben, aber wir haben hier einen Hinweis darauf, welchen Wert die Fantasy-Gattung haben kann.

Auch hier erkennen wir wieder die drei Motive, die das Verhältnis des Christen zu seiner Kultur prägen: Obwohl sich Christen von bösen Erscheinungen *absondern* müssen, sollte man die Fantasy-Gattung nicht völlig ablehnen. Als Christen tun wir besser daran, die von Lewis und anderen begründete christliche Fantasy-Tradition zu *bewahren* und dann zu versuchen, die gegenwärtige Situation zu *verändern,* um auch in diesem Bereich eine christliche Weltanschauung zur Geltung zu bringen. Das kann geschehen, indem wir vielversprechende christliche Schriftsteller, Schauspieler und Zeichner in ihrer Bemühung unterstützen, ihrem christlichen Glauben in der Kunst ein Forum zu verschaffen und diese so zur Ehre Gottes und zum Besten der Menschen zu verändern. Tun wir das nicht, so werden wir noch mehr haben, von dem wir uns absondern müssen, weniger, das wir bewahren können, und mehr, das verändert werden muß. Warum sollten wir das alles aufgeben? Nur weil die Dämonen auf der Lichtung tanzen, brauchen wir noch nicht den ganzen Wald abzubrennen.

Biofeedback-Therapie

In meinem Buch *Unmasking the New Age* habe ich allzu kurz angedeutet, daß die Biofeedback-Therapie durchaus unbedenklich sein kann, obwohl sie in New-Age-Kreisen als Mittel der „Erleuchtung", ja sogar als der „Yoga für den Westen" gefeiert wird. Ich wende mich diesem Thema nun ausführlicher zu.

Biofeedback bedient sich der Technik, um normalerweise unbewußt ablaufende Körpervorgänge – wie etwa der Herzschlag, der Blutdruck und die Muskelspannung – sichtbar zu machen und bewußt zu kontrollieren. Dabei werden solche Mittel eingesetzt wie das EEG (Elektroenzephalogramm), um die Gehirnströme (Alpha-, Beta-, Theta- oder Deltawellen) aufzuzeichnen, das EKG (Elektrokardiogramm), um den Herzschlag zu überprüfen und die elektrische Messung der Hautreaktionen für die Ermittlung der Muskelspannung.

Wenn jemand an eines dieser Meßgeräte angeschlossen ist, bekommt er eine Rückmeldung über seinen biologischen Zustand: daher der Ausdruck „Bio-Feedback" (Feedback = Rückmeldung). Dadurch wird er auf eine Körperfunktion aufmerksam, die er normalerweise gar nicht bemerkt und/oder nicht kontrollieren kann. Chronische Kopfschmerzen, Muskelkrämpfe, Bluthochdruck und andere Beschwerden können so behandelt werden. Die Berichte über die medizinische Wirksamkeit des Biofeedback ergeben kein einheitliches Bild, aber in manchen Fällen scheint es mit gutem Erfolg angewandt worden zu sein.

Sollte aber ein Christ diese moderne Technologie gebrauchen? Zur Beantwortung dieser Frage müssen verschiedene Faktoren durchdacht und sorgfältig abgewogen werden.

Die erste Frage ist medizinischer Natur: Funktioniert es? Ist Biofeedback eine legitime medizinische Behandlung für die spezielle Krankheit, um die es geht? Hier sind die einschlägigen Forschungen und das Wort eines qualifizierten Arztes von Bedeutung.

Zweitens: Hat sich einmal herausgestellt, daß Biofeedback wirksam und die richtige Behandlungsmethode für die Erkrankung einer bestimmten Person ist, so ist zu fragen: Ist diese Praxis untrennbar mit dem Okkulten verbunden? Die Ursprünge des Biofeedback liegen bei den wissenschaftlichen Forschungen von nichtchristlichen Yogis und Zen-Meistern, die in der Lage waren, ihre spontanen Körperfunktionen willentlich – und ohne die Hilfe der Technik – zu kontrollieren. Die Wurzel liegt also im östlichen Mystizismus. Diese Frage nach dem Ursprung ist wichtig, aber nicht unbedingt entscheidend. Zum Beispiel geht der pythagoräische Lehrsatz in der Mathematik auf den monistischen Mystiker Pythagoras zurück, aber das ist noch kein Grund, daß Christen die Geometrie boykottieren müßten! Dennoch sollte uns die Frage nach dem Ursprung zur Wachsamkeit veranlassen, um zu prüfen, ob wir uns von dieser Praxis vollkommen oder zumindest teilweise *absondern* sollten.

Drittens sollten wir uns anschauen, wie Biofeedback-Therapeuten und -Patienten ihre Erfahrungen beschrieben haben. Einige haben die Praxis entschieden mit „veränderten Bewußtseinszuständen" in Verbindung gebracht, die im Gegensatz zur christlichen Weltanschauung stehen. Manche berichten von spontanen paranormalen und/oder mystischen Erfahrungen. Der bekannte ganzheitliche Theoretiker Kenneth Pelletier erklärt:

„Selbstheilung mit Hilfe von Biofeedback führt den Betreffenden unvermeidlich in einen psychologischen Entwicklungsprozeß und kann tiefgreifende Erfahrungen veränderter Bewußtseinszustände hervorrufen. ... Während der tiefen Entspannung [beim Biofeedback] ... kann die Person eine Einheitsempfindung erleben, in der sie mit dem Raum, den Stühlen, den Lampen oder dem Therapeuten zu einer Einheit zusammenschmilzt. Dieser Loslösungsprozeß erinnert an die tiefgreifenden Einheitserfahrungen, die bei der Meditation und immer dann auftreten, wenn das Bewußtsein sich über seine normalen Grenzen und Funktionsweisen hinaus erweitert."[26]

Doch, wie Pelletier anmerkt, nicht alle, die sich einer Biofeedback-Behandlung unterziehen, machen diese Erfahrungen. Die nächste Frage muß also lauten: „Macht Biofeedback eine Person *notwendigerweise* für solche Erfahrungen empfänglich?"

Christen, die sich für eine völlige Ablehnung des Biofeedback aussprechen, vergleichen es mit Yoga und Hypnose und behaupten, es erfordere eine Entleerung des Geistes, die die Gefahr einer geistlichen Täuschung oder sogar der dämonischen Besessenheit mit sich bringe. Wenn dem so ist, müssen wir Biofeedback ablehnen, wie groß auch immer der medizinische Nutzen sein mag. Lieber krank als besessen!

Es scheint jedoch, als könne Biofeedback auf verschiedene Weise zu verschiedenen Zwecken eingesetzt werden. Christen sollten rundheraus alle überzogenen Behauptungen zurückweisen, Biofeedback könne das unbegrenzte Potential des Geistes nutzbar machen, wie oft zu hören ist. Wenn ein Christ Biofeedback einsetzt, sollte seine Absicht medizinischer und nicht mystischer Natur sein. Außerdem tun Christen gut daran, sich von am New Age orientierten Biofeedback-Therapeuten fernzuhalten, die die Methode auf eine solche Weise anwenden könnten, daß man in einen passiven, abwesenden Geisteszustand „eingelullt" wird.

Wenn die Biofeedback-Therapie jedoch diese gefährlichen Geisteszustände nicht notwendigerweise herbeiführt, sondern ausgerichtet ist auf eine bewußte konzentrierte Beobachtung und Kontrolle derjenigen Körperfunktionen, die normalerweise nicht bewußt wahrnehmbar und/oder kontrollierbar sind, wäre gegen die Therapie nichts einzuwenden.[27]

Die beiden christlichen Autoren Clifford Wilson und John Weldon warnen jedoch davor, daß sich die Therapie für Menschen mit okkultem Hintergrund – selbst wenn er mehrere Generationen zurückliegt – wegen ihrer erhöhten Anfälligkeit für okkulte Einflüsse als schädlich erweisen könnte.[28] Es ist zwar schwierig, in Erfahrung zu bringen, ob die eigenen Vorfahren ins Okkulte verwickelt waren, aber wenn eine bestimmte Biofeedback-Therapie nicht auf die Erzeugung veränderter Bewußtseinszustände ausgerichtet ist, scheint mir diese Gefahr auf ein Minimum begrenzt zu sein.

Diesen Einschränkungen wäre schließlich noch hinzuzufügen, daß die Biofeedback-Therapie wegen der möglichen – aber nicht notwendigen – Verbindung mit New-Age-Gedanken und Erfahrungen als letztes Mittel angesehen werden sollte. Zuallererst sollte man Heilung direkt vom Herrn erwarten,[29] aber der Herr kann auch andere medizinische Möglichkeiten zur Verfügung stellen. Wenn jedoch die oben beschriebenen Vorsichtsmaßnahmen beachtet werden und man die Therapie mit gutem Gewissen dem Herrn anbefehlen kann (1. Timotheus 4,4), kann Biofeedback legitim und hilfreich sein.

Jede Beurteilung des Biofeedback muß sich sowohl an der *Sache* selbst (was für eine Therapie ist es?) orientieren als auch an der *Person;* d.h., Sie sollten von der Bibel, der Medizin und Ihrer Erfahrung her überzeugt davon sein, daß dies Gottes Wille für Sie ist. Manche Christen werden dieser Anforderung gewachsen sein, andere nicht. Lassen Sie uns hoffen und beten, daß jede Entscheidung unter betendem Nachdenken und nachdenklichem Gebet getroffen wird. „Ein jeder sei in seiner Meinung gewiß" (Römer 14,5).

Sie werden bemerkt haben, daß die Behandlung des Themas Biofeedback ziemlich komplex und nuanciert ausgefallen ist. Damit soll gezeigt werden, daß es oft einiges an Mühe erfordert, sich mit dem New Age sachgerecht auseinanderzusetzen. Pauschale Verdammungen können fehl am Platze sein. Obwohl ich gute Gründe zur Vorsicht im Zusammenhang mit Biofeedback sehe, finde ich die „Quarantäne"- oder „Tabu"-Mentalität hier unangemessen; ebenso unangemessen ist jedoch auch die „Vogel-Strauß"- oder die „Chamäleon"-Mentalität, wonach diese Therapieform ohne die oben angeführten Überlegungen akzeptiert wird.

Musik für ein Neues Zeitalter

Während der letzten Jahre hat die Musikindustrie ihrem Repertoire einen neuen Begriff hinzugefügt: New-Age-Musik. Dieser Ausdruck ist sehr allgemein; er umfaßt alles von eintönigen Sologitarren- oder Klavierstücken über vielstimmige oder sparsame Synthesizer-Musik bis hin zu Jazz-Rock-Mischungen. Auch der wirtschaftliche Anreiz ist nicht zu unterschätzen; die Verkaufszahlen an Schallplatten, Kassetten und CDs machen die neue Gattung zu einer ökonomischen Größe, mit der man rechnen muß. Künstler wie William Ackerman, Steven Halpern, Kitaro, Chaitanya Hari Deuter, Andreas Vollenweider, Vangelis, Jean-Michel Jarre, Paul Winter, George Zamfir und Tangerine Dream gehören zu den bekannteren Namen in dieser schnell wachsenden Sparte. Bei den begehrten „Grammy"-Preisen für Unterhaltungsmusik gibt es seit 1987 auch einen Preis für New-Age-Musik. In Seattle (Washington), wo ich zur Zeit lebe, gibt es zwei UKW-Stationen, die sich auf New-Age-Musik spezialisiert haben; die Anzahl solcher Sender nimmt überall in den USA zu. Eines der Programme wird immer wieder von Werbespots für am New Age orientierte

Buchhandlungen, Gruppen und Veranstaltungen unterbrochen.

New-Age-Musik wird wegen ihres Anspruchs, die Gemüter der Aufsteiger und Karrieretypen zu beruhigen, zuweilen auch „Yuppie-Musik“ genannt. Stephen Hill, der Regisseur der wöchentlich ausgestrahlten halbstündigen Radiosendung „Hearts of Space“, bemerkt dazu: „Leute mit langweiligen Berufen mögen normalerweise aufregende Musik; Personen mit aufregenden Berufen und komplizierten geistigen Tätigkeiten brauchen wirklich etwas anderes. Diese Musik spricht allgemein Menschen mit einer qualifizierteren Ausbildung an, die beruflich hohen geistigen Anforderungen genügen müssen.“[30] Aber es steckt noch mehr dahinter.

Manche New-Age-Musik soll nicht nur die Seele entspannen, sondern auch eine meditative Veränderung des Bewußtseins auslösen. Hier könnte man von meditativer oder mystischer New-Age-Musik sprechen. Steven Halpern, ein Pionier der New-Age-Musik mit über dreißig veröffentlichten Schallplatten, hat viele Alben produziert, die eindeutig östlich-mystische Praktiken mit seiner Musik verbinden. Seine *Spectrum Suite* dient dem Zweck, die Hörer in die Lage zu versetzen, sich auf jedes der sieben Chakras (Energiezentren) ihres Körpers zu konzentrieren, die seiner Meinung nach mit sieben verschiedenen Farben und Klängen korrespondieren. Halpern sagt: „Wenn der siebte und letzte Satz beginnt, Grundton h, konzentrieren Sie Ihre Aufmerksamkeit auf die Krone Ihres Kopfes. Visualisieren Sie dort eine violette Farbe und empfangen Sie die Energie des göttlichen Bewußtseins.“[31] Halperns Ausrichtung und die Absicht, die er mit seiner Musik verfolgt, sind eindeutig: „Der Begriff *spirituell* bezieht sich auf das, was ewig ist und sich in Harmonie mit der universalen Gott-Kraft befindet, die wir unter so vielen verschiedenen Namen kennen. In meiner Arbeit versuche ich, mich mit dieser Kraft in eine Linie zu stellen und die Lebensenergie der Musiker und Zuhörer zu erhöhen, um sie in eine bessere Einstimmung auf ihr eigenes Gott-Selbst zu bringen.“[32]

Kitaro, der populäre japanische New-Age-Musiker und Komponist, hat von seinen siebzehn Langspielplatten mehr als acht Millionen Stück verkauft. Die Grafiken auf seinen Plattenhüllen und die Songtitel lassen den Einfluß des orientalischen Mystizismus auf sein Werk erkennen. Rick Ingrasci kommentiert, Kitaros Album *The Light of the Spirit* (Das Licht des Geistes; 1987) sei ein Mittel, „durch das Kitaro versucht, wie er sagt, die universellen Gedanken über die menschliche Existenz, die Natur und den Kosmos auszudrücken. ... Kitaro ... nennt sich selbst einen ‚Musiker der neuen Kultur‘. Er betrachtet seine Musik als Teil seines spirituellen Weges und sieht seine Rolle als die eines Werkzeugs kultureller Veränderung, das anderen zu einer neuen Sicht der Welt verhilft.“[33]

Andere Künstler verraten ihre metaphysischen Ambitionen durch ihre Songtitel, Begleittexte oder Werbungen. Betrachten Sie die folgende Beschreibung der Kassette *The Eternal Om:*

„Das OM ist aller Klang und alle Stille durch die Zeiten. ... Es beschwört das ALL, das sonst nicht auszudrücken ist, und es ist der höchste spirituelle Klang auf der Erde. Und nun haben wir mit Hilfe der neuesten elektronischen Möglichkeiten verschiedene Tonhöhen menschlicher Stimmen synthetisiert, die alle gemäß den vorgeschriebenen Schwingungen das OM intonieren. Im Hintergrund ist ein nahezu unterschwellig klingender Chor.“[34]

Ich bin nicht wild darauf, diesen Chor zu hören.

Eine andere Kassette von Robert Slap trägt den Titel *Ascension to All That Is* (Aufstieg zu allem, was ist). Eine Werbebeilage verkündet, es handele sich um „eine musikalische Interpretation des Aufstiegs durch die Astralebenen bis zur siebten Ebene – zur Gottheit, zum Universellen Geist ... zu allem, was ist.“[35] Eine Kassette mit ähnlich ätherischen Ambitionen ist *Journey Out of the Body* (Reise außerhalb des Körpers) von David Naegles; es wird behauptet, daß hier die paranormalen Neigungen des Musikers in die Musik einfließen, durch die angeblich außerkörperliche Erfahrungen herbeigeführt werden.[36]

Die genannten meditativ-mystischen Kassetten sind Beispiele für „New-Age-Musik der Inneren Harmonie", so genannt nach einer erläuternden Werbung der New-Age-Plattenfirma „Valley of the Sun" (die dem bekannten New-Age-Seminarleiter und Vertreiber von Vortragskassetten Dick Sutphen gehört). Solche Musik wird beschrieben als „sanfte, fließende, stark beeinflussende Musik ohne Spannung oder Auflösung," die (angeblich) „wissenschaftlich erwiesene dramatische Veränderungen des Bewußtseins bewirkt" und „ideal für die Arbeit mit veränderten Bewußtseinszuständen" ist. Manche dieser Kassetten enthalten auch unterschwellige Botschaften, von denen man annimmt, daß sie in das Unterbewußtsein eindringen, um die Gedanken und das ganze Leben des Hörers zu verändern.

Diese Art von Musik wird unterschieden von der „progressiven New-Age-Musik", wie Sutphen sie nennt, einer „sanften, aber kraftvollen Musik, die normalerweise akustische und elektronische Instrumente kombiniert", um eine „anregende, aber nicht ablenkende Wirkung" zu erzielen. Der Soundtrack zu dem Film *Die Stunde des Siegers* von Vangelis paßt laut Sutphen in diese Kategorie.[37] Vieles aus dem modernen Jazz-Rock könnte man ebenfalls hier einordnen; Musik also, die von Leuten mit einer New-Age-Weltanschauung geschrieben und gespielt sein kann oder auch nicht.

Eine weitere Kategorie der New-Age-Musik, neben der progressiven und der meditativ-mystischen, ist die „christliche New-Age-Musik". Dieser Ausdruck braucht uns jedoch nicht zu erschrecken. In den letzten Jahren haben verschiedene christliche Plattenfirmen Serien von größtenteils instrumentalen Alben herausgebracht, die der nichtchristlichen New-Age-Musik ein wenig ähneln, aber mit einer anderen Note versehen sind. Diese Platten gestalten sich nicht hypnotisch wiederholend, und wenn sie von Christen geschrieben, gespielt und produziert sind, dann haben sie auch sicherlich nicht zum Ziel, mystische New-Age-Erfahrungen herbeizuführen. Es handelt sich eher um eine Kombination aus leichtem Jazz, Folk, Rock und klassischer Musik. Manche Stücke sind sogar Variationen von traditionellen Chorälen oder beliebten christlichen Liedern. Einiges von diesem Material ist von nichtchristlichen New-Age-Radiosendern gespielt worden. Der Begleittext für das Album *The Wind and the Wheat* (Der Wind und der Weizen) des Gitarristen, Songschreibers und Sängers Phil Keaggy spricht von den geistlichen Gedanken, die jedem der Stücke zugrunde liegen. Obwohl manchmal der Ausdruck „christliche New-Age-Musik" verwendet wird, sind diese Worte – wenn sie auch angesichts der Konnotationen ein wenig ungeschickt gewählt sind – noch kein ausreichender Grund, diese Musik zu verdammen. Der Begriff bezieht sich in diesem Fall nicht auf eine unbiblische Weltanschauung, sondern lediglich auf einen musikalischen Stil.[38]

Wie sollen sich Christen also verhalten? Sollen sie ihre *Stunde des Siegers*-Platten vernichten, mit denen doch so viele gute Erinnerungen an einen Film verbunden sind, der einige solide christliche Tugenden betont?

Jede Musik kategorisch abzulehnen, die das Etikett „New Age" trägt, hieße, der „Tabu"- und „Quarantäne"-Mentalität zum Opfer zu fallen. Ich habe ein Album des christlichen Musikers John Michael Talbot in der New-Age-Abteilung eines Schallplattengeschäfts und einem entsprechenden Katalog gesehen. Deswegen ist er noch lange kein versteckter Pantheist. Vieles von dem, was als New-Age-Musik bezeichnet wird, gehört in die Kategorie der „progressiven" New-Age-Musik – zum größten Teil entspannende Instrumentalmusik, geschrieben und gespielt von Leuten, die nicht unbedingt eine New-Age-Weltanschauung haben. Dieser Musikstil kann für Christen annehmbar sein, wenn sie ihn ästhetisch schön und erbauend finden.

Dahinter steckt wohl kaum eine geistliche Gefahr wie bei der meditativ-mystischen New-Age-Musik.

Jedoch alle Musik kategorisch zu akzeptieren, die das Etikett „New Age“ trägt, hieße, der „Vogel-Strauß“- oder „Chamäleon“-Mentalität zum Opfer zu fallen. Vieles der New-Age-Musik ist von einer pantheistischen, monistischen und spiritistischen Weltanschauung inspiriert, die sich in der Musik sowohl bei den instrumentalen Teilen als auch beim Gesang zeigt. Viele New-Age-Musiker und Komponisten betrachten ihre Gattung als Werkzeug zur Verbreitung von New-Age-Gedankengut. Das Magazin *Newsweek* beschrieb die New-Age-Künstler von Windham Hill als verbunden durch „eine vage mystische Weltanschauung und die Bemühung um eine entspannende musikalische Atmosphäre.“[39] Stephen Hill, Leiter der New-Age-Radiosendung „Hearts of Space“, die über 220 Sender ausgestrahlt wird, kommentiert: „Viele der Künstler sind dem New-Age-Gedankengut und -Lebensstil sehr ernsthaft und umfassend verpflichtet.“[40]

Es stellt sich also die Frage, in welchem Maße und auf welche Weise ein gegebenes Musikstück den Hörer beeinflussen kann. Eine sorgfältige Lektüre der Begleittexte auf der betreffenden Schallplatte, Kassette oder CD kann Hinweise darauf geben, ob der Komponist und/oder der Musiker mit der Musik ein mystisches Ziel verfolgt/en (obwohl man diese Möglichkeit beim Hören eines unbekannten Stückes im Radio nicht hat). Auch aus Büchern oder Magazinen kann man Informationen über einzelne Musiker entnehmen, die das Bild vervollständigen. Der Apostel Paulus sagt, wir sollten unseren Geist auf das ausrichten, was wahrhaftig, ehrbar, gerecht, rein, liebenswert und gut beleumundet oder bewundernswert ist (Philipper 4,8). Wir sollen die Musik prüfen, um zu erkennen, ob irgendeine New-Age-Intention oder -Botschaft die Schönheit vergiftet, die möglicherweise darin enthalten ist.

Paulus weist uns unmißverständlich auf die wirklich geistliche Musik zurück: „Laßt das Wort Christi reichlich unter euch wohnen: lehrt und ermahnt einander in aller Weisheit; mit Psalmen, Lobgesängen und geistlichen Liedern singt Gott dankbar in euren Herzen“ (Kolosser 3,16). Musik, die dazu angelegt ist, uns in einen mystischen Geisteszustand zu versetzen, dürfte kaum dieser Beschreibung entsprechen.

Sollte ein Christ einmal ungewollt New-Age-Musik anhören, durch die eine mystische Erfahrung herbeigeführt werden soll, ist noch nicht gesagt, daß die Musik diese Wirkung auch tatsächlich erzielt. Ebenso wie niemand gegen seinen Willen hypnotisiert werden kann, halte ich es für kaum wahrscheinlich, daß man auf Menschen einen psychischen Zwang ausüben kann, so daß sie durch das Hören von New-Age-Musik eine falsche mystische Erfahrung machen, besonders wenn der Betreffende vom Heiligen Geist bewohnt ist und eine solche Erfahrung nicht sucht.

Wir müssen erkennen, daß Gott auch Nichtchristen dazu gebrauchen kann, schöne Musik zu schaffen, die sowohl erbaut als auch erfreut. Zudem kann Musik verschiedene Menschen auf verschiedene Weise beeinflussen, und wir sollten diesen Unterschieden Raum lassen. Andererseits gibt es in manchen Dingen kein Wenn und Aber. So sollte zum Beispiel kein Christ sich New-Age-Musik wie das bereits erwähnte *The Eternal OM* anhören, denn das wäre gleichbedeutend mit der Teilnahme an einem heidnischen religiösen Ritus (vgl. 1. Korinther 10,18-22). Jegliche meditativ-mystisch orientierte New-Age-Musik muß mit Mißtrauen betrachtet werden.

Es gibt einen gewissen Bereich des Verhaltens – der von der Schrift nicht verurteilt wird –, in dem Christen völlig legitim unterschiedlicher Meinung darüber sein können, was für sie akzeptabel ist und was nicht. Jeder sollte nach einer Prüfung unter Nachdenken und Gebet entscheiden, was er erbaulich findet und was nicht, und dabei darauf achten, niemand anderen zum Straucheln zu bringen (vgl. Römer 14).

Wer sich unsicher ist, sollte sich folgende Fragen stellen:

Welches Risiko ist mir lieber? Will ich es lieber riskieren, ein möglicherweise harmloses Musikstück zu verpassen, weil ich Sorge habe, durch einen nichtchristlichen musikalischen Einfluß Schaden zu nehmen? Oder will ich es lieber riskieren, durch New-Age-Musik Schaden zu nehmen, nur um ein vielleicht schönes und harmloses musikalisches Erlebnis nicht zu versäumen? Mit anderen Worten: im Zweifelsfall ist es besser, auf Nummer Sicher zu gehen.

In allen angesprochenen Fragen kommt es auf sorgfältige Prüfung an. Selbstwertgefühl, Visualisation, Fantasy-Literatur, Biofeedback, New-Age-Musik – man könnte die Liste noch erheblich erweitern, aber diese Beispiele sollen lediglich als repräsentative Testfälle dienen, die uns helfen, unsere Urteilsfähigkeit zu schärfen. Besonders in den Bereichen Biofeedback und New-Age-Musik erhebe ich nicht den Anspruch, das letzte Wort gesprochen zu haben. Ich hoffe aber, es war dennoch ein hilfreiches Wort, das auch Sie dazu anregen wird, diese und viele andere Bereiche kritisch auszuleuchten.

Die moderne Welt stellt uns vor eine Menge von Fragen, die eine christliche Stellungnahme verlangen; bei vielen davon ist mehr gefragt als nur ein schnelles Schwarz-Weiß-Urteil. Wer das eingesteht, plädiert deshalb noch nicht für eine zögerliche Haltung, die niemals zu einer Entscheidung gelangt. Weit gefehlt.

An der Bibel ausgerichtete Christen können in manchen Beurteilungsfragen aus verschiedenen Gründen – wie Unwissenheit, Unreife, Mangel an Logik, Unterschieden im Gewissen oder zuweilen auch regelrechter Sünde – voneinander abweichende Meinungen haben. Der richtige Weg im Umgang mit Meinungsverschiedenheiten ist „wahrhaftig [zu] sein in der Liebe" (Epheser 4,15). Meinungsverschiedenheiten in Fragen wie den hier behandelten sollten zur *Diskussion* führen, nicht zur *Denunziation.* In manchen Bereichen müssen wir uns „einigen, daß wir nicht einig sind."[41] Was jemand über New-Age-Musik denkt, ist wichtig, aber nicht so entscheidend wie das, was er über die Person Christi oder die Erlösung denkt. In allen Fällen sollte es jedoch unser Ziel sein, gefangenzunehmen „alles Denken in den Gehorsam gegen Christus“ (2. Korinther 10,5). Nur dann können wir uns als Christen mit wahrer christlicher Urteilskraft mit den Fragen auseinandersetzen, vor die das New Age uns stellt.

10. Die Zukunft des New Age

Nachdem wir biblische Argumente, logische Einwände und Indizien gegen die Weltanschauung des New Age und für das biblische Christentum vorgebracht haben, sind nun einige Überlegungen zur voraussichtlichen Zukunft des New Age in bezug auf das christliche Zeugnis angebracht.

Es ist aus verschiedenen Gründen schwierig, die tatsächliche kulturelle Durchschlagskraft des New Age festzustellen. Die „Bewegung" selbst ist sehr vielgestaltig und hängt organisatorisch nur lose zusammen, trotz ihrer Einigkeit in grundlegenden philosophischen Fragen. Eine systematische Analyse ihrer Wirksamkeit ist problematisch, da es keine umfassenden bzw. empirischen von einer Zentrale herausgegebenen Berichte über ihr Fortschreiten gibt. Statt dessen muß eine allgemeine Analyse über eine große Bandbreite von Gruppen, Personen und Veranstaltungen in Betracht gezogen werden.

Auch kann man den eigenen Erfolgsberichten der New Ager nur selten trauen, weil viele von ihnen – getreu der Grundregel, um jeden Preis positiv zu denken – im Hinblick auf ihre Zahlen und ihre Wirksamkeit übertreiben. In einem Artikel des *Wall Street Journal* macht Anthony Down auf die Tendenz in drei am New Age orientierten Büchern aufmerksam – *Megatrends* von John Naisbitt, *Die dritte Welle* von Alvin Toffler und *Die sanfte Verschwörung* von Marilyn Ferguson –, durch verschiedene Mittel „die Pseudo-Fakten zu mega-übertreiben". Diese „Übertreibungs-Bücher" argumentieren oft mit den folgenden Methoden:

Beweis durch Behauptung. Vereinfachte Verallgemeinerungen ersetzen sachliche Argumente.

Beweis durch Anekdoten oder global gesammelte Gerüchte. Einige wenige Beispiele aus verschiedenen Weltteilen für ein angeblich allgegenwärtiges Phänomen werden genannt, ohne daß nach ihrem statistischen Gewicht gefragt wird.

Eine Neigung zur allerletzten Neuigkeit und zur Übertreibung. Von kaum wahrnehmbaren Entwicklungen wird prophezeit, daß sie „zu irgendeinem nicht genannten späteren Zeitpunkt die Gesellschaft beherrschen" werden. Besonders deutlich wird das in der „Futurologie", die Spekulation – wenn nicht gar esoterische Zukunftsvision – zur Wissenschaft zu erheben versucht.[1]

Pseudo-Daten. Das Vorführen verzerrter Statistiken. Wenn John Naisbitt sagt, daß irgend etwas in „bis zu 80% aller Fälle" passiert, kann das alles von 1 bis 80% bedeuten.

Vermutete, aber plausibel klingende Zusammenhänge. Man setzt einen grundlegenden, wachsenden Trend gesellschaftlicher Veränderung auf Kosten einer mehr ins Detail gehenden und sorgfältigeren Analyse einfach voraus. Das Gerede von „Quantensprüngen" und „Paradigmenwechsel" kann manchmal mehr auf Wunschdenken als auf soliden soziologischen Untersuchungen beruhen.[2]

Ebenso ist der mystische evolutionäre Prozeß, von dem das New Age so berauscht ist, eine Schlußfolgerung aus unzureichenden Daten. Die vielen Probleme der Makro-Evolutionstheorie – wie etwa der Mangel an fossilen Belegen für Übergangsformen, die relative Unveränderlichkeit der Arten und die radikale Diskontinuität zwischen Mensch und Tier (was das abstrakte Denken, die Sprache und die kulturelle Aktivität anbelangt)[3] – werden bequemerweise zugunsten der „Evolution als Motor der Aufklärung" ignoriert, wobei ein unpersönlicher Gott irgendwie das Ruder führt.

Außerdem ignoriert der Gedanke, daß die kulturelle Evolution unser Schicksal beständig verbessere, die Tatsache, daß das 20. Jahrhundert trotz seiner materiellen und technischen Errungenschaften das blutigste Jahrhundert der Menschheitsgeschichte ist, gemessen an der Zahl derer, die in Kriegen oder durch politischen Terror getötet wurden. Gil Elliot schätzt die Zahl der derart durch Menschen zu Tode Gekommenen zwischen 1900 und 1969 auf 110 Millionen; er hält das 20. Jahrhundert für „unvergleichlich ... gewalttätiger" als frühere Epochen. Dabei sind in diesen Zahlen die Millionen in aller Welt abgetriebenen Kinder noch nicht enthalten.[4] Die Evolution scheint nicht ganz das zu halten, was sie verspricht.

Die Existenz dieser „Übertreibungs-Bücher" und unzutreffenden Ansichten über Wissenschaft und Geschichte widersprechen nicht den in diesem Buch geschilderten Hinweisen darauf, daß das New Age ein tiefgreifender kultureller Trend ist und nicht eine vorübergehende Modeerscheinung. Denken Sie zum Beispiel an die wachsende Zahl von New-Age-Titeln in ganz gewöhnlichen Buchhandlungen. In den letzten zehn Jahren hat der führende amerikanische Taschenbuch-Verlag, Bantam Books, seine Produktion an New-Age-Titeln verzehnfacht. Aus dem Verlag verlautete, dies sei seine „am schnellsten wachsende Sparte von Sachbüchern".[5] Die Buchhandlungskette B. Dalton Booksellers berichtete, daß der Verkauf von Büchern über okkulte Themen in der Woche, als Shirley MacLaines Mini-Fernsehserie *Out on a Limb* ausgestrahlt wurde, um 95% in die Höhe geschnellt sei und immer noch zunehme.[6] Eine ähnlich explosionsartige Vermehrung des Interesses am Okkulten verzeichnete die Waldenbook-Kette.[7] Das Phänomen der New-Age-Buchveröffentlichungen ist bedeutend genug, daß die Fachzeitschrift *Publishers Weekly* diesem Sachverhalt am 25. September 1987 eine ganze Ausgabe widmete. Dies ist keine Sternschnuppe am pantheistischen Himmel. Dennoch müssen wir die New-Age-Übertreibungen mit einer Prise soziologischen Salzes würzen.

Manche Kritiker haben die klaren Hinweise auf einen durchgreifenden und starken Einfluß des New Age mit ganzen Wagenladungen soziologischen Salzes zugeschüttet.

Einige tun dies, indem sie den Niedergang der grellen Gurukulte als Zeichen für einen Niedergang des östlichen mystischen und okkulten Gedankenguts insgesamt werten.[8] Andere haben vielleicht einiges von ihrem Vertrauen in das New Age verloren, weil es die Welt nicht schnell genug gewonnen hat. William Irwin Thompson kommentiert:

„In den siebziger Jahren erwartete die New-Age-Bewegung eine Offenbarung des Tausendjährigen Reiches. Im Rückblick auf die siebziger Jahre scheint es nun, als ob sich die Menschheit mit überwältigender Mehrheit für eine Verschiebung dieser Offenbarung ausgesprochen hätte. ... Die New-Age-Bewegung endete mit Reagan und nicht mit dem Zen-Gouverneur Brown als US-Präsident aus Kalifornien, und der Zeitgeist machte sich auch auf der kulturellen Ebene dadurch bemerkbar, daß ‚Raumschiff Enterprise' und ‚Kung Fu' durch ‚Denver Clan' und ‚Dallas' verdrängt wurden, Joni Mitchell durch Madonna und die ‚Unheimliche Begegnung der dritten Art' durch ‚Rambo'."[9]

Wenn die New-Age-Bewegung vor allem anderen eine durchgreifende Verschiebung des Weltbildes bewirkt und repräsentiert, dann verringert der Niedergang einzelner Sekten und das Verschwinden einiger Gestalten aus der Kultur an sich noch nicht drastisch die Anziehungskraft oder das Potential des New Age. Obwohl es zweifellos wahr ist, daß die jüdisch-christliche Geschichte und Tradition Amerikas viel tiefere und breitere Wurzeln hat als die New-Age-Philosophie – immerhin wurde Amerika von Christen gegründet, nicht von Hindus oder Druiden –, hat die New-Age-Bewegung doch beachtliche kulturelle Erfolge erzielt, und sie schließt sich an eine pantheistisch-spiritistische Subkultur des amerikanischen Lebens an, die sich zum ersten Mal Mitte bis Ende des 19. Jahrhunderts im Transzendentalismus, der Theosophie und den „Geistwissenschaften" bemerkbar machte – ein Jahrhundert vor der Gegenkultur.[10]

Ob die kulturelle Macht des New Age sich festigen kann,

hängt wohl zu einem großen Teil davon ab, ob es in der Lage ist, sich in die allgemeine Kultur einzuschleichen, indem es seinen Anhängern eine Einheit von Weltanschauung und Lebensstil bietet. Damit würde die Herausbildung von New-Age-Organisationen oder sogar -Kirchen einhergehen, die mit den traditionellen kirchlichen Organisationen rivalisieren oder sie überflügeln würden, was Anziehungskraft, Zusammenhalt und Stabilität der Mitgliedschaft angeht. Auch eine erfolgreiche Unterwanderung der christlichen Gemeinden mit einer New-Age-Theologie wäre dazu notwendig.

Der bekannte Historiker Christopher Lasch glaubt, daß dem New Age das religiöse Rückgrat dazu fehlt: „Der wahllose Eklektizismus dieser [New-Age-] Bewegungen ist ein wichtiger Schlüssel zu ihrem Mangel an bleibender Macht. Die Mischung der Zutaten ist zu instabil, um zusammenzuhalten, um eine zusammenhängende Erklärung aller Dinge oder auch nur eine zusammenhängende Antwort auf persönliche Schwierigkeiten zu geben, die in erster Linie Anhänger anziehen würden."[11] Den New-Age-Lehren, fügt er hinzu, fehlte auch eine „Unterordnung unter einen Kanon von Lehren, die anzunehmen sind, selbst wenn es unmittelbaren Interessen oder Neigungen widerspricht, und die nicht ständig individuell angepaßt werden können." Seiner Meinung nach ist der Maßstab für Wahrheit, nach dem etwas wahr ist, wenn man es glaubt, zwar „auf kurze Sicht attraktiv, aber auf lange Sicht kann man keine Wunder davon erwarten."[12]

Wir können nur hoffen, daß er mit seiner Ansicht recht behält, daß sich das New Age nicht als dauerhafte gesellschaftliche Kraft herausstellen wird. Illusionen haben jedoch ihre eigene Anziehungskraft, und die vielen Quellen, aus denen das New Age schöpft, können unter der alten Lüge der Selbstvergötterung vereint werden. Abraham Kuyper erkannte die starke Verlockung des Pantheismus um die Jahrhundertwende und bemerkte:

„Die Neigung zum Pantheismus steckt tief in unseren sündhaften Begierden. Die Wasser des Pantheismus sind süß, ihr religiöser Geschmack ist besonders angenehm. An diesem Becher kann man sich geistlich berauschen, und ist sie einmal betrunken davon, so verliert die Seele ihren Wunsch nach der nüchternen Klarheit des göttlichen Wortes. Um dem Bann dieser pantheistischen Beschwörungen zu entkommen, muß man durch bittere Erfahrungen geweckt werden. Und ist sie einmal aufgewacht, so ist die Seele entsetzt über die fürchterliche Gefahr, in die sie durch diese Sirene gebracht wurde."[13]

Weiterhin scheint es, als sei das New Age neuerdings zu der Strategie übergegangen, sich selbst als „das wahre Christentum" darzustellen und sich so für die Namenschristen und diejenigen, die nicht genügend in der Bibel verwurzelt sind, attraktiver zu machen. Der okkulte Kern des New Age wird verschleiert, wenn Abgefallene als Apostel in den Kleidern des Klerus erscheinen.

Was dem Teufel zusteht

Wie auch immer wir die genannten kulturellen Faktoren gewichten, wir sollten bei unserer Analyse den häufigen Fehler vermeiden, heidnische Prophezeiungen und Propaganda in unsere eigene Theologie aufzunehmen. Obwohl wir manchmal dem Teufel geben müssen, was ihm zusteht, sollten wir ihm niemals den Stift in die Hand geben, um unsere Lehre umzuschreiben. Manche christlichen Kritiker der New-Age-Bewegung schreiben – zweifellos in der besten Absicht – den Herolden der Hölle beinahe soviel Autorität zu wie der Heiligen Schrift. Das tun sie, indem sie verschiedene Voraussagen, Prahlereien oder Pläne des New Age für bare Münze nehmen. Doch es ist die Bibel, nicht die Prahlerei des New Age, die die höchste Autorität besitzt. Brooks Alexander bringt diesen Punkt gut heraus: „Wenn Alice

Baileys ‚Plan' tatsächlich die Schablone für unsere Zukunft sein soll, dann sagen wir damit eigentlich, daß dämonische Offenbarungen unser Verständnis der göttlichen Offenbarung vervollständigen können. Damit geben wir dem Teufel mehr, als ihm zusteht."[14]

Damit soll der Einfluß der umfangreichen Schriften von Frau Bailey nicht verharmlost werden, aber wir müssen daran denken, daß Satan ein Lügner ist; seine „Offenbarungen" dürfen niemals die Wahrheit verdrängen, die Gott, der niemals lügt, in der Bibel offenbart hat (Hebräer 6,18). Gottes offenbarter Plan ist wichtiger als Satans Plan der Rebellion. Zahlreiche okkulte Prophezeiungen haben New Ager wie (fehlgeleitete) Christen gleichermaßen in die Irre geführt, nur um dann auf den metaphysischen Abfallhaufen widerlegter Phantastereien geworfen zu werden. Denken Sie nur an Edgar Cayces Voraussage, Atlantis werde 1968 oder 1969 wieder auftauchen, von der Vielzahl anderer falscher Voraussagen ganz zu schweigen.[15] Das Wort der Schrift gilt immer noch: „Wenn der Prophet redet in dem Namen des HERRN und es wird nichts daraus und es tritt nicht ein, dann ist das ein Wort, das der HERR nicht geredet hat. Der Prophet hat's aus Vermessenheit geredet; darum scheue dich nicht vor ihm" (5. Mose 18,22).

Kommt eine New-Age-Apokalypse?

Viele New Ager – und angebliche „kanalisierte" Wesenheiten – prophezeien ein apokalyptisches Vorspiel zum Neuen Zeitalter. Ja, das Neue Zeitalter des Friedens, des Lichts und der Liebe erwartet uns, aber zuerst müssen wir eine „Reinigung" oder Läuterung der planetarischen Problembereiche durchmachen. Diese Flecken auf der Biosphäre werden üblicherweise als jene „weniger entwickelten" Seelen beschrieben, die nicht zugeben wollen, daß „alles eins" oder „alles Gott" ist; sie halten an Sichtweisen des „alten Zeitalters" fest – wie der Sünde, der Begrenztheit des Menschen, der Einzigartigkeit Jesu Christi und der Notwendigkeit einer Erlösung von außen. Diese Typen, so wird in New-Age-Kreisen manchmal behauptet, behindern den Weltfrieden durch ihre separatistischen Bestrebungen. Obwohl von göttlichem Wesen, sind diese „Unterentwickelten" nicht göttlich in ihren Lebensäußerungen; alle sind Gott (Pantheismus), aber offenbar sind einige in höherem Maße Gott – oder in höherem Maße Gott-verwirklicht – als andere. Die „Gottverwirklichten" werden die okkulte Elite bilden, die wahrhaft geeignet ist, uns durch die Apokalypse und in das Neue Zeitalter zu führen.[16]

Diese Art von Voraussagen hat manche Christen zu der Annahme geführt, daß New Ager einen geheimen Plan zur Ausrottung der Christen und anderer halsstarriger Monotheisten hegen. Der Gedanke dieser kommenden „Reinigung" bedeutet für verschiedene New Ager verschiedene Dinge. Manche sehen sie vielleicht als natürlichen Prozeß der planetarischen Umerziehung für die metaphysisch Zurückgebliebenen. Andere hegen eine gewaltsamere Auffassung, ohne jedoch in Betracht zu ziehen, die Christen aktiv zum Schweigen zu bringen, zu neutralisieren oder auszulöschen. Ruth Montgomery, eine durch ihre „Führer" (aus der Geisterwelt) wohlunterrichtete Pionierin unter den New-Age-Autoren, erwartet für die Zeit um die Jahrtausendwende eine dramatische Verschiebung der Position der Erde; diese werde eine globale Katastrophe verursachen, die „die Erde von der Luftverschmutzung und von bösen Menschen reinigen und das langerwartete Neue Zeitalter eines tausendjährigen Friedens herbeiführen wird."[17]

Die wenigen New Ager, die andeuten, sie wollten die Christen umbringen – oder „entfernen" –, rechtfertigen dieses Handeln damit, daß es im höchsten Dienst der Evolution geschehen solle. Zu diesem Gedanken könnten mehrere Faktoren beitragen. Erstens kann man Mord durch rationale Argumentation als Mittel der „Umerziehung" in einem anderen Leben rechtfertigen, da der Tod nach der Lehre des New Age unwirklich ist. Zweitens könnte der

Gedanke eines kollektiven schlechten Karmas gegen die Christen angewandt werden, von denen man annimmt, daß sie es sich selbst aufgeladen hätten. Moira Timms bemüht sogar das Buch der Offenbarung, indem sie sagt: „Die Plagen der Offenbarung sind besondere Karma-Pakete, von denen die Halsstarrigen heimgesucht werden, damit sie erwachen und ihre falschen Haltungen erkennen."[18] Mit den „falschen Haltungen" ist der biblisch-christliche Glaube gemeint. Dies ist zugegebenermaßen größtenteils meine eigene Spekulation, aber die Überzeugungen, die einem solchen Denken zugrunde liegen könnten, sind vorhanden.

Bei all dem sollten wir folgende – von Rebecca Boren getroffene – wichtige Unterscheidung beachten:

„Es gibt einen qualitativen Unterschied zwischen der Erwartung einer Art Apokalypse – aus der nur die unbeschadet hervorgehen, die zu einer höheren Bewußtseinsstufe vorgedrungen sind – und dem Plan, eine solche Apokalypse selbst herbeizuführen. Ersteres ist ein beherrschendes Thema im New-Age-Denken, letzteres taucht nur in sorgfältig ausgewählten Auszügen auf."

Trotz dieser Einschränkung fährt sie scharfsinnig fort:

„Wenn Sie diese Erwartung einer weltweiten Zerstörung mit der Abhängigkeit von den Offenbarungen der Geistführer in Zusammenhang bringen und dem noch eine Philosophie hinzufügen, die den Satz ‚Tu, was du willst' zum leitenden Prinzip erhebt, bekommen Sie Schwierigkeiten."[19]

Sie hat recht: Die Zutaten – messianische und chiliastische Begeisterung, Erwartung einer Apokalypse, ethischer Relativismus und okkulte Umtriebe – und deren Verknüpfung ergeben eine leicht entzündliche Mischung. Wenn sich das Volk Gottes nicht in der Kraft des Heiligen Geistes erhebt und das New Age seine Anhänger nicht mit seinem Aberglauben, seinen unerfüllten Verheißungen und seiner exotischen Irrationalität enttäuscht, ist es durchaus möglich, daß das New Age eine zunehmend mächtige und bösartige Form annimmt, die gekennzeichnet ist durch Feindseligkeit gegen seine Gegner und unverhüllt dämonische Formen spiritueller Erfahrung wie die Anbetung Luzifers bzw. der Schlange und die Schwarze Magie.[20]

Insofern als das New-Age-Denken darauf basiert, daß angeblich jeder „seine eigene Wirklichkeit schafft", ist es im Prinzip nichts anderes als eine Form okkulter Magie oder Hexerei. Diese Tatsache verweist uns an das, was die Bibel über heidnische Magie zu sagen hat. Rushdoony rückt dies ins Blickfeld:

„Da die Schrift die tödlichen Konsequenzen der Hexerei kennt, greift sie sie scharf als eine mörderische Kraft an (2. Mose 22,18; 3. Mose 19,26+31; 20,6+27; 5. Mose 18,10; Micha 5,12; Maleachi 3,5; Galater 5,20; Offenbarung 21,8; 22,15). Hexerei tötet sowohl Einzelpersonen als auch ganze Kulturen und ist eine tödliche und antisoziale Macht. Die sogenannten ‚primitiven' Gesellschaften sind in Wirklichkeit degenerierte Gesellschaften, in denen Neid und Hexerei den Sieg davongetragen haben. Der Triumph dieser Übel in einer Kultur markiert ihren Abstieg in die Barbarei."[21]

Das Reich Gottes und die Eschatologie

Manche Christen sehen gewisse Entwicklungen in der heutigen Christenheit ebenfalls als Zeichen für einen New-Age-Einfluß an. Die Schrift warnt uns vor den Gefahren des Abfalls (2. Petrus 2; Judas 4-16) und leitet uns zur Reife in der Lehre (1. Timotheus 1,10; 2. Timotheus 3,15-17; Titus 1,9). Wir haben uns schon im letzten Kapitel mit verschiedenen Herausforderungen befaßt, die an unsere Urteilskraft gestellt werden; hier werden wir uns nun mit dem Thema des Reiches Gottes und der Eschatologie (der Lehre von den letzten Dingen) befassen.

Manche christlichen Kritiker haben anderen Christen vorgeworfen, sie hätten angeblich eine New-Age-Einstellung zur Zukunft, die die gegenwärtige Macht Gottes zur gesellschaftlichen Veränderung mit einem langfristigen Optimismus verbinde. In diesem Zusammenhang hat es etliche Diskussionen über die „Reich-Gottes-Theologie" gegeben. Um nicht in die „Quarantäne"-, „Tabu"-, „Verfolgungswahn"- oder „Nesthocker"-Mentalität zu verfallen, müssen wir hier einige wichtige Unterscheidungen treffen.

Das New Age bemüht sich um eine globale Veränderung. New Ager sind langfristige Optimisten, trotz ihrer apokalyptischen Tendenzen. Aber ihre Methode der Veränderung hat ihre Wurzeln im Irrtum.

Nur weil viele Christen heute den umfassenden Charakter des Reiches Gottes, die völlige Herrschaft Christi in allen Bereichen des Lebens und die Wichtigkeit der Bibel in sozialen, kulturellen und politischen Fragen betonen, reicht das allein keineswegs aus, um sie mit dem New Age in einen Topf zu werfen. Viele Christen fangen an, sich aus ihren kulturellen Kokons zu befreien und ihr Licht vor der Welt erstrahlen zu lassen, weil sie sich nicht damit zufriedengeben, Satan und seinen Schergen die Welt kampflos zu überlassen. Ich habe in Kapitel 3 versucht, diese Haltung zu begründen. Christen sind berufen, ihre Kultur zur Ehre Gottes zu *verändern.* Die Methode der Veränderung ist für den Christen in der biblischen Lehre von der Herrschaft Christi verwurzelt.

Einige, die dieses Motiv der Veränderung nicht angemessen berücksichtigen, haben Christen scharf kritisiert, die versuchen, den Himmel schon auf der Erde seinen Einfluß auf alle Lebensbereiche nehmen zu lassen.

Manche dieser Kritiker beleuchten die häretischen Lehren der „Manifest Sons of God" (Die offenbarten Söhne Gottes), einer irregeleiteten pfingstlichen Bewegung, die die Vergötterung der Menschheit betont,[22] angebliche „neue Offenbarungen" über die Bibel stellt und unorthodoxe Anschauungen über Christus vertritt. Menschen, die unter den Einfluß dieser Gedanken geraten sind, sind von jedem biblischen Veränderungsgedanken abgewichen und brauchen liebevolle Kritik auf der Grundlage der biblischen Wahrheit. Aber daß diese „offenbarten Söhne" – und die New Ager – viel Wert auf Veränderung legen, bedeutet noch lange nicht, daß jeder, dem es darum geht, sich „die Erde untertan" (1. Mose 1,26-28) zu machen oder das Reich seines Königs Jesus auszurufen (Offenbarung 1,5-6), in gleicher Weise von falscher Lehre infiziert ist.

Kritiker des Veränderungsmotivs legen manchmal auch die Ziele und Handlungen der Christen falsch aus, die den brennenden Wunsch haben, das „Kronrecht Jesu Christi", wie es die Puritaner ausdrucksstark formulieren, bekannt zu machen. Die Kritiker betrachten jede Bemühung um kulturelle Veränderung als „weltlichen" Versuch, das Reich Gottes durch menschliche Anstrengung herbeizuführen, und darin sehen sie eine gefährliche Nähe zum New-Age-Denken.

Doch das Bestreben, gute Haushalter zu sein über die Schöpfung, die Gott uns anvertraut hat, und sein Reich überall zur Entfaltung gebracht zu sehen, ist alles andere als „weltlich" – es ist im Gegenteil angewandte Geistlichkeit. „Weltlichkeit" beruht auf rein menschlicher Weisheit (Kolosser 2,8), die der Weisheit Gottes entgegensteht (1. Korinther 1-2; Jakobus 3,14-16). Als er vor Pilatus angeklagt wurde, sagte Jesus: „Mein Reich ist nicht von dieser Welt" (Johannes 18,36); das bedeutet jedoch nicht, daß sein Reich nichts mit Gottes Schöpfung zu tun habe oder daß es vor seiner Wiederkunft keinerlei Erfolg haben würde. Stattdessen meinte Jesus, daß sein Reich nicht von dieser Welt *stammt;* es beruht nicht auf menschlichen Meinungen und Traditionen (Matthäus 15,1-9), sondern auf der Macht und Weisheit Gottes. Würde es auf rein menschlicher Weisheit beruhen, erklärte Jesus, so würden „meine Diener ... darum kämpfen, daß ich den Juden nicht überantwortet würde; nun aber ist mein Reich nicht von dieser Welt" (Johannes 18,36). Das „Missionskontrollzentrum" des Reiches Gottes ist nicht auf der Erde, sondern im Himmel – obwohl das Ziel der Mission sich auf der Erde befindet.

Robert Culver erläutert diesen vielfach mißverstandenen Vers:

„Die Worte ‚von dieser Welt' lauten im Griechischen *ek tou kosmou toutou,* wörtlich übersetzt: ‚aus dieser Welt'. Die Bedeutung bezieht sich auf den Ursprung, nicht auf den Machtbereich. ... Es ist nicht zutreffend, zu sagen, die zukünftige Vollendung des Reiches Christi liege jenseits der Geschichte. Ganz sicher nicht! Sie wird in der Geschichte stattfinden und ist der Zielpunkt der Geschichte. ... Jesus macht hier also ganz eindeutig keine Aussage über das Wesen seines Reiches oder seinen Machtbereich, sondern über die Kraftquelle und den Ursprung seiner Errichtung.[23]

Nachdem Jesus den Ursprung seines Reiches genannt hatte, bekannte er sich zu seinem Königtum, indem er dem Pilatus, der ihn befragte, erklärte: „Du sagst es, ich bin ein König. Ich bin dazu geboren und in die Welt gekommen, daß ich die Wahrheit bezeugen soll. Wer aus der Wahrheit ist, der hört meine Stimme" (Johannes 18,37). Johannes bezeichnet den zum Himmel aufgefahrenen Christus als „Herr über die Könige auf Erden" (Offenbarung 1,5). Selbst vom Himmel aus ist er Herr über die Erde (Matthäus 28,18-20).

Obwohl jene, die sich bemühen, ihre Kultur zur Ehre ihres Königs Jesus zu verändern, gelegentlich in fleischliches Handeln aus eigener Kraft verfallen können, sollten sie niemals glauben, sie brächten das Reich Gottes durch *menschliche Anstrengung* herbei. Wir sind nur Werkzeuge Gottes, der allein die Macht hat, sein Reich auszurufen und zu erweisen. Paulus sagte: „Wir haben aber diesen Schatz in irdenen Gefäßen, damit die überschwengliche Kraft von Gott sei und nicht von uns" (2. Korinther 4,7). Wenn wir nicht in Christus bleiben, können wir nichts von bleibendem Wert bewerkstelligen (Johannes 15,1-10). Wir müssen wahrhaftig auf den Himmel ausgerichtet sein, um auf Erden irgend etwas Gutes zu bewirken.

Manche Kritiker werfen veränderungsorientierten Christen auch vor, sie vernachlässigten die Evangelisation zugunsten des sozialen Handelns, als ob sich beides gegenseitig ausschlösse. Eine ausgewogene Sicht des Reiches Gottes beinhaltet jedoch sowohl die persönliche Veränderung durch Christus als auch die gesellschaftliche Veränderung unter der Führung von Menschen, die begierig danach sind, die Herrschaft Christi zu verkünden (was wiederum eine Konsequenz aus dem zuvor Genannten ist). Die Menschen für den Himmel vorzubereiten schließt nicht aus, sie zu ermutigen, hier auf Erden gute Werke zu tun.

Tragischerweise glauben manche Christen, sie machten Gott dadurch Ehre, daß sie soziales Handeln als „weltlich" verurteilen und sich ausschließlich der Evangelisation widmen. Aber durch dieses Verhalten geben sie in Wirklichkeit dem Teufel mehr, als ihm zusteht, indem sie ein soziales Vakuum schaffen, das er besetzen kann. Bürger des Reiches Gottes haben die Aufgabe, das Dämonische zu vertreiben, und nicht, es zu Eroberungen zu ermutigen.

Die folgende Tabelle faßt die entscheidenden Unterschiede zwischen der biblischen und der New-Age-Sicht der gesellschaftlichen Veränderung zusammen:

Biblischer Ansatz	**New-Age-Ansatz**
1. Zu Gottes Ehre	1. Zur Ehre des Menschen
2. Autorität: die Bibel	2. Autorität: das Selbst und die Geister
3. Vom Himmel inspiriert und geleitet	3. Okkultistisch inspiriert und geleitet
4. Ergebnisse liegen in Gottes Hand	4. Ergebnisse liegen in unserer Hand
5. Nicht-utopisch: realistisch und optimistisch	5. Utopisch: unrealistisch und optimistisch
6. Endgültige Hoffnung: die Wiederkunft Christi	6. Endgültige Hoffnung: die selbstverwirklichte Menschheit

Das Ziel der Prophetie

Diejenigen, die das Motiv der *Absonderung* überbetonen, betrachten eine Betonung der Veränderung mit Mißtrauen und fallen leicht in die „Nesthocker"-Mentalität, die das nahe Ende verkündet, anstatt mitzuarbeiten, damit alle Menschen Christus zu ihrem Ziel in allen Dingen machen. Sie verwenden vielleicht mehr Mühe auf den Versuch, biblische Prophetie mit der New-Age-Bewegung in Zusammenhang zu bringen, als darauf, in der Schrift nach einer umfassenden alternativen Weltsicht zu forschen, die geeignet ist, dem New Age entgegenzutreten (Römer 12,1-2). Es ist jedoch entscheidend, zu bedenken, daß es bei der biblischen Prophetie nicht in erster Linie darum geht, die Zukunft vorauszusagen, sondern Menschen zum Gehorsam gegenüber dem Herrn zu ermahnen.

Vernon Grounds zufolge ist die Annahme falsch, daß Gottes Propheten lediglich die Zukunft vorhergesagt hätten:

„Natürlich sagten sie die Zukunft voraus, häufig mit einer Genauigkeit, wie man sie nur der Allwissenheit zuschreiben kann. Dies zeigt sich eindrucksvoll und unbezweifelbar an den messianischen Voraussagen des Alten Testaments. Jedoch war die Hauptaufgabe eines Propheten nicht, als eine Art überlegener Nostradamus zu fungieren und vorauszusagen, was früher oder später in Raum und Zeit geschehen würde. In erster Linie hatten sie Gottes Wahrheit ... zu verkündigen, seine ethischen Forderungen, seine Verheißungen, sein Urteil über sündige Völker, Israel eingeschlossen, seine Barmherzigkeit und Gnade. ... Als Gottes Verkündigern lag den Propheten am Herzen, den Glauben, den Gehorsam und die Moral ihrer Zeitgenossen anzuspornen.[24]

Grounds klagt über die „Eschatologen", die dazu neigen, „die großartigen Phänomene der biblischen Prophetie auf eine Art Wahrsagerei zu reduzieren, die ihres geistlichen und moralischen Gewichts auf traurige Weise beraubt wird."[25] Wo Spekulationen über die Zukunft an die Stelle ernsthafter Überlegungen über die ethischen Forderungen der Prophetie treten, da geht vieles verloren. Und wenn wir nicht die Bibel auf alle Bereiche des modernen Lebens anwenden, hinterlassen wir leider ein kulturelles Vakuum, das das New Age nur zu gerne ausfüllen wird. Auch Richard Mouw wendet sich gegen diesen „Checklisten-Ansatz in Fragen der biblischen Prophetie, bei dem der Christ nicht viel mehr zu sein scheint als ein passiver Beobachter, der ein Ereignis nach dem anderen abhakt bezüglich dessen, was er für das prophetische Szenario hält". Zu Recht betrachtet Grounds die Gemeinde Jesu als „ausgerüstet mit prophetischen Visionen, um *in der Gegenwart* verantwortlich zu handeln, im Vertrauen darauf, daß Gott den endgültigen Triumph der Gerechtigkeit und Rechtschaffenheit verheißen hat".[26]

Der bekannte Alttestamentler Walter Kaiser betont die ethische Natur der Prophetie mit dem Hinweis, daß „in den prophetischen Schriften immer wieder das Gesetz auftaucht".[27] Schauen wir uns nur ein Beispiel für die ethische Dringlichkeit bei Jesaja an: „Lernet Gutes tun, trachtet nach Recht, helft den Unterdrückten, schaffet den Waisen Recht, führet der Witwen Sache!" (Jesaja 1,17).[28] Philip Edgcumbe Hughes sagt, daß „die prophetische Lehre des Neuen Testaments durchweg mit einem starken *ethischen* Schwerpunkt vorgetragen wird. Sie soll deshalb nicht als Zeitvertreib für Spürnasen und Denksportfreunde dienen, sondern als Ansporn zu einem gottesfürchtigen Leben."[29] Kurz: die biblische Prophetie ist randvoll mit anwendbaren ethischen Anweisungen, die wir beschämenderweise aus Narrheit vernachlässigen. Damit bringen wir uns selbst in Gefahr.

Leider legen manche eschatologisch orientierten christlichen Kritiker des New Age zuviel Nachdruck auf eine Apologetik gegen die New-Age-Bewegung, die etwa so aussieht:

1. Alles, worin sich biblische Endzeit-Prophezeiungen über solche Mächte erfüllen, die gegen Gott und sein Volk gerichtet sind, ist böse.
2. In der New-Age-Bewegung erfüllen sich diese biblischen Endzeit-Prophezeiungen.
3. Deshalb ist die New-Age-Bewegung böse.

Die offensichtliche Schwäche dieser „Beweisführung" besteht darin, daß sie davon abhängig ist, ob sich durch heutige Ereignisse tatsächlich biblische Prophezeiungen erfüllen oder bestätigen. Manche sind so weit gegangen, im Brustton der Überzeugung die New-Age-Bewegung als die religiöse Irrlehre zu *definieren,* die das Ende der Welt herbeiführen wird. Aber das ist unvorsichtig und kann dem eschatologischen Apologeten eine Schlinge legen.

Martin Luther, der große Reformator und Bibelforscher, hielt die römisch-katholische Kirche für den Antichristen, der bald Zerstörung über die Erde bringen würde. Er bezeichnete die Türken als die teuflischen Völker Gog und Magog, von denen bei Hesekiel die Rede ist. Obwohl er kein Datum nannte, war er überzeugt, daß das Ende unmittelbar bevorstünde. Er irrte sich, ebenso wie zahllose andere sich geirrt haben, indem sie Kandidaten für den Posten des Antichristen und Zeitpunkte für die Wiederkunft Christi benannten.[30]

Ohne die schädlichen Auswirkungen des New Age und seine massive Verführungsmacht oder die Wahrheit der (richtig interpretierten) biblischen Prophetie zu schmälern, sollten wir die New-Age-Bewegung mit ein paar Körnern eschatologischen wie auch soziologischen Salzes würzen, damit wir letztlich nicht eine Apokalypse-Manie entwikkeln. Nachdem er falsche Prophezeiungen aus mehreren Jahrhunderten untersucht hatte, kam der Historiker Mark Noll zu der Schlußfolgerung:

„Das Urteil der Geschichte erscheint eindeutig. Großer geistlicher Gewinn entsteht aus dem Leben in der Erwartung der Wiederkunft Christi. Aber Weisheit und Zurückhaltung sind ebenso am Platz. Zumindest täten diejenigen in unserer Zeit, die Einzelheiten und Zeitpunkte für das Ende voraussagen, gut daran, zu bedenken, wie viele vor ihnen die Zeichen der Zeit falsch gelesen haben."[31]

Übereinstimmung im Wesentlichen

Manche Kritiker des New Age mißtrauen ihren Mitchristen, die von ihrer besonderen Interpretation der Eschatologie abweichen, die häufig prämillennialistisch ist, d.h., daß sie die Auffassung vertritt, daß Christus am Beginn des Tausendjährigen Reiches sichtbar wiederkommt. Hier ist nicht der Ort für eine ins einzelne gehende Erläuterung der Eschatologie, aber ein wichtiger Aspekt muß dargestellt werden, um ungerechtfertigten Vorwürfen zu begegnen. Die historischen Glaubensbekenntnisse der christlichen Gemeinde sind notwendigerweise detailliert und genau in Schlüsselfragen wie der Autorität der Bibel, dem Wesen Christi und der Lehre von der Erlösung, aber sie haben niemals eine bestimmte Eschatologie formuliert, außer der allgemeinen Überzeugung, Jesus werde „kommen, zu richten die Lebenden und die Toten", wie es im Apostolischen Glaubensbekenntnis heißt.[32]

Die Tatsache, daß Jesus Christus körperlich und sichtbar vom Himmel herabkommen wird, steht also nicht zur Debatte (Apostelgeschichte 1,11). *Daß* Christus kommt, ist wichtiger als *wann* er kommt; in der Geschichte haben orthodoxe Christen allzu häufig und heftig die verschiedensten Ansichten darüber vertreten, wann Christus kommen wird. Kenneth Kantzer kommentiert zutreffend:

„Zu oft ... haben Christen es zugelassen, daß die Eschatologie sie spaltete. Anstatt die Ansichten anderer anzugreifen, halten wir es für weitaus geeigneter, uns einer soliden Exegese der einschlägigen Bibeltexte zu widmen. Ein ehrliches Forschen im Wort, wie es sich auf jede der Anschauungen über die Endzeit beziehen läßt, wird uns helfen, unsere eigenen Überzeugungen wie auch die Auffassungen derer, die anderer Meinung sind, besser zu verstehen und zu schätzen."[33]

Natürlich können die sich widersprechenden eschatologischen Auffassungen nicht alle richtig sein, und deshalb sollten wir uns um die größtmögliche Treue gegenüber der Lehre der Bibel bemühen. Obwohl es dennoch einen Spielraum für unterschiedliche Meinungen über die Endzeit gibt,[34] werfen manche übereifrigen Prämillennialisten dem Postmillennialismus (d.h. der Auffassung, daß Christus in eine bereits weitgehend zum Christentum bekehrte Welt zurückkehren wird) vor, er sei irgendwie vom New Age orientiert oder führe zu einer gemeinsamen Sache mit dem New Age. Obwohl es natürlich immer möglich ist, daß ein Postmillennialist in einzelnen theologischen Fragen unorthodoxe Ansichten vertritt, muß deshalb die postmillennialistische Position selbst nicht im geringsten vom New Age beeinflußt sein – wie man an der eindrucksvollen Liste bibelgläubiger Postmillennialisten sehen kann; darunter befinden sich John Owen, Jonathan Edwards, George Whitefield, Matthew Henry, Charles Hodge, B.B. Warfield und andere, die bekanntermaßen nichts mit dem New Age zu tun haben. Manche Evangelikale machen sich aus Unkenntnis der Geschichte nicht klar, daß der Postmillennialismus jahrhundertelang ein wichtiger Standpunkt innerhalb der konservativen Theologie war.[35] Diese Überlegungen können zwar den Sachverhalt nicht klären, aber sie sollten uns davon abhalten, andere Brüder und Schwestern in Christus voreilig zu verurteilen.

Alle christlichen Kritiker des New Age sollten sich vereint der gemeinsamen Herausforderung stellen und daran denken, daß die Ansichten einer Person über Christus wichtiger sind als die Ansichten darüber, wann der Antichrist kommt. Es ist wichtiger, die Sowjetunion evangelististisch zu erreichen, als herauszufinden, ob sie mit Gog und Magog identisch ist. Was aber für unser Anliegen am wichtigsten ist: Das New Age zu entlarven und sich ihm entgegenzustellen ist wichtiger, als über Voraussagen zu spekulieren.

Als die Jünger Jesus vor seiner Himmelfahrt zum letzten Mal sahen, wollten sie unbedingt noch eine eschatologische Einzelheit von ihm wissen. Sie fragten ihn: „Herr, wirst du in dieser Zeit wieder aufrichten das Reich für Israel?" Aber Jesus lenkte ihre Aufmerksamkeit von eschatologischen Fragen weg auf ihren irdischen Auftrag. Er sagte: „Es gebührt euch nicht, Zeit oder Stunde zu wissen, die der Vater in seiner Macht bestimmt hat; aber ihr werdet die Kraft des heiligen Geistes empfangen, der auf euch kommen wird, und werdet meine Zeugen sein in Jerusalem und in ganz Judäa und Samarien und bis an das Ende der Erde" (Apostelgeschichte 1,6-8). Die gleiche Kraft für ein weltveränderndes Zeugnis steht auch heute den Jüngern Jesu durch den Heiligen Geist zur Verfügung. Wir sollten es nicht wagen, den Geist durch fruchtlose Spekulationen und Auseinandersetzungen auszulöschen!

New Age wohin?

Die unmittelbare Zukunft der New-Age-Bewegung ist unsicher. Einerseits sollten wir ihre eigenen Prognosen bezüglich Einfluß und Ansehen mit gebührendem Mißtrauen betrachten. Prahlen ist ganz natürlich für Leute, die meinen, sie könnten „ihre eigene Wirklichkeit schaffen", ohne Rücksicht auf harte, störrische, objektive Tatsachen. Zudem fehlt möglicherweise der Bewegung selbst die organisatorische Dynamik, um unsere Zeit unter ihre Herrschaft bringen zu können. Andererseits sind manche ihrer Prahlereien leider wahr; eine breite, lose strukturierte Verbindung von Aktivisten und Akademikern, mystischen Adepten und Verkaufsstrategen sehnt sich und strebt nach einem Neuen

Zeitalter. Sie haben bereits Erfolge zu verzeichnen und sind nicht dabei aufzugeben.

Für den Christen, den die Liebe zum Herrn und zu den Verlorenen treibt, gibt es viel zu tun. Eine ausgewogene Darstellung der New-Age-Bewegung und ein vom Heiligen Geist geleitetes Denken und Handeln sind notwendig, um sich dieser geistlichen Fälschung wirksam entgegenzustellen. Dieses Buch soll als ein Werkzeug dienen, um Christen auf dieses Ziel hin zu motivieren und zu mobilisieren und um das Denken von New Agern herauszufordern, die Ohren haben zu hören und Augen zu sehen.

Anhang: Ereignisabhängige Evangelisation

Ereignisabhängige Evangelisation ist eine Art „Straßenevangelisation“, bei der der Christ das Evangelium in einer öffentlichen Art und Weise direkt zu den Nichtchristen bringt. Sie ist in dem Sinne ereignisspezifisch, daß die Evangelisierenden sich darauf vorbereiten, eine christliche Antwort auf ein bestimmtes Ereignis oder eine Veranstaltung zu geben, z. B. auf einen Vortrag oder eine Filmvorführung. Dabei wird auf eine spezifische Weise das Wort auf die Welt angewandt. Dies kann zwar in eine dauerhafte evangelistische Beziehung übergehen, bleibt aber meistens auf einmalige Begegnungen beschränkt.

Ereignisabhängige Evangelisation ist nicht auf Angehörige der New-Age-Bewegung begrenzt, sondern kann auf jede (bzw. in jeder) Situation angewandt werden. Ich habe an verschiedenen Aktionen bei New-Age-Veranstaltungen teilgenommen und will nun versuchen, einige strategisch wichtige Punkte herauszuarbeiten.

Das verteilte Material. Die Literatur sollte verhältnismäßig kurz sein, sehr klar geschrieben, taktvoll, nüchtern und ansprechend gestaltet. Nachlässig gemachte Traktate sollten vermieden werden. In unserer prozeßbegeisterten Gesellschaft kann es angebracht sein, das Verteilblatt von einem Juristen durchsehen zu lassen, damit rechtlich anfechtbare Formulierungen gestrichen werden. Der Inhalt sollte sich direkt auf die betreffende Veranstaltung beziehen. Findet die Verteilaktion anläßlich eines Vortrags eines bekannten New Agers statt, so sollten Sie ein Flugblatt erstellen, das seine oder Ihre Gedanken oder zumindest New-Age-Gedanken im allgemeinen behandelt. Das Evangelium sollte einfach dargestellt werden. Für Kommentare oder Fragen sollte eine Telefonnummer angegeben sein. Bei Bibelzitaten hat es sich bewährt, die Kapitel- und Versangaben mit den Abkürzungen „Kap.“ und „V.“ zu versehen. Die übliche Form der Stellenangabe mit Komma (z.B. Johannes 3,16) ist möglicherweise für Menschen, die nie in einer Bibel gelesen haben, zu ungewohnt. (Der Text des in Kapitel 1 erwähnten Verteilblattes ist weiter unten wiedergegeben.)

Mit Hilfe der modernen Computertechnik läßt sich ohne große Schwierigkeiten ein ansprechendes Verteilblatt herstellen. Dabei können für manche Veranstaltungen bereits fertige Materialien wiederverwendet oder teilweise in ein neues Traktat aufgenommen werden.

Mitarbeiter finden. Die Mitarbeiter sollten sich in dem Thema, um das es geht, ein wenig auskennen und ein Anliegen für die Verlorenen haben. Für eifrige, aber unerfahrene Evangelisten wäre eine kurze Einführung hilfreich. Christen, die nicht in der Lage sind, in Meinungsverschiedenheiten oder Auseinandersetzungen Gelassenheit zu bewahren, sind kein Gewinn. Lautstarke Streitereien haben nichts mit Evangelisation zu tun.

Mitarbeiter kann man durch Gemeinderundbriefe, Ankündigungen, Anzeigen und Mund-zu-Mund-Propaganda finden. Das sollte so früh wie möglich geschehen, damit sich alle Beteiligten vorher kennenlernen und vorbereiten können.

Verteilstrategien. Bevor Sie bei einer Veranstaltung Handzettel verteilen, erkundigen Sie sich beim Ordnungsamt nach den örtlichen Vorschriften für derartige Aktionen. Manchmal wird während der Veranstaltung die Polizei herbeigeholt. Wer die einschlägigen Vorschriften kennt und sich daran hält, kann Schwierigkeiten vermeiden. Als meine Gruppe zum Beispiel anläßlich des Weltfriedensereignisses im Kingdome-Stadion in Seattle Handzettel verteilte, wies uns die Polizei an, das unmittelbar zum Stadion gehörende Gelände zu verlassen. Obwohl wir nicht glaubten, dazu gesetzlich verpflichtet zu sein, gaben wir nach einigen Diskussionen nach, ohne dabei an Wirksamkeit zu verlieren. Da manche Leute versuchen könnten, die Verteiler mit falschen Informationen über die Illegalität ihrer Aktion einzuschüchtern, ist es wichtig, die Tatsachen zu kennen und sich nicht beirren zu lassen! Als ich einmal bei einem Vortrag eines bekannten Gurus Handzettel verteilte, wurde ich viermal von verschiedenen Seiten aufgefordert zu gehen. Ich ließ mich jedoch keinesfalls beirren, sondern sagte einfach und in aller Ruhe, daß das, was ich tat, gesetzlich mein gutes Recht war. Alle Handzettel wurden verteilt.

Evangelistische Handzettel sollten in einer freundlichen, unaufdringlichen Weise verteilt werden, wobei die Mitarbeiter bevorzugt paarweise arbeiten. Zwingen Sie niemandem ein Traktat auf. Nehmen Sie feindselige Reaktionen gelassen hin. Das Evangelium ist denen, die es ablehnen, ein Anstoß, aber das ist keine Entschuldigung für Christen, sich anstößig zu benehmen. Ob die Handzettel vor und/oder nach der Veranstaltung verteilt werden sollten, hängt vom Charakter der Veranstaltung selbst ab. Manche Veranstalter könnten sich darüber beschweren, daß die Leute Ihre Handzettel nach dem Ereignis im Saal liegen lassen; in einem solchen Fall wäre es angemessener, hinterher zu verteilen. Aber der Andrang der Menschen, die eine Veranstaltung verlassen, ist oft zu groß, als daß jede Person einen Handzettel bekommen kann. Für jede Situation ist auch deshalb Fingerspitzengefühl notwendig.

Medieninteresse. Bei Verteilaktionen zu größeren Veranstaltungen ist es denkbar, daß Radio, Fernsehen und Zeitungen darüber berichten wollen, so, wie es bei der Aktion zum Weltfriedensereignis der Fall war. Wenn möglich, sollten die redegewandteren und erfahreneren Mitarbeiter die Erklärungen abgeben. Wo das nicht möglich ist, formulieren Sie Erklärungen so klar, knapp und eindeutig wie möglich.

Geistlicher Kampf. Ereignisabhängige Evangelisation versetzt Sie an die Front der geistlichen Auseinandersetzung. Wer nicht die volle Waffenrüstung Gottes trägt (Epheser 6,10-18), ist für diese Herausforderung schlecht gerüstet. Wer jedoch gerüstet ist, kann große Dinge für den Herrn tun und eine starke Ermutigung für seinen Glauben erfahren. Aber ohne eine starke Gebetsunterstützung – sowohl von den direkt Beteiligten als auch von solchen, die sich verpflichtet haben, vor, während und nach der Veranstaltung zu beten – sollten Verteilaktionen gar nicht erst in Betracht gezogen werden. Mehrere Gebetskämpfer können beschließen, an der Veranstaltung teilzunehmen, ausschließlich um an Ort und Stelle zu beten.

Eine kurze gemeinsame Zeit des Gebets, des Lobes und der Anbetung in der Gruppe vor der Aktion ist empfehlenswert.

Ereignisabhängige Evangelisation ist nicht für jeden geeignet; es ist auch nicht die beste Evangelisationsmethode (wegen ihres etwas unpersönlichen Charakters); aber sie kann vom Heiligen Geist dazu gebraucht werden, diejenigen zu erreichen, die auf andere Weise vielleicht nie das Evangelium hören würden, um somit Samen einzupflanzen und sogar an Ort und Stelle Bekehrungen zu erwirken! Es ist eine hilfreiche Methode, dem New Age entgegenzutreten – auf seinem eigenen Territorium.

Das Folgende ist der Text des Traktates, das wir beim Weltfriedensereignis eingesetzt haben:

Frieden für unseren Planeten?

Wahrer Friede entsteht nur durch eine Veränderung des Herzens. Doch es gibt viele falsche Wege zum Frieden, die gutwillige Menschen von der Quelle des wahren Friedens wegführen.

Was steckt hinter dem Friedensereignis?

Das Weltfriedensereignis ist im ganzen Land und rund um die Welt unter verschiedenen Namen bekannt und wird von Millionen Menschen unterstützt. Es wurde angeregt durch das Buch *The Planetary Commission* (1984) von John Randolph Price, in dem er sagt: „Die Erlösung der Welt hängt *wirklich* von Ihnen ab!“ (S. 31). Wie sollen wir erlöst werden? Price stellt sich vor, daß am 31. Dezember 1986 mindestens 50 Millionen Menschen auf Versammlungen in aller Welt ihre Gedanken harmonisch auf den Frieden ausrichten und so die Welt in ein Neues Zeitalter katapultieren würden.

In seiner „Meditation der Weltheilung“, die wir alle seiner Meinung nach für uns persönlich bejahen sollten, sagt er: „Ich bin eine lebendige Seele, und der Geist Gottes wohnt in mir als Ich. Ich und der Vater sind eins, und alles, was der Vater hat, gehört mir. Ich bin in Wahrheit der Christus Gottes“ (S. 157).

Das Leugnen der „Göttlichkeit des Menschen“ bezeichnet Price als „antichristlich“ (S. 163). Er glaubt, daß diese globale Veranstaltung mit solchen Irrtümern Schluß machen werde. Zudem behauptet er, mit einem „Geistführer“ namens Asher in Verbindung zu stehen, der ihn gewarnt habe, daß „die Natur bald in ihren Reinigungszyklus eintreten“ werde, in dessen Verlauf Personen mit „niedrigeren Schwingungsraten“ von diesem Planeten entfernt würden (*Practical Spirituality,* S. 18-19).

Obwohl das Weltfriedensereignis als interkonfessionell und ökumenisch begrüßt wird, ist sein Vordenker John R. Price antichristlich eingestellt. Seiner Meinung nach sind bibelorientierte Christen „antichristlich“, weil sie die Göttlichkeit aller Menschen bestreiten. Sie müssen „entfernt“ werden wegen ihrer „niedrigeren Schwingungsraten“.

Auch die meisten Gruppen, die diese Veranstaltung mittragen, sind ihrer Ausrichtung nach metaphysisch und dem New Age oder dem Neuen Denken zuzurechnen. In *The Daily,* der Zeitung der Universität von Washington in Seattle, vom 10. Dezember bezieht sich René Hillis, Medienkoordinator der Veranstaltung in Seattle, auf Prices *Planetary Commission* als Anstoß für die „Friedens“-Ereignisse in aller Welt. Das Seeden-Institut, Hauptorganisator der Veranstaltung, verwendet auf seinen Materialien Prices Erkennungssymbol (für die Quartus Foundation). Manche Teilnehmer der Veranstaltung wissen vielleicht nichts über Price – aber sie sollten es.

Der Weg zu wahrem Frieden

Viele Menschen glauben, wir könnten uns und unseren Planeten selbst erlösen, indem wir in unser Inneres schauen und unsere eigene Göttlichkeit entdecken. Aber sie suchen an der falschen Stelle. Die Welt braucht Frieden, aber die Welt kann sich nicht selbst den Frieden geben, den sie braucht.

Die historischen Berichte zeigen, daß Jesus Christus die Diagnose stellte, daß unsere *Krankheit,* nicht unsere Heilung, aus unserem Inneren kommt! Er sagte:

Denn von innen, aus dem Herzen der Menschen, kommen heraus böse Gedanken, Unzucht, Diebstahl, Mord, Ehebruch, Habgier, Bosheit, Arglist,

Ausschweifung, Mißgunst, Lästerung, Hochmut, Unvernunft. – Evangelium nach Markus, Kap. 7, V. 21-22.

Der Zustand der Menschheit kann nicht durch Menschen selbst in Ordnung gebracht werden, sondern nur durch Gott – *und wir sind nicht Gott.* Wer sich dieser Täuschung hingibt, ist nur ein tragischer Hochstapler, der sich Göttlichkeit anmaßt. Die Prophezeiung des Propheten Hesekiel gegen einen König der Antike macht das deutlich:

Weil sich dein Herz überhebt und spricht: „Ich bin ein Gott, ich sitze auf einem Göttersitz mitten im Meer", während du doch ein Mensch und nicht Gott bist; dennoch überhebt sich dein Herz, als wäre es eines Gottes Herz ... – Hesekiel, Kap. 28, V. 2 (vgl. Jesaja, Kap. 14, V. 13-15; und Römerbrief, Kap. 1, V. 18-32).

Wir sind nach Gottes Bild geschaffen, aber wir sind nicht Gott. Das Geschöpf ist nicht der Schöpfer. Jesus, der Mensch gewordene Gott, lehrte, daß alle Menschen zu ihm kommen müssen, um geistlich geheilt zu werden, da sie sich nicht selbst heilen können. Er sagte:

Die Starken bedürfen des Arztes nicht, sondern die Kranken. ... Ich bin gekommen, die Sünder zu rufen und nicht die Gerechten. – Evangelium nach Matthäus, Kap. 9, V. 12-13.

Wir sündigen, wann immer wir Gottes moralischem Gesetz, das in den Zehn Geboten zusammengefaßt ist, ungehorsam sind. Sünde ist Gesetzlosigkeit.

Aber Jesus hat eine gute Nachricht. Er sagte:

Denn also hat Gott die Welt geliebt, daß er seinen eingeborenen Sohn gab, damit alle, die an ihn glauben, nicht verloren werden, sondern das ewige Leben haben. ... Wer aber nicht glaubt, der ist schon gerichtet ... – Evangelium nach Johannes, Kap. 3, V. 16 und 18.

Im Gegensatz zu dem, was John R. Price sagt, sind Sie nicht der „Christus Gottes". Statt dessen brauchen wir alle den einen und einzigen Christus Gottes, damit er uns unsere Sünden vergibt und uns Leben und Frieden schenkt. Jesus sagte:

Ich bin der Weg und die Wahrheit und das Leben; niemand kommt zum Vater denn durch mich. – Evangelium nach Johannes, Kap. 14, V. 6.

Wir alle wollen Frieden. Doch der übelste falsche Friedensbringer ist das menschliche Selbst, das sich für Gott ausgibt. Wir beten, daß Sie über den Frieden nachdenken werden, den der einzige „Friedefürst" anbietet, und daß Sie im Glauben zu ihm kommen. Jesus sagte zu seinen Jüngern:

Den Frieden lasse ich euch, meinen Frieden gebe ich euch. Nicht gebe ich euch, wie die Welt gibt, Euer Herz erschrecke nicht und fürchte sich nicht. – Evangelium nach Johannes, Kap. 14, V. 27.

Hergestellt und verbreitet vom Probe Center Northwest und der Colossian Fellowship, Seattle, Washington.

Anmerkungen

Kapitel 1: Die Herausforderung des New Age

1 John Randolph Price, *The Planetary Commission* (Der Planetarische Ausschuß), Austin, Texas: Quartus Foundation 1984, S. 157.

2 Ebenda, S. 163.

3 John Randolph Price, *Practical Spirituality* (Praktische Spiritualität), Austin, Texas: Quartus Foundation 1985, S. 18-19.

4 DerText des Handzettels ist im Anhang abgedruckt.

5 G.K. Chesterton, *The Thing: Why I Am a Catholic* (Die Sache: Warum ich Katholik bin), New York: Dodd, Mead 1930, S. 174.

6 Eine gute Erklärung des Sündenfalls findet sich bei Augustinus, *De Civitate Dei* (Über den Gottesstaat) 14.13.

7 Zu den New-Age-Verschwörungstheorien vgl. Douglas Groothuis, *Unmasking the New Age* (Die Demaskierung des New Age), Downers Grove, Illinois: InterVarsity Press 1986, S. 33-36; Spiritual Counterfeits Project Staff, „The Final Threat: Cosmic Conspiracy and End Times Speculation“ (Die letzte Bedrohung: Spekulation über kosmische Verschwörungen und Endzeit), in: Karen Hoyt (Hg.), *The New Age Rage* (Die New-Age-Raserei), OldTappan, New Jersey: Revell 1987, S. 185-201.

8 Zur Widerlegung dieser Ansicht vgl. Groothuis, *Unmasking the New Age,* S. 93-109.

9 Die beste christliche Kritik der Gegenkultur findet sich bei Os Guinness, *The Dust of Death* (dt. *Asche des Abendlandes*), Downers Grove, Illinois: InterVarsity Press 1975.

10 Annette Hollander, *How to Help Your Child Have a Spiritual Life* (Wie Sie Ihrem Kind zu einem spirituellen Leben verhelfen), New York: Bantam 1980, S. 12.

11 Zu Einwänden gegen den Monismus vgl. C.E.M. Joad, *The Recovery of Belief* (Die Wiederentdeckung des Glaubens), London: Faber and Faber o.J., S. 164-176.

12 Zu Spielarten des Pantheismus vgl. Norman Geisler, *Christian Apologetics* (Christliche Apologetik), Grand Rapids, Michigan: Baker 1981, S. 173-192.

13 Robert S. Ellwood, *Religious and Spiritual Groups in Modern America* (Religiöse und spirituelle Gruppen im heutigen Amerika), Englewood Cliffs, New Jersey: Prentice Hall 1973, S. 29.

14 Shirley MacLaine, *Tanz im Licht,* München: Goldmann 1986, S. 414.

15 Irving Hexam und Karla Poewe, *Understanding Cults and New Religions* (Zum Verständnis der Sekten und der Neuen Religionen), Grand Rapids, Michigan: Eerdmans 1986, S. 86.

16 Zitiert nach Martin Gardner, „Issness Is Her Business," in: *New York Review,* 9. April 1987, S. 18.

17 MacLaine, *Tanz im Licht,* S. 137.

18 Eine etwas skeptische Beurteilung dieses Trends findet sich bei Art Levine, „The Great Subliminal Self-Help Hoax" (Der große Betrug mit der unterschwelligen Selbsthilfe), in: *New Age Journal,* Februar 1986, S. 48ff.

19 Jennifer Beoth Donovan, „Seth Followers Spoon Up Fun in Their Goal to Enjoy Living" (Seth-Anhänger löffeln den Spaß in ihrem Streben nach Lebensfreude), in: *The Dallas Morning News,* 1. Juli 1986.

20 Ebenda.

21 Mary Ann Galante, „Psychics: Lawyers Using Seers to Help Select Juries, Find Missing Children" (Medien: Anwälte verwenden Hellseher, um Geschworene zu wählen und vermißte Kinder zu finden), in: *National Law Journal,* 27. Januar 1986, S. 1.

22 Ebenda, S. 2.

[23] Ebenda.

[24] Vgl. Ron MacRae, *Mind Wars* (Geistige Kriege), New York: St. Martin's Press 1985, S. 8-14.

[25] Eine gründliche Darstellung zu Cayce findet sich bei Gary North, *Unholy Spirits* (Unheilige Geister), Tyler, Texas: Dominion Press 1986, S. 193-225.

[26] Bruce F. Campbell, *Ancient Wisdom Revived* (Wiederbelebung alter Weisheit), Berkeley: University of California Press 1980, S. 151-152.

[27] Vgl. Groothuis, *Unmasking,* S. 119-120; Campbell, *Ancient Wisdom Revived,* S. 150-155.

[28] Brad Steiger, *Revelation: The Divine Fire* (Offenbarung: Das göttliche Feuer), Englewood Cliffs, New Jersey: PrenticeHall 1973, S. 42-43.

[29] Vgl. Abraham Heschel, *The Prophets* (Die Propheten), USA: Jewish Publication Society of America 1962, S. 472.

[30] Vgl. David Spangler, *Revelation: Birth of a New Age* (Offenbarung: Geburt eines Neuen Zeitalters), Schottland: Findhorn 1976.

[31] MacLaine, *Tanz im Licht,* S. 132-136.

[32] Vgl. Schuyler Ingle, „Heeere's Ramtha!" (Hiiier ist Ramtha!), in: *New Age Journal,* Juni 1986, S. 12.

[33] Mark Vaz, „The Many Faces of Kevin Ryerson" (Die vielen Gesichter des Kevin Ryerson), in: *Yoga Journal,* Juli/August 1986, S. 26-27.

[34] Steiger, *Revelation,* S. 52.

[35] Vgl. Dean C. Halverson, „A Course in Miracles: Seeing Yourself as Sinless" (Ein Lehrgang in Wundern: Sich selbst als sündlos sehen), in: *Spiritual Counterfeits Project Journal* (Vol. 7, Nr. 1, 1987), S. 18-29.

[36] J. Allen Hynek und Jaques Valle, *The Edge of Reality: A Progress Report on Unidentified Flying Objects* (Der Rand der Wirklichkeit: Ein Forschungsbericht über UFOs), Chicago: Regnery 1975, S. XII-XIII, zitiert nach North, *Unholy Spirits,* S. 300.

[37] Jaques Valle, *Messengers of Deception* (Botschafter der Täuschung), New York: Bantam 1980, S. 33, 224-225.

[38] Hexam und Poewe, *Understanding Cults,* S. 30.

[39] Eine christliche Stellungnahme zu UFOs findet sich bei North, *Unholy Spirits,* S. 288-328; Ellwood, *Religious and Spiritual Groups,* S. 131-156, bringt auch soziologische Beobachtungen.

[40] David Spangler, *Links with Space* (Verbindungen mit dem Weltraum), Marina Del Ray, Kalifornien: Devorss 1978, S. 10-11.

[41] Ebenda, S. 34; Hervorhebung von mir.

[42] Zitiert nach Krysta Gibson, „Christian Mystic to Debate Christian Attorney at Seattle Center“ (Christliche Mystikerin debattiert im Seattle Center mit christlichem Anwalt), *Seattle Times,* 10. Januar 1987.

[43] Zitiert nach Florence Graves, „Searching for the Truth“ (Suche nach der Wahrheit), in: *New Age Journal,* Januar/Februar 1987, S. 28.

[44] Groothuis, *Unmasking,* S. 146-157.

Kapitel 2: Geistlicher Kampf

[1] Zu Engeln und Dämonen vgl. Johann Calvin, *Institutio* 1.14.3-19.

[2] Michael Green, *I Believe in Satan's Downfall* (Ich glaube an Satans Sturz), Grand Rapids, Michigan: Eerdmans 1981, S. 126.

[3] Zu den zerstörerischen Auswirkungen des Pantheismus und Animismus auf Kulturen vgl. North, *Unholy Spirits,* S. 273-287.

[4] Green, *I Believe in Satan's Downfall,* S. 125.

[5] Vgl. North, *Unholy Spirits,* S. 2-3, 18, 399; Kurt Koch, *Occult ABC* (Okkultes ABC), Grand Rapids, Michigan: Literatur-Mission Aglasterhausen 1983, S. 3-4.

[6] *The Writings of Irenaeus* (Die Schriften des Irenäus), Bd. 1, Edinburgh: T. & T. Clark, 1868, S. 2; zitiert nach Mark C. Albrecht, *Reinkarnation – die tödliche Lehre* (Asslar: Schulte & Gerth 1988), S. 133.

7 Manche argumentieren, Satan und die Dämonen könnten Wunder nicht bewirken, sondern nur nachäffen. M. E. steht diese Auffassung im Widerspruch zur Bibel und zu anderen Zeugnissen. Vgl. Mark C. Albrecht und Brooks Alexander, „Biblical Discernment and Parapsychology" (Biblische Urteilskraft und Parapsychologie), in: *Spiritual Counterfeits Journal* 4, Nr. 2, Winter 1980/81, S. 17-26.

8 C.S. Lewis, *Gedankengänge.* Essays zu Christentum, Kunst und Kultur, Basel: Brunnen 1986, S. 60.

9 Calvin, *Institutio* 1.14.15.

10 James Kallas, *The Real Satan* (Der wirkliche Satan), Minneapolis, Minnesota: Augsburg 1975, S. 60; zitiert nach John Wimber und Kevin Springer, *Vollmächtige Evangelisation,* Hochheim: Projektion J 1986, S. 26.

11 Zum Umgang mit dem Dämonischen – besonders im Zusammenhang mit Heilung – vgl. John Wimber und Kevin Springer, *Power Healing* (Vollmächtige Heilung), San Francisco: Harper and Row 1987, S. 97-125.

12 Oscar Cullmann, *Christ and Time* (Christus und die Zeit), Philadelphia: Westminster 1964.

13 Vgl. Mark Bubeck, *Overcoming the Adversary* (Den Feind überwinden), Chicago, Illinois: Moody 1984, S. 64-137.

14 Zum Sündenfall vgl. Carl F.H. Henry, *God, Revelation, and Authority* (Gott, Offenbarung und Autorität), Bd. 6, Waco, Texas: Word 1976, S. 244-250.

15 Vgl. den Zusammenprall der Mächte zwischen Elia und den Baalspriestern (1. Könige 18,16-46) sowie zwischen Moses und den Zauberern (2. Mose 7-8) und die Beispiele in Wimber und Springer, *Vollmächtige Evangelisation,* S. 28-42.

16 Andrew Greeley, „Mysticism Goes Mainstream" (Der Mystizismus wird alltäglich), in: *American Health,* Januar/Februar 1987, S. 48.

17 Ebenda, S. 49.

18 Übernommen von Kurt Koch, *Christian Counseling and Occultism* (Seelsorge und Okkultismus), Grand Rapids,

Michigan: Kregel 1981, S. 273. Zur Klassifizierung der paranormalen Phänomene vgl. auch Andrew Neher, *The Psychology of Transcendence* (Die Psychologie der Transzendenz), Englewood Cliffs, New Jersey: PrenticeHall 1980, S. 137.

19 Koch, *Christian Counseling,* S. 272.

20 Zum Thema Vortäuschung des Übernatürlichen vgl. Danny Korem, *The Fakers* (Die Taschenspieler), Grand Rapids, Michigan: Baker 1980.

Kapitel 3: Bekehrung einer Kultur

1 Richard Lovelace, *Dynamics of Spiritual Life* (Dynamik des geistlichen Lebens), Downers Grove, Illinois: InterVarsity Press 1979, S. 183.

2 Henry Van Til, *The Calvinistic Concept of Culture* (Die calvinistische Auffassung der Kultur), Grand Rapids, Michigan: Baker 1959.

3 Francis A. Schaeffer, *How Should We Then Live?* (Wie können wir denn leben?), Old Tappan, New Jersey: Revell 1976, S. 19.

4 Vgl. Phyllis Schlafly, *Child Abuse in the Classroom* (Mißbrauch an Kindern im Klassenzimmer), Westchester, Illinois: Crossway Books 1984, S. 209-210.

5 James Orr, *The Christian View of God and the World* (Die christliche Sicht von Gott und der Welt), Grand Rapids, Michigan: Eerdmans 1947, S. 4.

6 Calvin Seerveld, *Rainbows for a Fallen World* (Regenbogen für eine gefallene Welt), Downsville, Ontario: Toronto Tuppence Press 1980, S. 24.

7 Hans Rookmaaker, *Modern Art and the Death of a Culture* (Moderne Kunst und der Tod einer Kultur), Downers Grove, Illinois: InterVarsity Press 1970, S. 37.

8 John Stott, *Involvement* (Mitarbeit), Bd. 1, Old Tappan, New Jersey: Revell 1985, S. 46.

[9] Vgl. Wimber und Springer, *Vollmächtige Evangelisation,* S. 13-27.

[10] Francis A. Schaeffer, *A Christian Manifesto* (Ein christliches Manifest), Westchester, Illinois: Crossway Books 1981, S. 19.

[11] W.E.H. Lecky, *History of European Morals from Augustus to Charlemagne* (Geschichte der europäischen Moral von Augustus bis zu Karl dem Großen), Bd. 2, New York: D. Appleton 1906, S. 100.

[12] Zum Christentum als „Projekt Gottes" vgl. William Dyrness, *Christian Apologetics in a World Community* (Christliche Apologetik in einer Weltgemeinschaft), Downers Grove, Illinois: InterVarsity Press 1983, S. 74-84.

[13] Lovelace, *Dynamics,* S. 173.

[14] Vgl. Arthur Holmes, *All Truth Is God's Truth* (Alle Wahrheit ist Gottes Wahrheit), Downers Grove, Illinois: InterVarsity Press 1983.

[15] Orr, *Christian View,* S. 12.

[16] Vgl. Donald Tweedie, *Logotherapy and the Christian Faith* (Logotherapie und christlicher Glaube), Grand Rapids, Michigan: Baker 1965.

[17] Groothuis, *Unmasking,* S. 71-91.

[18] Stott, *Involvement,* Bd. 1, S. 49.

[19] Groothuis, *Unmasking,* S. 57-70.

[20] Ich verdanke diesen Ausdruck Jimmy Williams.

Kapitel 4: Eine Strategie entwickeln

[1] J.B. Phillips, *The Ring of Truth* (Der Klang der Wahrheit), New York: Macmillan 1967, S. 9-10.

[2] F.F. Bruce, *The Defense of the Faith in the New Testament* (Die Verteidigung des Glaubens im Neuen Testament), überarbeitete Neuausgabe, Grand Rapids, Michigan: Eerdmans 1977, S. 80.

[3] Vgl. Wimber und Springer, *Vollmächtige Evangelisation.*

[4] J. Gresham Machen, *The Christian Faith in the Modern*

World (Der christliche Glaube in der modernen Welt), Grand Rapids, Michigan: Eerdmans 1968, S. 120.

5 Zur Wichtigkeit des Zeugnisses der Liebe für Christen vgl. Francis Schaeffer, *The Mark of the Christian* (Das Kennzeichen des Christen), Downers Grove, Illinois: InterVarsity Press 1970.

6 Vergleichen Sie dies mit der sinnlosen Hektik der selbstkasteienden Baalsanbeter, die Elia zu einem religiösen Wettbewerb herausforderte (1. Könige 18,25-29).

7 Eine hervorragende Untersuchung zu Paulus' Methode im Umgang mit nichtchristlichen Religionen findet sich bei Ajith Fernando, *The Christian's Attitude toward Non-Christian Religions* (Die Haltung des Christen gegenüber nichtchristlichen Religionen), Wheaton, Illinois: Tyndale 1987.

8 *A Course in Miracles: Text* (Ein Lehrgang in Wundern: Text), Tiburon, Kalifornien: Foundation for Inner Peace 1981, S. 32-34.

9 Es ist zu beachten, daß nicht alle Beitragenden zur skeptischen Literatur Atheisten sind. Ein ständiger Kritiker des Paranormalen wie Martin Gardner ist ein nichtchristlicher Theist.

10 Ken Keyes jr., *The Hundredth Monkey* (Der Hundertste Affe), Coos Bay, Oregon: Vision Books 1984, S. 18.

11 Ron Amundson, „The Hundredth Monkey Debunked" (Der Hundertste Affe entlarvt), in: *Whole Earth Review,* Herbst 1986, S. 19-24.

12 Ebenda, S. 23.

13 Lyall Watson, „Lyall Watson Responds" (Lyall Watson antwortet), in: *Whole Earth Review,* Herbst 1986, S. 25.

14 Ron Amundson, „Watson and the ‚Hundredth Monkey Phenomenon'" (Watson und das „Phänomen des Hundertsten Affen"), in: *The Skeptical Inquirer* 11, Frühjahr 1987, S. 303-304.

15 Vgl. Amundson, „The Hundredth Monkey Debunked", S. 23.

16 Vgl. Jacques Ellul, *The Presence of the Kingdom* (Die Gegenwart des Reiches), New York: Seabury 1967, S. 100.

[17] David Hesselgrave, *Communicating Christ Crossculturally* (Christus über kulturelle Grenzen hinweg verkündigen), Grand Rapids, Michigan: Zondervan 1981, S. 218-219.

[18] Ebenda.

[19] Vgl. Francis Schaeffer, *True Spirituality* (Echte Spiritualität), Wheaton, Illinois: Tyndale 1976, S. 54-55; Richard Lovelace, *Renewal as a Way of Life* (Erneuerung als Lebensstil), Downers Grove, Illinois: InterVarsity Press 1985, S. 15-33.

[20] Vgl Calvin, *Institutio* 1.1.3.

[21] Vgl. auch Howard Ervin, *This Which Ye See and Hear* (Was ihr seht und hört), Plainfield, New Jersey: Logos 1972, S. 95-103, über „Geistliche und übersinnliche Erfahrungen im Vergleich".

[22] Hesselgrave, *Communicating Christ Crossculturally,* S. 214-222.

[23] C. Stephen Evans, *Quest for Faith* (Die Suche nach dem Glauben), Downers Grove, Illinois: InterVarsity Press 1986, S. 115.

[24] Ebenda.

[25] Blaise Pascal, *Pensées* (Gedanken), 4.267, Great Books Edition.

[26] H. Reiker, *The Yoga of Light* (Der Yoga des Lichts), Los Angeles: Dawn House 1974, S. 9; zitiert nach John Weldon und Clifford Wilson, *Occult Shock and Psychic Forces* (Okkulter Schock und übersinnliche Kräfte), San Diego: Master 1980, S. 72.

[27] Vgl. Weldon und Wilson, *Occult Shock,* S. 71-74.

[28] Christina und Stanislav Grof, „Spiritual Emergency: The Understanding and Treatment of Transpersonal Crisis" (Spiritueller Notfall: Zum Verständnis und zur Behandlung der transpersonalen Krise), *ReVision* 8, Nr. 2, Winter/Frühjahr 1986, S. 7.

[29] Ebenda, S. 9.

[30] Ebenda.

[31] Megan Nolan, „Spiritual Emergency Network" (Netz für

spirituelle Notfälle), in: *ReVision* 8, Nr. 2, Winter/Frühjahr 1986, S. 89.

32 Maharishi Mahesh Yogi, *The Meditations of Maharishi Mahesh Yogi* (Die Meditationen des Maharishi Mahesh Yogi); zitiert nach John Allan, *Yoga: A Christian Analysis* (Yoga: eine christliche Analyse), Leicester, England: InterVarsity Press 1983, S. 29.

33 Richard Hittleman, *Guide to Yoga Meditation* (Anleitung zur Yoga-Meditation), New York: Bantam 1969, S. 9-14; zitiert nach Hexam und Poewe, *Understanding Cults,* S. 80.

34 John Llimo, „A Primer of Parapsychology" (Eine parapsychologische Fibel), in: *Yoga Journal,* Juli/August 1986, S. 40.

35 Vgl. C.S. Lewis, *Dienstanweisung für einen Unterteufel,* Freiburg: Herder 1975, S. 86.

36 Llimo, „A Primer of Parapsychology", S. 40.

37 Koch, *Occult ABC,* S. 40.

38 Johanna Michaelson, *Der große Betrug,* Asslar: Schulte & Gerth 1984, S. 151-159.

39 Koch, *Okkultes ABC,* Aglasterhausen 1984, S. 737.

40 Kurt Koch, *Demonology Past and Present* (Dämonologie gestern und heute), Grand Rapids, Michigan: Kregel 1973, S. 121-129; zitiert nach John Weldon und Zola Levitt, *Psychic Healing* (Geistheilung), Chicago: Moody 1982, S. 193-194.

41 Mette Hammer, „Witches in Wisconsin: Magic Is the Medium for Area Practitioners of Wicca" (Hexen in Wisconsin: Magie ist das Medium für Wicca-Praktizierende in der Region), in: *Isthmus,* 25.-31. Juli 1986, S. 10.

42 Michaelson, *Betrug ...,* S. 13f.

43 H.H. Bro, *Fate* (Schicksal), Februar 1971, S. 102-103; zitiert nach Weldon und Wilson, *Occult Shock,* S. 443.

44 Koch, *Christian Counseling,* S. 181.

45 Weldon und Wilson, *Occult Shock,* S. 444-453.

46 Koch, *Occult ABC,* S. 280.

Kapitel 5: Reinkarnation und die Bibel

1 Vgl. Walter Kaiser, *Toward an Exegetical Theology* (Für eine exegetische Theologie), Grand Rapids, Michigan: Baker 1981.

2 Gordon L. Lewis, *Confronting the Cults* (Den Sekten entgegentreten), Phillipsburg, New Jersey: Presbyterian and Reformed 1985, S. 137.

3 Price, *Planetary Commission,* S. 75.

4 Ebenda.

5 Lewis, *Confronting the Cults,* S. 169.

6 James W. Sire, *Scripture Twisting* (Verdrehung der Schrift), Downers Grove, Illinois: InterVarsity Press 1980, S. 113.

7 Peter Kreeft, „The Most Important Argument" (Das wichtigste Argument), in: *The Intellectuals Speak Out about God* (Die Intellektuellen äußern sich über Gott), hg. von Roy Abraham Varghese, Chicago: Regnery Gateway 1984, S. 251.

8 Vgl. das Vorwort zur *New International Version Study Bible,* hg. von Kenneth Barker, Grand Rapids, Michigan: Zondervan 1985, S. XI-XIII.

9 Vgl. Robert H. Countess, *The Jehovah's Witnesses' New Testament* (Das Neue Testament der Zeugen Jehovas), Phillipsburg, New Jersey: Presbyterian and Reformed 1982.

10 Zum Thema Textkritik und biblische Autorität vgl. Gleason Archer, *Encyclopedia of Biblical Difficulties* (Enzyklopädie der biblischen Schwierigkeiten), Grand Rapids, Michigan: Zondervan 1982, S. 32-44.

11 Vgl. J.P. Moreland, *Scaling the Secular City* (Die Eroberung der säkularen Stadt), Grand Rapids, Michigan: Baker 1987, S. 135-136.

12 Walter Martin, *Essential Christianity* (Der Kern des Christentums), Ventura, Kalifornien: Regal Books 1980, S. 15-24.

13 Moreland, *Scaling the Secular City,* S. 135-136.

14 Ebenda, S. 137-147; vgl. auch William Lane Craig, *Apo-*

logetics: An Introduction (Apologetik: Eine Einführung), Chicago: Moody 1985, S. 167-206, besonders zu den Indizien für die Auferstehung.

[15] Moreland, *Scaling the Secular City,* S. 146-157.

[16] Norman Geisler, *Christian Apologetics,* S. 323-325.

[17] Ebenda, S. 325-327; vgl. auch Josh McDowell, *Evidence That Demands a Verdict* (dt. *Bibel im Test*), überarbeitete Neuausgabe, San Bernardino, Kalifornien: Campus Crusade for Christ 1979, S. 65-78.

[18] Zur Offenbarung durch das Wort vgl. Francis Schaeffer, *He Is There and He Is Not Silent* (Er existiert und er schweigt nicht), Wheaton, Illinois: Tyndale 1975, S. 91-100; ausführlicher: Henry, *God, Revelation, and Authority,* Bde. 2-4.

[19] „The Lost Years of Jesus" (Die verlorenen Jahre Jesu), in: *Heart,* Frühjahr 1983, S. 6ff.

[20] Edgar Goodspeed, *Modern Apocrypha* (Moderne Apokryphen), Boston: Beacon Press 1956, S. 9.

[21] Ebenda.

[22] Ebenda, S. 11.

[23] Ebenda, S. 10-14.

[24] Vgl. Groothuis, *Unmasking,* S. 148-150.

[25] Sire, *Scripture Twisting,* S. 92.

[26] Eine gründliche Behandlung aller wichtigen Passagen findet sich bei Norman L. Geisler und J. Yutaka Amano, *The Reincarnation Sensation* (Der Rummel um die Reinkarnation), Wheaton, Illinois: Tyndale 1987, S. 133-154. Ich verdanke dieser Arbeit einige meiner Argumente.

[27] Shirley MacLaine, *It's All in the Playing* (dt. *Zauberspiel*), New York: Bantam 1987, S. 222.

[28] Mehr über die Verklärung bei Francis Schaeffer, *True Spirituality,* S. 45-59.

[29] Vgl. Robert A. Morey, *Death and Afterlife* (Tod und Leben nach dem Tod), Minneapolis: Bethany 1984, S. 207.

[30] John Snyder, *Reincarnation vs. Resurrection* (Reinkarnation versus Auferstehung), Chicago: Moody 1984, S. 51.

[31] Eine zusammenfassende Darstellung der biblischen Sicht

von Tod und Leben nach dem Tod findet sich bei Morey, *Death and Afterlife*.

32 Kenneth Ring, *Heading toward Omega* (Richtung Omega), New York: William Morrow 1985, S. 158.

33 Shirley MacLaine, *Out on a Limb* (dt. *Zwischenleben*), New York: Bantam 1983, S. 205, vgl. auch S. 237.

34 Snyder, *Reincarnation vs. Resurrection,* S. 83.

35 Albrecht, *Reinkarnation,* S. 50; vgl. auch R. Laird Harris, *Inspiration and Canonicity of the Bible* (Inspiration und Kanonizität der Bibel), Grand Rapids, Michigan: Zondervan 1975, S. 219-271.

36 F.F. Bruce, *The New Testament Documents: Are They Reliable?* (Die Schriften des Neuen Testaments: Sind sie zuverlässig?), Downers Grove, Illinois: InterVarsity Press 1967, S. 27; vgl. auch Henry, *God, Revelation, and Authority,* 4:405-449, über die Kanonizität im allgemeinen.

37 Bruce, *New Testament Documents,* S. 27.

38 Zur Stützung des Gedankens, daß diese Stelle die Auferstehung lehrt, vgl. Gleason Archer, *Encyclopedia*, S. 240-241; vgl. auch Walter Kaiser, *Toward an Old Testament Theology* (Auf dem Weg zu einer alttestamentlichen Theologie), Grand Rapids, Michigan: Zondervan 1978, S. 180-181.

39 Vgl. Albrecht, *Reinkarnation,* S. 53-59; Joseph P. Gudel, Robert M. Bowman jr. und Dan Schlessinger, „Reincarnation: Did the Church Suppress It?“ (Reinkarnation: Von der Kirche unterdrückt?), in: *Christian Research Journal* 10, Nr.1, Sommer 1987, S. 8-12.

40 Augustinus, *De Civitate Dei* 10.30.

41 Zitiert nach John Hick, *Death and Eternal Life* (Tod und ewiges Leben), San Francisco: Harper and Row 1980, S. 394.

42 Vgl. ebenda, S. 392-394; vgl. auch Albrecht, *Reinkarnation,* S. 55-57.

43 Allan Menzies (Hg.), *The Ante-Nicene Fathers of the Christian Church* (Die christlichen Kirchenväter vor dem Konzil von Nizäa), Bd. 4 Grand Rapids, Michigan: Eerdmans

1978, S. 474-475; zitiert nach Albrecht, *Reinkarnation,* S. 56.

44 Vgl. Joseph Wilson Trig, *Origin: The Bible and Philosophy in the Third-century Church* (Origenes: Bibel und Philosophie im dritten Jahrhundert), Atlanta: John Knox 1983, S. 107, 209, 213.

45 MacLaine, *Out on a Limb,* S. 249.

Kapitel 6: Ein Vergleich der Götter

1 Marilyn Ferguson, *Die sanfte Verschwörung,* München: Knaur 1984, S. 441.

2 Gita Mehta, Karma Cola: *The Marketing of the Mystic East* (Karma Cola: Die Vermarktung der östlichen Mystik), New York: Simon and Schuster 1979, S. 194.

3 Hans Küng, *On Being a Christian* (dt. *Christ sein*), Garden City, New York: Doubleday 1976, S. 301-302.

4 Brooks Alexander, „Occult Philosophy and Mystical Experience" (Okkulte Philosophie und mystische Erfahrung), Tonband, Berkeley, Kalifornien: Spiritual Counterfeits Project 1980.

5 Calvin, *Institutio* 1.11.8.

6 Alexander, „Occult Philosophy".

7 Zu Gott als einem „religiösen Postulat", das bestimmte Bedingungen der Seele erfüllen muß, vgl. Orr, *Christian View,* S. 112-115.

8 Walter Martin, *Kingdom of the Cults* (Das Reich der Sekten), Minneapolis: Bethany 1974, S. 284.

9 Vgl. Francis Schaeffer, *The God Who Is There* (Der Gott, der da ist), Downers Grove, Illinois: InterVarsity Press 1976, S. 92-99.

10 C.S. Lewis, *Miracles* (Wunder), New York: Macmillan 1978, S. 87.

11 Vishal Mangalwadi, „How to Answer a Hindu" (Wie man einem Hindu antwortet), in: *Cornerstone,* September 1984, S. 19-20; zitiert nach Hoyt, *New Age Rage,* S. 214.

[12] Lewis, *Miracles,* S. 88.

[13] Groothuis, *Unmasking,* S. 156. Ein Beispiel für diese ontologische Ungereimtheit findet sich bei Stephen LaBerg, *Lucid Dreaming* (Klares Träumen), New York: Ballantine 1986, S. 270-271.

[14] Küng, *On Being a Christian,* S. 303.

[15] Das vollständige Glaubensbekenntnis ist abgedruckt in Phillip Schaff, *The Creeds of Christendom* (Die Glaubensbekenntnisse der Christenheit), 3 Bde., Grand Rapids, Michigan: Baker 1983, S. 66-70.

[16] C.S. Lewis, *The Problem of Pain* (Über den Schmerz), New York: Macmillan 1976, S. 151; vgl. auch Evans, *Quest for Faith,* S. 117-118.

[17] G.K. Chesterton, *Orthodoxy* (Orthodoxie), Garden City, New York: Image 1959, S. 135.

[18] Der Ausdruck stammt von Vincent Tymms und ist zitiert nach John Stott, *The Cross of Christ* (Das Kreuz Christi), Downers Grove, Illinois: InterVarsity Press 1986, S. 331.

[19] Vgl. Pascal, *Pensées* 7.425.

[20] MacLaine, *Tanz im Licht,* S. 356.

[21] R.C. Sproul, *The Holiness of God* (Die Heiligkeit Gottes), Wheaton, Illinois: Tyndale 1985, S. 151. Mehr über die biblische Sicht der Sünde bei Lovelace, *Dynamics,* S. 86-89.

[22] Mehr über den Zustand des Menschen bei Groothuis, *Unmasking,* S. 84-91.

[23] MacLaine, *Tanz im Licht,* S. 353.

[24] Zitiert nach John Harti, „Movie Rises Beyond Author's Fears, Avoiding Voodoo Stereotype" (Film übersteigt Befürchtungen des Autors, Voodoo-Klischees werden vermieden), in: *Seattle Times,* 31. Januar 1988.

[25] Vgl. Groothuis, *Unmasking,* S. 152-155.

[26] Zur Spannung zwischen kulturellem Relativismus und Menschenrechtsüberlegungen vgl. Allan Bloom, *The Closing of the American Mind* (Die Verschließung des amerikanischen Geistes), New York: Simon and Schuster 1987, S. 185-193.

[27] Vgl. Schaeffer, *The God Who Is There,* S. 119-130.

[28] Ebenda, S. 101.

[29] Lewis, *Gedankengänge,* S. 115.

[30] Chesterton, *Orthodoxy,* S. 35.

[31] Vgl. Moreland, *Scaling the Secular City,* S. 123.

[32] Gott gibt seine Weisungen nicht willkürlich. Sie beruhen auf seiner unwandelbaren ethischen Vollkommenheit.

[33] C.S. Lewis, *Pardon, ich bin Christ,* Basel: Brunnen 1977, S. 31.

[34] Er wird dann vielleicht die Taktik wechseln und sagen, daß die Bibel nicht zuverlässig sei. In diesem Fall können jedoch die weiter oben skizzierten Argumente angeführt werden.

[35] G.K. Chesterton, *The Everlasting Man* (Der ewig lebende Mensch), Garden City, New York: Image 1955, S. 173.

[36] Vgl. auch die Erörterung in Groothuis, *Unmasking,* S. 151-152.

[37] Vgl. McDowell, *Evidence,* S. 147-184; vgl. auch Pascal, *Pensées* 11.693.736.

[38] Pascal, *Pensés* 12.737.

[39] Zur Historizität der Auferstehung vgl. William Lane Craig, *The Son Rises* (Der Sohn steht auf), Chicago: Moody 1981; vgl. auch McDowell, *Evidence,* S. 185-273.

[40] Eine ausführliche Darlegung dieses Arguments findet sich bei Kreeft, „Most Important Argument", und Lewis, *Pardon, ich bin Christ,* S. 47-48.

[41] Calvin, *Institutio* 1.13.13.

[42] Martin Luther, *Letters of Spiritual Counsel* (Briefe mit geistlichem Rat), in: Library of Christian Classics (Bibliothek christlicher Klassiker), Bd. 17, hg. von Theodore G. Tappert, London: SCM 1955, S. 110; zitiert nach Stott, *Cross of Christ,* S. 200.

[43] Lovelace, *Renewal as a Way of Life,* S. 26.

[44] Ein theologisch gründliches und als Anstoß zur Anbetung bezwingendes Werk über den Sühnetod Christi ist Stott, *Cross of Christ.*

[45] Vgl. Geisler, *Christian Apologetics,* S. 187.

[46] Koch, *Occult ABC,* S. 146.
[47] Pascal, *Pensées* 7.548.

Kapitel 7: Erziehung für ein Neues Zeitalter

[1] Ferguson, *Die sanfte Verschwörung,* S. 325.
[2] Mel und Norma Gabler, *What Are They Teaching Our Children?* (Was bringen sie unseren Kindern bei?), Wheaton, Illinois: Victor 1985, S. 22.
[3] Paul Vitz, *Censorship: Evidence of Bias in Our Children's Textbooks* (Zensur: Beispiele für die Einseitigkeit in den Schulbüchern unserer Kinder), Ann Arbor, Michigan: Servant 1986, S. 1.
[4] Ebenda, S. 18-19.
[5] Ebenda, S. 33-36.
[6] Zitiert nach Richard John Neuhaus, „Belief Is in the Eye of the Beholder" (Der Glaube liegt im Auge des Betrachters), in: *Religion and Society Report,* August 1986, S. 2.
[7] Vitz, *Censorship,* S. 65-66.
[8] Ebenda, S. 69-70.
[9] Sidney B. Simon, Leland W. Howe und Howard Kirschenbaum, *Values Clarification* (Klärung der Wertvorstellungen), 2. Aufl., New York: Hart 1978, Umschlagtext; vgl. auch S. 18-22; zitiert nach Paul Vitz, „Ideological Biases in Today's Theories of Moral Education" (Ideologische Einseitigkeit in heutigen Theorien zur Moralerziehung), in: *Whose Values?* (Wessen Werte?), hg. von Carl Horn, Ann Arbor, Michigan: Servant 1985, S. 114.
[10] Vitz, „Ideological Biases,", S. 113-126.
[11] Schlafly, *Child Abuse in the Classroom,* S. 209-210.
[12] Ebenda, S. 201-202.
[13] Ebenda, vgl. S. 141-142, 189, 204, 215-216, 282, 365.
[14] Barbara Clark, *Growing Up Gifted: Developing the Potential of Children at Home and at School* (Begabt aufwachsen: Das Potential von Kindern zu Hause und in der

Schule entwickeln), Columbus, Ohio: Charles E. Merrill 1983, S. 397-398.

15 Clark, *Growing Up Gifted,* S. 410.

16 Zitiert nach Helen Hull Hitchcock, „Catholic Education Goes Over the Rainbow: The NCEA and the New Age" (Die katholische Erziehung geht über den Regenbogen: Die NCEA und das New Age), in: *Fidelity,* August 1985, S. 25-26.

17 Ebenda, S. 26.

18 Ebenda, S. 28.

19 Gregg L. Cunningham, *Globalism in the Schools: Independence Issue Paper* (Globalismus in den Schulen: Ein „Independence"-Themenpapier), Golden, Colorado: Independence Institute 1986, S. 4-5.

20 Jacquelyn Johnson und John Benegar, „Global Issues in the Intermediate School" (Globale Themen in der Mittelstufe), in: *Social Education,* Februar 1983, S. 131.

21 Zitiert nach Andre Ryerson, „The Scandal of ‚Peace Education'" (Der Skandal der „Friedenserziehung"), in: *Commentary,* Juni 1986, S. 40.

22 Cunningham, *Globalism in the Schools,* S. 5-6.

23 Ebenda, S. 8.

24 Ebenda.

25 Zitiert nach Dean C. Curry, „Terrible Weapons, Seductive Illusions" (Schreckliche Waffen, verführerische Täuschungen), in: *Eternity,* März 1985, S. 22.

26 Eine detaillierte Analyse der wirklichen Unterschiede zwischen der UdSSR und dem Westen findet sich bei Jean-Francois Revel, *How Democracies Perish* (dt. *So enden die Demokratien*), Garden City, New York: Doubleday 1983.

27 Cunningham, *Globalism in the Schools,* S. 7-9; vgl. auch Phyllis Schlafly, „What's Wrong with Global Education?" (Was ist falsch an der Erziehung zum globalen Denken?), in: *Daughters of the American Revolution,* Mai 1986, S. 450-453.

28 Cunningham, *Globalism in the Schools,* S. 14.

[29] Ebenda, S. 15.

[30] Paul Johnson, *Modern Times* (Moderne Zeiten), New York: Harper and Row 1983, S. 102.

[31] Johnson, *Modern Times,* S. 103; vgl. auch Thomas Molnar, Utopia: *The Perennial Heresy* (Utopia: Die ewige Irrlehre), New York: Sheed and Ward 1967, S. 48-49.

[32] Vgl. Reinhold Niebuhr, „The Illusion of World Government" (Die Illusion einer Weltregierung), in: *Foreign Affairs,* April 1949.

[33] Vgl. Cunningham, *Globalism in the Schools.*

[34] Dick Sutphen, „Infiltrating the New Age into Society" (Das New Age in die Gesellschaft einschleusen), in: *What Is,* Sommer 1986, S. 14.

[35] Jack Canfield und Paula Klimek, „Education in the New Age" (Erziehung im New Age), in: *New Age,* Februar 1978, S. 28; zitiert nach Eliot Miller, „Tracking the Aquarian Conspiracy (Part One)" (Der sanften Verschwörung auf der Spur, Teil I), in: *Forward,* Herbst 1986, S. 14.

[36] Ferguson, *Die sanfte Verschwörung,* S. 334.

Kapitel 8: New Age und Geschäftsleben

[1] J. Yukata Amano, „Erhard's Forum", in: *Spiritual Fitness in Business,* Februar 1986, S. 2.

[2] Werner Erhard und Mitarbeiter, *The Forum,* 1986, nicht paginiert.

[3] Ebenda.

[4] Neil Chesanow, „Est Revisited" (EST – auf ein Neues), in: *New Women,* Januar 1987, S. 42.

[5] Ebenda, S. 46.

[6] Robert Bell, „Est Dressed for Success" (EST auf dem Weg zum Erfolg), in: *Venture,* März 1987, S. 54.

[7] Bell, „Est".

[8] Robert Lindsey, „Spiritual Concepts Drawing a Different Breed of Adherent" (Spirituelle Konzepte, die eine an-

dere Art von Anhängern anziehen), in: *New York Times,* 29. September 1986, S. 8.

9 Norman Boucher, „Transforming the Corporation" (Die Firma verändern), in: *New Age Journal,* Februar 1985, S. 40.

10 Vgl. Groothuis, *Unmasking,* S. 93-109.

11 Boucher, „Transforming", S. 40.

12 John Adams (Hg.), *Transforming Work* (Die Arbeit verändern), Alexandria, Virginia: Miles River 1984, S. VI; Hervorhebung von mir.

13 Ebenda.

14 Don Oldenburg, „Zen and the Art of Making Money" (Zen und die Kunst, Geld zu verdienen), in: *Washington Post,* 9. Januar 1987.

15 „Mega-trends Man: John Naisbitt" (Der Megatrends-Mann: John Naisbitt), in: *Newsweek,* 23. September 1985, S. 60-61.

16 John Naisbitt und Patricia Aburdene, *Re-inventing the Corporation* (Die Neu-Erfindung der Korporation), New York: Warner 1986, S. 82.

17 Christie Tierney, „Corporate America Relaxes with Transcendental Meditation" (Amerikas Manager entspannen sich mit Transzendentaler Meditation), in: *Washington Business Journal,* 27. Januar 1986.

18 Oldenburg, „Zen and the Art".

19 Lindsey, „Spiritual Concepts", S. 8.

20 Michael Ray und Rochelle Myers, *Creativity in Business* (Kreativität im Geschäftsleben), Garden City, New York: Doubleday 1986, S. 56-61.

21 Ebenda, S. 28.

22 Oldenburg, „Zen and the Art".

23 „Religion and the ‚New Age'" (Religion und ‚New Age'), in: *Training,* Dezember 1985.

24 John Wolcott, „Pacific Institutes' Lou Tice and the Power of Positive Thinking" (Lou Tice vom Pacific Institute und die Macht des positiven Denkens), in: *The Progress,* 18. September 1986, S. 12.

[25] Ebenda, S. 13.

[26] Bill Deitrich, „This Salesman is Motivated – to Sue: Pacific Institute Is Labeled as ‚Anti-Christian'" (Dieser Geschäftsmann ist motiviert – zu prozessieren: Das Pacific Institute wird als ‚antichristlich' bezeichnet), in: *Seattle Times,* 25. Februar 1987.

[27] Robert Lindsey, „Gurus Hired to Motivate Workers Are Raising Fears of Mind Control" (Gurus, die angestellt wurden, um Arbeiter zu motivieren, erwecken Furcht vor geistiger Manipulation), in: *New York Times,* 17. April 1987.

[28] Lindsey, „Gurus Hired".

[29] Kathleen Pender, „Pac Bell's New Way to Think" (Die neue Denkweise bei Pacific Bell), in: *San Francisco Chronicle,* 23. März 1987, S. 6.

[30] „Tools to Solve Real Business Problems" (Hilfsmittel zur Lösung echter Geschäftsprobleme), in: *Business Report,* 30. März 1987.

[31] Pender, „Pac Bell's", S. 6.

[32] Vgl. Greg Critser, „The Est Factor: Behind the Rise and Fall of Computerland's Bill Millard Was a Corporate Culture that Became a Corporate Cult" (Der EST-Faktor: Hinter dem Aufstieg und Fall des Bill Millard von „Computerland" steckt eine Firmenkultur, die zu einem Firmenkult wurde), in: *Inc.,* August 1986, S. 69-76.

[33] Zitiert nach Miller, „Tracking the ‚Aquarian Conspiracy'", S. 27.

[34] G.K. Chesterton, *Collected Works,* 28 Bde., San Francisco: Ignatius Press 1987, 4:61; zitiert nach Gard DeMar und Peter Leithart, *The Reduction of Christianity* (Die Schmälerung des Christentums), Fort Worth, Texas: Dominion Press 1988, S. 122-123.

[35] John Stott, *Involvement,* Bd. 2, Old Tappan, New Jersey: Revell 1985, S. 31.

[36] Vgl. Ronald Nash, *Social Justice and the Christian Church* (Soziale Gerechtigkeit und die christliche Gemeinde), Milford, Michigan: Mott Media 1983.

37 Zitiert nach „Reconciliation in the Work World“ (Versöhnung in der Arbeitswelt), in: *Tabletalk* 9, Nr. 1, Februar 1985, S. 5.

38 Erhältlich bei Probe Ministries, 1900 Firman Drive, Richardson, TX 75081, USA.

Kapitel 9: Unterscheidung der Geister

1 Steve Scott und Brooks Alexander, „Inner Healing“ (Innere Heilung), in: *Spiritual Counterfeits Journal,* April 1980, S. 13.

2 Harry Blamires, *The Christian Mind* (Der christliche Verstand), Ann Arbor, Michigan: Servant 1978, S. 43.

3 Ramtha und Douglas J. Mahr, *Voyage to the New World* (Reise in die Neue Welt), New York: Fawcett 1987, S. 37.

4 James Davidson Hunter, „Orthodoxy and the Challenge of Modernity“ (Orthodoxie und die Herausforderung der Moderne), in: *Public Eye* 1, Nr. 2, August 1987, S. 2.

5 Vgl. William Kirk Kilpatrick, *Psychological Seduction* (Psychologische Verführung), Nashville: Nelson 1983, S. 36-88.

6 Pascal, *Pensées* 2.100.

7 Zu psychologischen Selbstachtungslehren vgl. Jay Adams, *Ich liebe mich,* Asslar: Schulte & Gerth 1987.

8 Lovelace, *Dynamics,* S. 101.

9 Augustinus, *De Civitate Dei* 14.28.

10 Eine hervorragende biblische Darstellung zu Selbstbestätigung und Selbstverleugnung findet sich bei John Stott, *Cross of Christ,* S. 274-294.

11 Lewis, *Dienstanweisung,* S. 63.

12 Stott, *Cross of Christ,* S. 343.

13 Don Matzat, *Inner Healing: Deliverance or Deception* (Innere Heilung: Befreiung oder Betrug), Eugene, Oregon: Harvest House 1987, S. 118; vgl. auch S. 156-157. Es handelt sich hierbei um eine ausgezeichnete Kritik der Methode der „Inneren Heilung“.

[14] Shakti Gawain, *Creative Visualization* (dt. *Stell dir vor. Kreativ visualisieren*), New York: Bantam 1985, S. 70-72.

[15] A.W. Tozer, *That Incredible Christian* (Dieser unglaubliche Christ), Harrisburg, Pennsylvania: Christian Publications 1964, S. 68.

[16] Rousas John Rushdoony, *Revolt Against Maturity* (Revolte gegen die Reife), Fairfax, Virginia: Thoburn 1977, S. 84.

[17] Colin Brown, „Magic“ (Magie), in: *The New International Dictionary of New Testament Theology,* Bd. 2, hg. von Colin Brown, Grand Rapids, Michigan: Zondervan 1976, S. 561.

[18] Vgl. John Weldon und James Bjornstad, *Fantasy – Das Spiel mit dem Feuer* (Asslar: Schulte & Gerth, 1986).

[19] Vgl. Schlafly, *Child Abuse in the Classroom,* S. 69, 210.

[20] Katrin Ledermann und Ulrich Skambraks, *Der Griff nach unseren Kindern,* Asslar: Schulte & Gerth 1988.

[21] J.R.R. Tolkien, *The Tolkien Reader* (Das Tolkien-Lesebuch), New York: Ballantine 1966, S. 55; zitiert nach Richard Purtill, *Lord of the Elves and Eldils* (Herr der Elfen und Eldils), Grand Rapids, Michigan: Zondervan 1974, S.19.

[22] Vgl. auch Henry, *God, Revelation, and Authority,* 1:44-69.

[23] Tolkien, *Tolkien Reader,* S. 55; zitiert nach Purtill, *Lord of the Elves;* S. 19.

[24] Damit soll nicht angedeutet werden, daß seine Erzählungen salbungsvoll oder ihrem Schwerpunkt und ihrer Absicht nach ausschließlich apologetisch seien. Eine umfassendere Besprechung der Fantasy-Literatur von Lewis findet sich bei Purtill, *Lord of the Elves.*

[25] Vgl. Clyde S. Kilby, „Mythic and Christian Elements in Tolkien“ (Mythische und christliche Elemente bei Tolkien), in: John Warwick Montgomery (Hg.), *Myth, Allegory, and Gospel* (Mythos, Allegorie und Evangelium), Minneapolis: Bethany 1974, S. 119-143.

[26] Kenneth R. Pelletier, *Mind as Healer, Mind as Slayer* (Der Geist als Heiler, der Geist als Schlächter), New York: Dell 1977, S. 297-298.

27 Dr. med. Paul Reisser stimmt mit meiner Grundaussage überein. Vgl. ders., „Holistic Health: Marcus Welby Enters the New Age“ (Ganzheitliche Medizin: Marcus Welby tritt ins Neue Zeitalter ein), in: *Hoyt, New Age Rage,* S. 71-73.

28 Weldon und Wilson, *Occult Shock,* S. 224-225.

29 Vgl. Wimber und Springer, *Power Healing.*

30 Zitiert nach Richard Dinwiddie, „New-Age-Music: Understanding the Enigma of the New Wave in Sound“ (New-Age-Musik: Zum Verständnis des Rätsels der neuen Klangwelle), in: *Gloria* 1, Nr. 2, Februar 1987, S. 1.

31 Steven Halpern und Louis Savary, *Sound Health* (Klang-Gesundheit), San Francisco: Harper and Row 1985, S. 186.

32 Steven Halpern, „A Spiritual Context for Music“ (Ein spiritueller Zusammenhang für die Musik), in: *The American Theosophist,* Herbst 1986, S. 311; zitiert nach Richard Dinwiddie, „New Age Music Theology“ (Theologie der New-Age-Musik), in: *Gloria* 1, Nr. 3, September 1987, S. 3.

33 Rick Ingrasci, „A Little Light Music“ (Eine kleine Lichtmusik), in: *New Age Journal,* November/Dezember 1987, S. 71.

34 Zitiert nach *Master of Life,* Ausgabe 35, S. 38.

35 Ebenda, S. 2.

36 Ebenda, S. 39.

37 Ebenda, S. 38.

38 Zur christlichen New-Age-Musik vgl. Steve Rabey, „Christian Music Enters the New Age“ (Christliche Musik tritt ins Neue Zeitalter ein), in: *Christianity Today,* 6. Februar 1987, S. 52-53. Rabey scheint jedoch die nichtchristliche Absicht der meditativ-mystischen New-Age-Musik nicht ernst genug zu nehmen.

39 Bill Barol, „Muzak for a New Age“ (Musik für ein Neues Zeitalter), in: *Newsweek,* 13. Mai 1985, S. 68.

40 Zitiert nach Dinwiddie, „New Age Music“, S. 2.

41 Eine hilfreiche Erörterung zum Thema „christliche Frei-

heit unter Christus“ findet sich bei Gary Friesen, *Decision Making and the Will of God* (Entscheidungen treffen und der Wille Gottes), Portland, Oregon: Multnomah 1980, S. 377-426. Ich kann jedoch nicht mit allem übereinstimmen, was er über Führung sagt.

Kapitel 10: Die Zukunft des New Age

1 Zur Kritik der Futurologie vgl. Robert Nisbet, *Prejudices* (Vorurteile), Cambridge, Massachusetts: Harvard University Press 1982, S. 131-135.
2 Anthony Down, „They Sell Sizzle, But Their Predictions Fizzle“ (Sie verkaufen Sensationen, aber ihre Voraussagen treffen nicht ein), in: *Wall Street Journal,* 6. April 1983.
3 Zur Logik der biblischen Schöpfungslehre vgl. Norman Geisler und J. Kerby Anderson, *Origin Science: A Proposal for the Creation-Evolution Controvers* (Wissenschaft vom Ursprung: Ein Beitrag zur Kontroverse um Schöpfung oder Evolution), Grand Rapids, Michigan: Baker 1987.
4 Gil Elliot, *Twentieth Century Book of the Dead* (Das Totenbuch des 20. Jahrhunderts), New York: Scribners 1972, S. 1; zitiert nach Gary North, *Moses and Pharaoh,* Tyler, Texas: Institute for Christian Economics 1985, S. 360.
5 „Mystics on Main Street“ (Mystiker auf der Hauptstraße), in: *U.S. News & World Report,* 9. Februar 1987, S. 68.
6 J.A. Trachtenberg und Edward Giltenan, „Mainstream Metaphysics“ (Alltägliche Metaphysik), in: *Forbes,* Juni 1987, S. 157-158.
7 David Tuller, „New Age: An Old Subject Surges in the 80s“ (New Age: Ein altes Thema schlägt Wellen in den Achtzigern), in: *Publishers Weekly,* 25. September 1987, S. 30.
8 Richard John Neuhaus, *The Naked Public Square* (Der

nackte öffentliche Platz), Grand Rapids, Michigan: Eerdmans 1984, S. 145-146.

[9] William Irwin Thompson, „A Gaian Politics" (Eine Mutter-Erde-Politik), in: *Whole Earth Review,* Winter 1986, S. 4.

[10] Zu den historischen Entwicklungen, die zum New Age geführt haben, vgl. Robert Burrows, „The Coming of the New Age" (Das Kommen des Neuen Zeitalters), in: Hoyt, *New Age Rage,* S. 17-32.

[11] Christopher Lasch, „Soul of a New Age" (Seele eines Neuen Zeitalters), in: *Omni,* Oktober 1987, S. 80.

[12] Ebenda, S. 82.

[13] Abraham Kuyper, *The Work of the Holy Spirit* (Das Werk des Heiligen Geistes), Grand Rapids, Michigan: Eerdmans 1975, S. 328.

[14] Brooks Alexander, „The Final Threat: Apocalypse, Conspiracy, and Biblical Faith" (Die letzte Bedrohung: Apokalypse, Verschwörung und biblischer Glaube), in: *Spiritual Counterfeits Newsletter,* Januar/Februar 1984, S. 8.

[15] Eine ausführliche Dokumentation findet sich bei Neher, *The Psychology of Transcendence,* S. 159-161.

[16] Texe Marrs dokumentiert derartige Behauptungen in seinem Buch *Dark Secrets of the New Age* (Dunkle Geheimnisse des New Age), Westchester, Illinois: Crossway 1987, S. 136-165.

[17] Ruth Montgomery und Joanne Garland, *Ruth Montgomery: Herald of a New Age* (Ruth Montgomery: Herold eines Neuen Zeitalters), New York: Doubleday/Dolphin 1986, S. 237.

[18] Moira Timms, *Prophecies and Predictions: Everyone's Guide to the Coming Changes* (Prophezeiungen und Voraussagen: Jedermanns Führer durch die kommenden Veränderungen), o.O., o.J., S. 57-58; zitiert nach Marrs, *Dark Secrets,* S. 144.

[19] Rebecca Boren, „Don't Give Me That New Age Religion" (Bleib mir vom Leib mit dieser New-Age-Religion), in: *The Seattle Weekly,* 7.-13. Januar 1987, S. 22.

[20] Vgl. Carl A. Raschke, „Satanism and the Devolution of the ‚New Religions'" (Satanismus und der Niedergang der ‚Neuen Religionen'), in: *Spiritual Counterfeits Journal,* Herbst 1985, S. 23-29.

[21] Rousas John Rushdoony, *Law and Society* (Recht und Gesellschaft), Vallecito, Kalifornien: Ross House 1982, S. 94-95.

[22] Zu Selbstvergötterungs-Lehren im allgemeinen vgl. Robert M. Bowman, „‚Ye Are Gods': Orthodox and Heretical Views on the Deification of Man" (‚Ihr seid Götter': Orthodoxe und häretische Ansichten über die Gottwerdung des Menschen) in: *Christian Research Journal,* Winter/Frühjahr 1987, S. 18-22.

[23] Robert Culver, *Toward a Biblical View of Civil Government* (Auf dem Weg zu einer biblischen Sicht der weltlichen Obrigkeit), Chicago: Moody 1974, S. 195.

[24] Vernon Grounds, „The Purpose of Prophecy" (Das Ziel der Prophetie), in: *ESA Parley* 4, Nr. 3, Juli 1987, S. 5.

[25] Ebenda.

[26] Richard J. Mouw, *Politics and the Biblical Drama* (Politik und das biblische Drama), Grand Rapids, Michigan: Eerdmans 1976, S. 121-122.

[27] Kaiser, *Toward Old Testament Ethics,* S. 43.

[28] Zur Ethik der alttestamentlichen Propheten vgl. Heschel, *Prophets,* S. 195-220.

[29] Philip Edgcumbe Hughes, *Interpreting Prophecy* (Prophetie interpretieren), Grand Rapids, Michigan: Eerdmans 1976, S. 30.

[30] Vgl. Dwight Wilson, *Armageddon Now! The Premillennarian Response to Russia and Israel Since 1917* (Harmageddon jetzt! Die prämillennialistische Haltung zu Rußland und Israel seit 1917), Grand Rapids, Michigan: Baker, 1977.

[31] Mark Noll, „Misreading the Signs of the Times" (Die Zeichen der Zeit falsch gelesen), in: *Christianity Today,* 6. Februar 1987, S. 10-I.

[32] Vgl. Harold O.J. Brown, *Heresies* (Irrlehren), Garden City, New York: Doubleday 1984, S. 447.

[33] Kenneth S. Kantzer, „Agreement Is Not Required" (Übereinstimmung ist nicht notwendig), in: *Christianity Today,* 6. Februar 1987, S. 13-I.

[34] Einige interessante Beobachtungen zum Zusammenhang zwischen Eschatologie und sozialer Erneuerung finden sich bei Lovelace, *Dynamics,* S. 401-435.

[35] Eine Einführung in den Postmillennialismus findet sich bei John Jefferson Davis, *Christ's Victorious Kingdom* (Das siegreiche Königreich Christi), Grand Rapids, Michigan: Baker 1987.

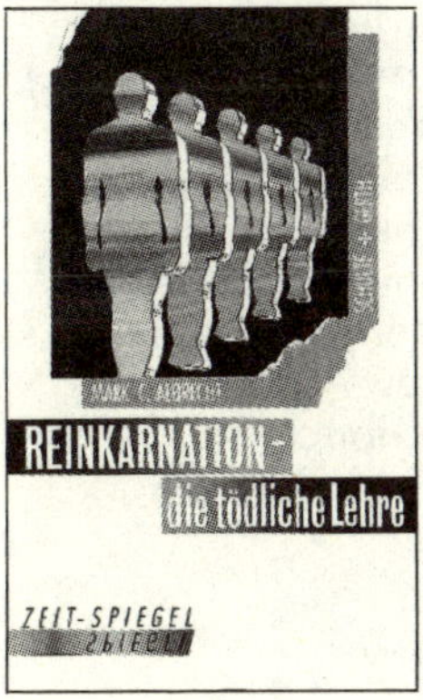

Mark C. Albrecht
Reinkarnation – die tödliche Lehre
Taschenbuch, 176 Seiten
Bestell-Nr. 15 773

Ist die Vorstellung von den früheren oder noch folgenden Erdenleben eines Menschen mit dem christlichen Glauben vereinbar? Was unterscheidet die Reinkarnation von der biblischen Wiedergeburt?
Der Autor zeichnet die Geschichte des Reinkarnationsglaubens nach und geht auf Phänomene wie die „früheren Leben" ein.
Er diskutiert Argumente pro und contra Reinkarnation und erhebt philosophische, moralische und theologische Einwände.
Ein hochaktuelles Buch zu einem Thema, das immer mehr Menschen bewegt!

Bernhard Keil
Ökologie – die Wissenschaft des Neuen Zeitalters?
Taschenbuch, 160 Seiten
Bestell-Nr. 15 774

Die Umweltkrise ist auch eine geistige Krise. Aber wo ist der Ausweg? Brauchen wir einen „neuen Menschen" mit einem „ökologischen Bewußtsein?"
Brauchen wir ein anderes Denken, wie es etwa in der „Mutter Erde"-Hypothese und dem biologisch-dynamischen Landbau zum Ausdruck kommt? Welches sind eigentlich die Kennzeichen, die Ziele und vor allem die Quellen dieses Denkens, das immer mehr Menschen für den letzten Ausweg halten?